변화와 개혁을 이끈 경기 인물

KB077574

경기그레이트북스 06

www.ggcf.kr

변화와 개혁을 이끈
경기인물

경기문화재단

이 책은 경기문화재단 경기문화재연구원이

경기도의 고유성과 역사성을 밝히기 위한 목적으로 발간하였습니다.

경기학연구센터가 기획하였고 관련전문가가 집필하였습니다.

'변화와 개혁을 이끈 경기인물'을 시작하며

본서는 경기 출신 인물 중 시대의 변화를 선도했거나 개혁을 이끈 인물을 소개하기 위한 것이다. 전 시대를 관통하여 정리했어야 했지만 필자의 능력상 그러지 못한 한계가 있습니다. 이 부분은 차후 해당 전공자에 의해서 정리가 될 것을 기대해본다.

고려시대까지는 정치 · 경제 · 사회 · 문화 등 모든 분야가 개성과 인근의 경기를 중심으로 이루어졌다. 그러나 조선이 건국되고 이후 수도가 옮겨지면서는 서울과 현재의 경기도를 중심으로 바뀌었다. 당연히 사람들의 이동도 있었다. 우리 역사상 사람들의 이동이 많았던 몇 시기가 있다. 그 중 하나가 고려 말이다. 이 시기는 지방에서 생활하던 사람들이 당시의 변화 속에서 개성과 인근인 경기 지역으로 많이 이주하였다. 그러나 조선이 건국되면서 다시 그 이동이 시작되어 서울과 오늘날의 경기 지역으로 많이 이주하였다. 이후 정치적 사건이나 전쟁 등으로 이주가 있었으나 대규모의 인적 이동은 없었다.

조선 건국 이래로 경기 출신 인물들은 정치 변화 과정에서 능동적으로 대처하면서 국정에 참여하거나 혹은 재야에 있으면서 현실 문제에 민감하게 반응하였다. 서울과 경기 지역은 시대의 변화에 가장 민감한 지역이었기 때문이다. 경기 출신 인물들은 정치 환경에 변화에 따라 정치적 변신을 하였다. 그리고 이 과정에서 시대 변화를 선도하면서 개혁을 주도하였다.

조선 건국의 주도 세력으로 건국 이후에는 새로운 왕조를 구축하는데 참여하였다. 16세기 후반인 선조 초 동인과 서인의 붕당이 형성되고, 이후 동인은 남인과 북인으로, 그리고 서인은 소론과 노론으로 나누어졌다. 이런 상황에서 경기 출신 인물은 각자의 정치적 입장을 견지하면서도 일부는 당색을 초월한 교류를 통해 인적 네트워크를 구축하였다. 이를 바탕으로 여전히 성리학이 주도하던 조선 후기 학계에서 유연한 태도를 가지고 학문과 사상계를 주도했다. 일부는 직접 농경에 종사하고, 그 경험을 바탕으로 저작을 발표하기도 하였다.

조선 후기 정치를 독점하는 과정에서 탕평을 지지하며 정치적 통합을 추진하였다. 남인과 북인, 노론과 소론 등으로 나누어 권력을 경쟁하던 차원에서 이제는 이들을 통합하여 새로운 정치 패러다임을 만들어보려고 한 것이다. 이런 노력은 일정하게 성과를 거두어 정치적 안정을 이루었고 그 결과 당대의 국가적 현안에 대한 해결점을 전 사회적으로 모색하는 계기를 만들었다. 이런 정치적 행위의 배경에는 유연한 사고가 저변에 깔려 있다. 일부는 당대의 주류 학문과는 다른 방향에서 학문을 진전시키기도 하였다. 이런 사상적 고민은 결국 인간에 대한 고민과 갈등의 결과였다.

시간이 지나 붕당 간의 갈등과 대립이 증폭되고 당색을 달리하면서 정쟁이 확대되며 서로 반목하는 모습을 보이기도 하였다. 이로 인해 국가의 활력소가 쇠퇴하고 백성들 사이에 불만이 폭주하여 민란이 발생하기도 하였다. 다만 이런 상황에서도 경기 출신 인물의 일부는 학문적 논쟁을 진전시키면서 새로운 시대를 준비하였다.

본서는 이런 문제의식을 가지고 조선시대 변화와 개혁을 선도했던 경기 출신 인물 27명을 대상으로 하여 그들의 삶과 사상을 정리하였다. 이밖에도 많은 인물을 소개하면 좋겠으나, 지면의 한계와 현재 학계의 연구 상황 등으로 일부만을 대상으로 하였다. 차후 외연을 확장해서 살펴볼 기회가 있기를 기대해본다. 한편 본서에 수록한 글 일부는 필자들이 이전에 작성했던 글에 학계의 최신 성과를 반영하여 작성하였다. 연구자들의 소중한 연구 성과에 대해서는 일일이 출처를 밝혀주어야 하나 본서의 성격상 그렇게 하지 못한 점은 양해를 바란다.

2018년 8월
집필자를 대표하여 이근호 씀

| 차 례 |

7   책머리에   '변화와 개혁을 이끈 경기인물'을 시작하며

1. 새왕조 조선의 설계자, 정도전 _14

2. 소신과 관용의 리더십, 명재상 황희 _26

3. 실용을 앞세운 경세가, 강희맹 _39

4. 시대를 앞서간 개혁가 조광조 _50

5. 개혁역량 결집을 위한 조제보합의 호소, 이이 _63

6. 시대의 이단아, 허균 _72

7. 해학의 정치, 이항복 _80

8. 박학博學을 바탕으로 무실務實 강조, 이수광 _90

9. 혼란을 수습하고 왕조를 재건한 삼조三朝의 영의정, 이원익 _100

10. 책임정치를 실천한 정승, 이경석 _114

11. 백성들이 갈망했던 명재상, 김육 _128

12. 직언하는 소신의 경세 관료, 서필원 _142

13. 새로운 조선왕조를 꿈꾼 경세론의 대가, 유형원 _156

14. 탈주자학적 개혁가, 박세당 _170

15. 북벌을 반대하며 민심 수습을 우선한 학자, 허목 _182

16. "국사를 위해" 몸을 바친
    외척, 김석주 _194

17. 소용돌이 정국 속에서
    안민安民을 생각한
    경세론가, 홍우원 _207

18. 풍부한 경험의 개혁적
    역사가, 남구만 _221

19. 폭넓은 학문을 바탕으로
    경장更張 주장, 이익 _234

20. 시대의 폐단을 찾아 대책
    설계, 홍계희 _245

21. 외척이자 탕평관료,
    홍봉한 _253

22. 실천과 소통의 지식인,
    안정복 _263

23. 시장 개혁과 신도시
    건설의 주역, 채제공 _276

24. "청나라를 배우자",
    박지원 _287

25. 법치를 주장한 유학자,
    우하영 _302

26. 현장에서 대안을 찾은
    학자, 정약용 _315

27. 농학과 박물학의 종합자,
    서유구 _324

색인 _335

변화와 개혁을 이끈
경기 인물

경기그레이트북스 06

01
새왕조 조선의 설계자, 정도전

백성의 삶 속에서 다져진 민본사상

정도전鄭道傳(1342~1398)은 고려에서 조선으로 교체되는 격동의 시기에 역사의 중심에서 새 왕조를 설계한 인물이었다. 그러나 자신이 꿈꾸던 성리학적 이상 세계의 실현을 보지 못하고 끝내는 정적의 칼에 단죄되어 조선왕조의 끝자락에 가서야 겨우 신원되는 극단적인 삶을 살았다. 정도전은 어떠한 세상을 꿈꾸었을까? 격동의 시기에 원칙을 지키며 살다 간 한 인물을 조망해본다.

정도전의 집안은 본래 봉화 지역의 향리였다. 이 점은 조선 초『세종실록』지리지의 봉화에 대한 설명 중 정鄭씨가 토성으로 등재된 것에서 확인된다. 고려시대까지 향리는 우리가 알고 있는 조선조의 향리와는 그 격이 달라, 지방의 토착세력을 말한다. 향리였던 봉화 정씨는 고려 후기부터 중앙에 출사하기 시작하였다. 정도전의 부친인 정운경鄭云敬은 1326년(충숙왕 13) 진사시에 합격한 뒤, 1330년(충혜왕 즉위년) 문과에 급제하였다. 급제 뒤 정운경은 형부상서와 검교밀직제학 등을 역임하였다. 부친의 뒤를 이어 정도전은 19세 때인 1360년(공민왕

9) 진사시에 합격하였고, 21세 때인 1362년(공민왕 11) 동진사同進士에 급제하였다. 과거에 급제한 정도전은 22살 때 충주사록에 임명되면서 관직 생활을 시작하였다. 또한 정도전은 공민왕의 유학 육성 사업에 참여해 1370년(공민왕 19) 성균관이 중건되자 성균박사에 임명되었다. 이 때 우리에게 잘 알려진 정몽주, 이숭인 등도 함께 참여하였다. 그러나 공민왕의 갑작스러운 죽음은 정도전에게 시련의 시작이었다.

공민왕의 뒤를 이어 우왕이 즉위하였는데, 우왕이 재위하던 때는 정도전과 정치적 성향이 다른 이인임 등이 정국을 주도하였다. 양측의 충돌은 불가피하였다. 우왕이 즉위하고 이인임 등이 정국을 주도하면서 원나라와의 관계 회복을 시도하였다. 선왕대인 공민왕 때 공격 목표였던 원나라와의 관계를 다시 재정립하자는 것이었다. 정도전은 동료들과 함께 이를 반대한 상소를 제출하였다. 이인임 등에게는 눈엣가시일 수 밖에 없었다. 결국 정도전은 원나라 사신의 마중을 거부하였다는 이유로 1375년(우왕 1) 오늘날의 전라도 나주에 속해 있는 회진현에서 유배 생활을 하게 되었다.

회진현에서 유배 생활을 하던 정도전은 그 곳에서 백성들의 삶을 직접 목격하고는 위민의식爲民意識을 키웠다. 정도전이 회진현에서 유배 생활을 하던 어느 날, 들녘에서 한 농부를 만났다. 그 농부는 정도전을 보고 당시 관리들이 "국가의 안위와 민생의 안락과 근심, 시정의 득실, 풍속의 좋고 나쁨"에 뜻을 두지 않으면서 헛되이 녹봉만 축내고 있다며 질책하였다. 촌로의 이러한 발언은 정도전에게 백성을 위하는 것이 어떤 것인가를 다시 마음에 새기는 계기가 되기에 충분하였을 것이다. 결국 그가 제시했던 민본사상은 허울 좋은 이름뿐이 아니었다. 실제 백성들의 삶을 목격한 경험에서 우러나온 것으로 진정성이 담보된 것이었다.

천명을 읽고 장자방을 자처하다

정도전은 1377년(우왕 3) 유배에서 풀렸으나, 개경으로 들어가지는 못했다. 대신 그는 남경(즉 서울)으로 가서 삼각산 아래에 초당인 삼봉재를 짓고 그곳에서 후학들을 교육하였다. 그러나 거기서 얼마 살지 못하고 거처를 다시 부평과 김포 등지로 옮겼다. 계속된 정치적 시련에 대장부의 거대한 야망이 꺾일 만도 하지만, 오히려 정도전은 더욱 강해졌다. 관직에 다시 등용된 정도전은 전의부령·성균좨주 등의 관직을 지내다가, 이성계의 추천으로, 성균 대사성에 임명되었다. 성균 대사성은 성균관의 책임자를 말하는데, 당시 학계를 주도하는 위치에 오르게 된 것이었다.

이성계와 정도전의 운명적인 만남은 1383년(우왕 9)에 이루어졌다. 당시 이성계는 여진족 호발도의 침입을 막기 위해 동북면도지휘사로 함주(함흥)에 군사를 데리고 주둔하고 있었다. 이때 정도전은 이성계를 찾아갔다. 함주에서 이성계의 군대를 본 정도전은, 이성계가 자신의 포부를 실현해줄 것으로 확신하였다. 그리고는 군영 앞에 서있던 노송에 아래와 같은 시를 남겨 놓았다.

> 아득한 세월에 한 그루 소나무/蒼茫歲月一株松
> 푸른 산 몇 만 겹 속에 자랐구나/生長靑山幾萬重
> 잘 있다가 다른 해에 만나볼 수 있을까/好在他年相見否
> 인간을 굽어보며 묵은 자취를 남겼구나/人間俯仰便陳蹤

이 시에 대해 조선초에 만들어진 『용비어천가』에서는 정도전이 이미 천명의 소재를 알고 있었다고 기록하였다. 정도전은 평소 취중에 '한나라 고조가 장자방을 이용한 것이 아니라, 장자방이 한고조를 이용하였다'고 말하고는 하였다. 한고조를 이성계에 대비한 것인데, 그렇다면 결국 자신이 이성계를 이용했다는 말이 된다. 한 대장부의 거대한 야망을 느끼게 한다.

1388년(우왕 14) 위화도회군이 발생하여, 최영 등이 제거되는 등 정국이 급변하였다. 회군 성공 이후 정도전을 중심으로 한 세력들은 개혁에 착수하였다. 그 일성이 토지제도에 대한 개혁으로, 1388년 조준趙浚의 상서를 통해서 나타났다. 민생이 위협받고 군수 물자의 조달과 관리들의 녹봉조차 지급할 수 없는 상황에 대한 해법을 제시한 것으로, 토지 국유를 전제로 사전私田을 혁파하고 대신 수조권收租權 일부를 기관이나 개인 등에게 분급하자는 안이었다. 수조권이란 소유권을 주는 대신 조(租)를 받을 수 있는 권한을 의미한다. 조준이 제시한 개혁안은 반발로 시행되지는 않았으나, 이후에도 조준은 몇 차례 상서를 올렸고, 1390년(공양왕 2) 공·사의 모든 토지 문서를 불사르고 1391년에 새 왕조의 토지 제도에 근간이 된 과전법科田法을 제정하기에 이르렀다.

조선 왕조를 설계하다

위화도회군으로 이성계가 권력의 핵심으로 부상하면서 정도전의 야망은 급물살을 탔다. 고려의 마지막 왕 공양왕 때 고려 조정에는 한편에 정몽주를 중심으로 한 온건 세력이 있었고, 다른 한편에는 정도전·조준과 같이 급진적 개혁 세력이 있었다. 이성계는 의도했든 그렇지 않든 이미 급진적 개혁 세력의 맹주가 되어 있었다. 정도전은 공양왕 즉위 직후, 공양왕을 추대한 공로로 수충논도좌명공신輸忠論道佐命功臣에 책록되는 등 정치적 입지를 확대했음에도, 온건 세력에게 대표적인 정치적 견제 대상되었고, 결국 정계에서 배제되기에 이르렀다.

1391년(공양왕 3) 4월 시국을 타개하기 위한 방안 모색의 차원에서 구언교서求言敎書가 반포되었다. 정도전은 이에 응답한 장문의 상소에서

"전하께서는 평소에 일찍이 책을 읽어 성현께서 이루신 법을 보신 적이 없고, 일을 처리하시면서 당대에 통용되는 사무를 알지 못한다"

고 비판한 뒤 상벌을 시행하는 것이 올바르지 않고 불교 행사로 인해 각종 문제점이 노출되고 있다는 것을 지적하였다. 정도전이 제출한 상소는 반향을 불러일으키면서 비판에 직면하게 되고 결국 평양부윤으로 좌천되었다가 봉화로 귀양을 가면서 직첩과 공신호가 환수당하였으며, 다시 나주로 이배移配되었다. 얼마 후 다시 봉화로 옮겨졌는데, 이때 아들 정진鄭津은 일반 서인庶人으로 강등되었다.

1392년 정몽주가 이방원이 보낸 조영규에 의해 선지교(후일의 선죽교)에서 피살되면서 그를 추종하는 세력은 궤멸되었다. 이제는 그야말로 이성계 천하가 된 것이었다. 정몽주가 피살된 후 이성계를 추대하려는 세력의 움직임이 가속화되었다. 드디어 같은 해 7월 고려 왕조는 역사 속에서 종말을 고하고, 새로운 조선 왕조가 들어섰다. 조선이 개국된 후 정도전의 활약은 눈부셨다. 개경에서 한양으로 천도하는 과정을 비롯해 현재의 경복궁 및 도성 자리를 정하였고, 수도 건설 공사의 총책임자로 임무를 수행하였다. 수도 건설이 마무리되면서는 경복궁을 비롯한 성문의 이름과 한성부의 5부 52방 이름도 지었다. 서울을 구성하던 각종 상징물에 의미를 부여하였는데, 대부분 유교의 덕목이나 가치가 담긴 표현이었다. 서울이 수도로써의 의미만이 아닌 유교적 이상을 담은 곳으로 자리

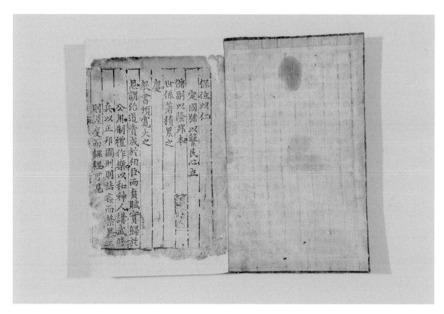

정도전의 조선경국전(수원화성박물관 소장)

잡게 된 것이었다.

　그는 또한 『조선경국전朝鮮經國典』을 지어 태조에게 올렸다. 이 책은 조선의 통치규범을 제시한 것으로 후일 조선의 최고법전인 『경국대전』이 나오게 되는 출발이었다. 이 책에서 정도전은 자신이 꿈꾸던 요순시대를 건설하기 위한 거대한 정치 구상을 제시하였다. 요순시대처럼 임금과 신하가 서로 조화를 이루는 왕도정치를 전면적으로 표방한 것이다.

　『조선경국전』은 1394년(태조 3년) 3월에 완성하여 태조에게 보고되었고, 태조가 정치의 큰 기준으로 삼게 하였다. 태조는 이 책을 금궤에 보관하게 하고 정총鄭摠에게 서문을 짓게 하였으며, 자손만대의 귀감으로 삼도록 하였다.『조선경국전』에서는 주나라 제도인 『주례周禮』의 6전 체제를 모범으로 삼았으나, 조선의 현실에 맞게 조정하였다.『주례』에 나타난 국가 형태는 만민을 평등하게 만들고, 권력 구조에서는 총재冢宰, 즉 재상의 역할을 강조하고 있다.『조선경국전』은 통치의 큰 규모를 6전으로 나누어 설명하면서, 6전의 앞에 정치의 총론으로서 「정보위定寶位」·「국호」·「정국본定國本」·「세계世系」·「교서敎書」 등 5개 항목을 두었다.

「정보위」에서는 왕위를 바르게 유지하는 원칙을 설명하였다. 여기서 정도전은 천지자연의 큰 덕은 만물을 생성시키는 인仁이라고 해석하고, 왕은 바로 이러한 자연의 이치에 따라 인으로써 왕위를 지켜야 한다고 강조하였다. 즉, 생명을 창조하고 생명을 사랑하는 마음이 왕이 가져야 할 최고의 덕목이며, 그러한 마음을 잃으면 백성이 임금을 버리게 된다는 것이다. 이와 달리 형벌이나 법률 위주의 정치는 인간의 범죄를 일시적으로 방지하는 데는 효과적이지만, 인간 그 자체를 바르게 만들지 못한다. 이에 비해 덕과 예로써 하는 정치는 인간 그 자체를 올바르게 만들기 때문에 보다 근본적인 효과를 가져온다고 하였다.

그렇다고 법률이나 형벌이 필요 없다고 본 것은 아니다. 형벌과 법률은 없어서는 안 될 중요한 통치 수단이다. 다만 형벌과 덕치德治 사이에는 본말과 경중의 차이가 명확하게 그어져야 한다는 것이다. 그러므로 형벌을 운영함에 항상 백성을 공경하고 불쌍히 여기는 인과 신중하고 공정하게 죄를 다스리는 마음씨를 지녀야 하며, 궁극적으로는 형벌 그 자체가 필요 없도록 하여 형법은 있되 쓰지 않는 예방과 계몽을 위한 법이 되게 해야 한다고 강조하였다.

이와 같이 인으로써 백성을 다스릴 때 백성은 통치자를 부모처럼 믿고 복종하게 될 것이며, 만약 폭력으로써 겁을 주어 다스린다면 백성은 통치자를 버리고 민심은 이반할 것이라고 경고하였다. 곧 국체인 왕정王政의 근본을 천명하여 역성혁명의 정당성을 규명한 글이 바로 「정보위」다. 이에 의하면 새 왕위王位는 천의天意와 인심人心에 순응한 인의 발로로써 왕정의 큰 근본인 인정仁政의 실현으로 규정한 것이다.

요동 정벌 주장과 표전문 사건

정도전은 조선 개국 후 주요 요직을 두루 거치며 권력의 핵심에 있었으나, 그 과정에서 여러 차례 곤경에 처하기도 하였다. 특히 그가 주장한 요동정벌 문제는 조선과 명나라의 주요한 외교 문제로 비화되기도 하였다. 당시 명나라는 조선의 내정에 간섭하지 않겠다는 원칙을 표방하였다. 다만, 여진과 제휴한다든지, 요동에 진출하는 문제에 대해서는 촉각을 곤두세웠다. 특히 요동 진출 문제와 관련해서 정도전은 명나라에서 보면 요주의 인물이었다.

　　정도전은 태조에게 외이外夷 (중화질서 속에서 중국 이외의 민족을 지칭하는 개념)로서 중원에 들어가 왕이 되었던 사례가 있음을 역설하기도 하였다. 이는 중국 민족이 아닌 다른 민족도 중원의 주인이 될 수 있다는 표현이었다. 1393년(태조 2년)부터 군비를 강화해 오던 정도전은 1397년(태조 6년) 6월경 요동 정벌 계획을 표면화하고 태조를 설득하기 시작하였다. 요동 정벌 계획은 조준 등이 군량과 군사훈련 부족, 민심 불안을 내세워 완강하게 반대하여 잠시 보류되었다가 1년이 지난 1398년(태조 7년) 윤5월경부터 다시 대두하여, 태조의 주도 하에 확고한 국가 정책으로 추진되었다. 같은 해 8월 대사헌 성석용成石瑢이 진도陣圖를 강습하지 않는 절제사 이하 대소원장大小員將 292명을 대량으로 탄핵함에 따라 태조가 이들을 처벌한 일이 있었다.

진도 강습을 서두른 이유는 "정도전과 남은南誾(1354~1398)이 왕을 날마다 뵈옵고 요동을 공격하기를 권고"했기 때문이었다. 진도 강습은 요동을 공격하기 위한 준비 작업의 일환이었다. 요동 정벌 계획이 다시 추진된 것은 먼저 정도전 등이 계획을 지속적으로 추진하며 태조를 설득했기에 가능하였다. 이는 특히 표전 문제가 결정적인 계기가 되었다.

표전이란 표문과 전문의 합칭으로, 조선이 중국의 황제와 황태자에게 보내는 공식 문서를 말한다. 중국과 사대 관계를 형성하고 있던 조선의 입장에서 표전의 내용이나 형식은 대단히 중요한 외교 사안이었다. 1394년(태조3)에 이른바 '표전문사건'이 일어났다. 1395년 10월 하정사로 명나라를 방문한 대학사 유구柳珣와 한성부윤 정신의鄭臣義가 가지고 간 하정표문이 문제가 되어, 이들이 명나라에 억류당하게 되었다. 당시 명나라에서 문제 삼은 것은 표문 내에 문구가 경박하고 욕되다는 것이었다. 그러나 자세한 내용은 알 수 없다. 유구 등은 결국 명나라에 구속되어 심문을 받게 되었는데, 이때 문제가 된 표문의 작성자로 정도전이 지목되었다.

명나라에서는 당장 정도전의 소환을 요구하였다. 명나라의 요구를 둘러싸고 조선 조정에서 설왕설래하였다. 논의 결과 표문을 작성한 사람은 정총이고, 전문을 작성한 사람은 김약항이라는 결론을 도출하였다. 사지로 정도전을 보낼 수가 없었던 것이었다. 그리고 결국 정총은 병을 이유로 가지 않고 김약항 만이 명나라로 가게 되었다. 명나라의 요구가 거세었지만 정도전이 가지 않은 것은 아마도 정치적으로 해석되어야 할 것 같다. 당시 정치를 주도하던 조정 관리들이 대부분 정도전 계열이었기 때문이었다. 이때 후일의 태종 계열인 하륜만이 정도전을 보내야 한다고 주장할 뿐이었다.

조정의 결정에 따라 김약항이 파견되었으나 문제는 여기서 그치지 않고 그로부터 3개월이 지나 명나라에서 다시 정도전을 압송하도록 요구하였다. 이때도 역시 정도전은 가지 않았다. 대신 권근과 정총, 하륜 등이 파견되었다. 명나라에 도착한 권근 등은 억류를 당하게 되었고 그로부터 얼마 지나지 않아 태조의 계비 신덕왕후의 국상이 일어났다. 국상이 발생하자 신하의 예로 정총이 상복을 입자 이에 진노한 명나라 황제가 그를 유배 보냈다. 명 조정의 이러한 처사가 조선 조정에 알려지고 이를 계기로 요동정벌론이 고개를 들게 되었습니다. 국내에 있던 정도전은 진법陣法 훈련을 강화하며 요동 정벌을 위한 제반 준비를 진행하였다. 그런데 이 과정에서 사병 혁파를 둘러싸고 왕자 및 공신들과 갈등을 초래하고, 결국 실행되지 못하였다.

이상과 현실의 갈등, 정도전과 이방원

정도전은 개국 후 태조의 두 번째 부인인 신덕왕후 강씨 소생 방석을 세자로 책봉하는 문제에 관여하였다. 태조에게는 두 명의 부인이 있었다. 첫째는 신의왕후 한씨이고, 둘째가 신덕왕후 강씨였다. 신의왕후 소생 아들로는 방우 · 방과(정종) · 방의 · 방간 · 방원(태종) · 방연 등이 있었다. 이들은 신덕왕후 소생의 아들보다도 아버지 태조가 왕위에 오르는데 공도 많았다. 그런데 정도전이 이를 다 무시하고 방석을 세자로 책봉하였던 것이다.

정몽주를 선지교에서 살해함으로써 조선 건국이 가속화되는 계기를 만들었던 이방원 등 첫째부인 한씨 소생들의 불만이 커지는 것은 당연한 결과였다. 더구나 사병 혁파 문제로 서로 갈등을 보이던 중 1398년(태조7) 제1차 왕

정도전 사당(평택시 소장)

자의 난이 발생하였
다. 제1차 왕자의 난
은 이방원이 주도하
였다. 그는 1398년(태
조 7년) 8월, 이숙번李
叔蕃(1373~1440) 휘하
군사 등을 동원하여
정도전을 비롯해 남
은 · 심효생 · 박위朴
葳 · 등을 습격하여 살

해하였다. 또한 세자 방석을 폐위하여 귀양 보내는 도중에 살해하고, 방번도 함
께 죽었다. 이것이 제1차 왕자의 난인데, '방원芳遠의 난' 또는 '무인정사戊寅定社',
'정도전의 난'이라고도 부른다. 정도전은 이방원이 이끄는 세력에 의해 죽임을
당하게 되었다. 그리고 정도전은 조선조 내내 신원되지 않다가 고종 때 관직이
회복되었다. 고종 때 대원군이 경복궁을 중건하면서 건국 초에 설계 등에 참여
한 정도전의 공을 인정했기 때문이다.

제1차 왕자의 난은 왕위 계승을 둘러싼 왕자 간의 싸움인 동시에 정도전
세력과 이방원 세력 간의 권력 다툼이기도 하였다. 제1차 왕자의 난으로 조
준 등 일부 개국공신 및 이방원의 심복인 하륜河崙(1347~1416) · 이거이李居易
(1348~1412) · 이무李茂 등이 실권을 잡았다. 이들은 이방원을 세자로 책봉하려
했으나, 이방원 자신이 사양해 둘째 이방과李芳果가 세자로 책봉되었다. 태조는
1398년(태조 7년) 9월에 세자(정종)에게 전위傳位하였으나, 권력의 실세는 이방원

이었다.

　제1차 왕자의 난 발생 원인은 개인적인 불만이 표출된 것이기도 하지만, 보다 근본적으로는 이방원과 정도전이 가지고 있던 정치적 이상의 차이에서 이해할 필요가 있다. 즉 국가체제를 어떻게 편제하고 운영할 것인가의 차이인 것이다. 정도전이 왕권과 신권의 조화를 꾀하는 이상적인 왕도정치를 표방하였다면, 이방원은 그와는 달리 강력한 왕권에 바탕한 왕조국가를 지향했기 때문이었다. 이상과 현실의 갈등에서 현실이 우세하였다. 그러나 시간이 흘러 사림들이 집권하게 되면서 정도전이 꿈꾸던 이상세계가 구현되어 갔으니, 정도전의 꿈은 꿈에서 그친 것이 아니리라...

| 참고문헌 |

삼봉정도전선생기념사업회, 『정치가 정도전의 재조명』, 경세원, 2004
조유식, 『정도전을 위한 변명』, 휴머니스트, 2014
최승희, 『조선 초기 정치사 연구』, 지식산업사, 2002
한영우, 『왕조의 설계자 정도전』, 지식산업사, 1999

02
소신과 관용의 리더십, 명재상 황희

조선의 최장수 재상

황희는 누구나에게 청백리이자 명재상으로 잘 알려진 인물이며 조선조 최장수 재상이다. 그는 정치 일선에서 원칙과 소신을 견지하면서도 때로는 관용의 리더십을 발휘하여, 건국 초기 조선의 안정에 기여하였다.

오늘날에도 그렇지만 조선조에도 명재상을 꼽는다면 황희를 거론하는데 주저하지 않았다. 황희는 조선조의 최장수 재상으로 기록될 만큼 화려한 정치경력을 자랑하는 대표적인 재상이었다. 황희가 활동하던 시기는 고려에서 조선으로 교체되던 우리 역사의 격동기 가운데 한 시기였다. 고려 말 과거 급제 뒤 성균관학관을 거치면서 청운의 푸른 꿈을 키우던 황희는 고려 대신 새 왕조 조선이 건국되는 역사적 사건 앞에서 한때 정치적 시련에 빠진 적도 있었다. 두문동杜門洞에 들어갔다는 것이다. 두문동은 개성의 외곽에 위치한 곳인데, 그 존재가 주목된 것은 조선 후기 영조 연간이었다. 1740년(영조 16) 국왕이 개성에 있는 태조비 신의왕후의 능인 제릉齊陵, 정종과 정종비 정안왕후의 능인 후릉厚陵을 참배하기 위해 개성으로 향했다. 제릉으로 가던 중 영조가 부조현不朝峴, 즉 조회하지 않는 고개라는 지명을 보고 신하들에게 그 이유를 물었다. 그때 돌아온 답이 부조현은 조선 태종 때 시행된 과거에 고려 대족 50여 집안이 응시하지 않은 것에 유래된 것이라고 하면서 동시에 두문동이라는 명칭이 있다는 것이었다. 답변을 들은 영조는 망해가는 나라에서 충절을 다한 것이라며 칭송하고 '부조현'이라는 어필을 내렸다. 이후 두문동에 '72충忠'이 결합되며 두문동 72현이 등장하기 시작하였다. 황희도 이 때 두문동에 들어갔다는 것인데 실제 정사正史 등에서는 확인되지 않는다. 다만, 이 일화를 통해서 정치적 격변기에 선택의 기로에 서 있던 황희의 고민을 느낄 수 있다.

황희는 조선 개국 후 얼마 지나지 않아 출사하였다. 이후 황희는 직예문춘추관을 비롯해 사헌부감찰 및 형조·예조·병조·이조의 정랑 등을 두루 역임하였다. 뿐만 아니라 언관직인 우사간대부 이외에도 오늘날의 대통령 비서실인 승정원 소속의 좌부대언과 지신사 등 정치적으로도 중요한 관직을 지냈다. 여기서 지신사란 오늘날의 대통령 비서실장에 해당되는 관직으로, 평소 황희를 눈여겨 본 태종의 발탁에 의한 것이었다. 황희에 대한 태종의 예우는 상당하였다. 그가 예조판서로 옮겼을 때 마침 병이 들었다. 이에 태종은 내의內醫 김조와 조청 등을 보내 병을 치료하게 하고 조석으로 안부를 물었다. 그리고는 병이 나았다는 소식에,

이 사람이 성실하고 정직하니 참으로 재상이다. 그대들이 병을 치료했으니 내가 매우 기쁘게 여긴다

황희 초상(국립중앙박물관 소장)

고 하며, 이들 내의에게 후한 상을 내리기도 하였다.

황희는 세종 즉위 즈음에 양녕대군의 세자 폐위 문제와 관련해서 남원에서 유배생활을 하다가 세종의 부름에 응해 조정에 나왔다. 황희는 양녕대군 문제로 태종과 불편한 관계가 되면서 좌천되었다가 1418년(태종 18) 5월 폐서인되어 교하, 남원 등지에서 유배 생활을 하였는데, 새롭게 즉위한 세종이 다시 불러들인 것이다. 물론 역사에서 가정이란 있을 수 없으나, 후술하듯이 이때 만약 황희의 주장이 받아들여졌다면 세종은 국왕의 자리에 오르지 못했을 수도 있다. 그러나 세종은 즉위 후 황희를 불러들였으니 이 순간 인재를 알아보는 세종의 뛰어난 혜안을 느끼게 한다. 황희는 이후 예조판서를 비롯해 20여년 이상 재상직에 있었다. 1452년 그가 사망한 직후에 작성된 실록의 졸기에는 다음과 같이 그를 평하고 있다.

황희는 관대하고 후덕하며 침착하고 신중하여 재상宰相의 식견과 도량이 있었으며, 후덕한 자질이 크고 훌륭하며 총명이 남보다 뛰어났다. 집을 다스림에는 검소하고, 기쁨과 노여움을 안색에 나타내지 않으며, 일을 의논할 적엔 정대正大하여 대체大體를 보존하기에 힘쓰고 번거롭게 변경하는 것을 좋아하지 아니하였다.…(중략)…재상이 된 지 24년 동안에 중앙과 지방에서 우러러 바라보면서 모두 말하기를, '어진 재상宰相'이라 하였다.

그렇다면 황희가 태종과 세종의 특별 대우를 받으며 오랜 기간 재상의 자리에 있을 수 있던 이유는 무엇일까? 아마도 소신과 원칙을 견지하면서도 때로는 관용을 베풀 줄 아는 그의 정치적 자세 때문이 아닐까!

소신과 원칙을 견지한 정치적 자세

1418년 건국된 지 얼마 안 된 새 왕조 조선에 정치적 파란이 일어났다. 바로 당시까지 세자였던 양녕대군을 폐위시킨 사건이다. 세자의 교체는 자칫 엄청난 살육을 불러올 정도로 정치적 파장이 큰 사건이었다. 양녕대군을 폐위시킨 것은 계속되는 세자의 잘못된 행동 때문으로 알려져 있는데, 이를 폐위시킨 태종도 마음에 내키지는 않았을 것이지만 어렵게 세운 새왕조의 명운이 걸린 문제이기에 선택할 수밖에 없었다. 이런 상황에서 황희가 세자의 폐위를 반대로 하고 나섰다. 당시 이조판서로 재직하던 황희는 대부분의 신료들이 세자 폐위를 지지하는 상황에서,

폐장입유廢長立幼(장자를 폐하고 아랫사람을 세움)는 재앙을 부르게 되는 근본이옵고, 또 세자가 비록 미쳤다고 하오나, 그 성품은 가히 성군이 될 것이오니, 치유에 주력하시기 바라옵니다.

라며 국왕의 판단에 재고를 요청하였다. 즉 적장자 계승 원칙 하에 자칫 세자의 폐위로 인한 정치적 혼란을 염려하면서 세자에게도 개전의 정이 있다는 사실을 지적한 것이다. 그러나 태종과 대부분 신료들은 듣지 않을 뿐 아니라, 오히려 황희를 지탄하였다. 황희는 끝내 주장을 굽히지 않고 반대하다가 마침내 강등되어 귀양갔고, 태종은 여러 신하들의 요청을 받아들이는 형식으로 양녕대군을 세자의 자리에서 폐위시켰다. 후대의 기록이지만 "옛적에 양녕을 폐할 때에 황희가 홀로 안된다고 하였는데, 참으로 소견이 있다면 이와 같이 해야한다"(『인조실록』 인조 23년 8월 25일)라고 황희를 평가한 바 있다. 황희의 정치적 소신과 원칙이 돋보이는 대목이다.

　황희의 소신과 원칙을 견지하는 자세는 일상적인 공무의 집행과정에서도 나타났다. 황희가 정승이 되었을 때 마침 우리에게 잘 알려진 김종서가 공조 판서가 되었다. 하루는 공적인 모임에서 황희와 김종서가 대면하였을 때, 김종서가 자신이 수장으로 있던 공조로 하여금 약간의 술과 음식을 갖추어 들이도록 하였다. 그러자 황희가 노하여,

　국가에서 예빈시禮賓寺를 정부의 곁에 설치한 것은 삼공三公을 접대하기 위해서이다. 만일 시장하다면 의당 예빈시로 하여금 장만해 오게 할 것이지 어찌 사사로이 제공한단 말인가.

라고 말하며 김종서를 엄하게 꾸짖었다.

　또 하루는 의정부의 모임이 있었는데 마침 호조 관원 하나가 황희가 추울까 걱정하여 율무죽을 주었다. 그러자 황희가 말하기를,

탁지度支(호조)가 어찌 재상의 아문衙門에 음식을 지급하는가. 장차 논계論啓하
여 정배定配하겠다

하였다고 한다. 관청이나 관직마다 각자가 정해진 소임과 원칙에 충실해야 한다
는 내용으로 이해된다. 황희가 생존하던 시기가 조선 건국 초기라는 점을 감안
해본다면 관직 기강을 세우는 것은 중요한 문제라 하겠다. 이때 황희는 관리들
에게 원칙에 따른 직무 수행을 요구하였다.

황희는 소신과 원칙을 견지하면서도 한편에서는 배려와 관용의 리더십을
보여 주었다. 황희에 대해서는 그와 얽힌 많은 일화들이 현재까지 전해지고 있
다. 그리고 그 대부분이 청빈함을 강조하는 내용을 비롯해 그의 관용과 타인에
대한 배려와 관련된 것이다. 아마도 이 점이 그가 20여년 이상 재상직에 머물게
이유 가운데 하나였을 것이다.

공무에 잠깐 쫨을 내어 집에 있을 때의 일이었다. 집의 여종이 서로 시끄럽
게 싸우다가 잠시 뒤 한 여종이 와서 "아무개가 저와 다투다가 이러이러한 못된
짓을 하였으니 아주 간악한 년입니다"라고 일러바쳤다. 그러자 황희는 "네 말이
옳다"고 하였다. 또 다른 여종이 와서 꼭 같은 말을 하니 황희는 또 "네 말이 옳
다"고 하였다. 마침 황희의 조카가 옆에 있다가 화가 나서는 "아저씨 판단이 너
무 흐릿하십니다. 아무개는 이러하고 다른 아무개는 저러하니 이 아무개가 옳고
저 아무개가 그릅니다"하며 나서자 황희는 다시 또 "네 말도 옳다"고 하며 독서
를 계속하였다고 한다.

언뜻 보면 주관도 없는 자세이다. 세상사 시비를 논하면 여러 가지 이유로
우리는 한쪽의 입장만을 듣게 된다. 오히려 황희가 보여준 자세를 견지하는 것

방촌선생영당(파주시 소재)

이 더 쉽지 않다. 그런 점에서 주관이 없기 보다는 '역지사지易地思之'라 했던가, 다른 사람의 입장을 충분히 배려할 줄 아는 자세로 보아야 하지 않을까? 그는 또한 노비에 대해서도 관용을 베풀 줄 알았고, 자신의 집에 있는 배를 따려는 젊은 이를 꾸짖기보다는 오히려 자신의 집 시동侍童을 시켜 배를 따다 주는 관용의 미덕을 갖추기도 하였다.

새 왕조를 반석 위에

황희는 장기간에 걸쳐 중앙의 관료로 활동하였다. 세종대 정승의 자리에 있으면서 "정부에 물러가서도 옷을 끄르지 못했다"고 한다. 국왕이 불시에 부르는 일이 있을지도 모르기 때문이었다. 황희는 "상부相府(즉 의정부)에 있은 지 27년이나 되어 조종祖宗 때 이루어진 법을 힘써 따르고 변경하기를 기뻐하지 않았다"고 한다. 하지만 황희가 관직에 있던 시기는 새로운 왕조의 기틀을 마련하며 각종 제도가 정비되는 상황이었으므로, 황희도 이런 역사적 대세에 무관할 수는 없었다. 다만, 보수적인 방향에서 정책에 임했던 것으로 보인다.

황희가 정책에 임해서 내세운 방향은 민생의 안정이었으며, 이 부분에 대해서는 당대도 상당히 인정되는 바이다. 1423년(세종 5) 강원도에 극심한 흉년이 들었다. 세종은 고심하던 차에 황희를 강원도 관찰사로 삼아 백성들을 구제하게 하였다. 강원도에 도착한 황희는 먼저 현황을 충실히 조사하였다. 그리고 그 대안으로 의창義倉의 곡식을 내어 기민을 구제할 것을 요청하였다. 의창이란 기민 구휼을 위해 만들어진 기관으로, 황희는 의창곡을 양식과 종자로 계산해 줄 것을 요청한 것이다. 상당히 구체적인 현황과 실현 가능성 있는 대안을 제시한 것이었다. 이 같이 "정성을 다하여 구제했기 때문에 백성들이 크게 괴로워하지 않았다"고 하며, 국왕은 이를 가상히 여겨 품계를 올려주었다. 황희는 민생 안정을 저해하는 제도나 정책의 시행에 대해서는 번번이 반대하였다. 태조의 조모가 되는 도조비度祖妃의 능인 순릉純陵을 화려하게 치장하는 것에 반대하였고, 동료들과 함께 사치를 숭상하는 폐단을 제거할 방안 등을 주청하기도 하였다.

황희는 또한 새 왕조의 이념인 유교의 정착에도 주력하였다. 허조許稠 등과 함께 세종 때 의례儀禮와 음악 등 예치국가 조선의 모습을 만들기 위해 설치된 의례상정소에서 참여한 바 있다. 황희는 또한 왕실의 불교 숭상에 대해서도 비판적인 입장을 취하였다. 그 일례가 1406년(태종 6) 태조의 원비元妃인 신의왕후의 혼전魂殿인 인소전仁昭殿을 다시 짓는 과정에서 나타났다. 혼전이란 국왕이나 왕비의 국상 중 장사를 마치고 종묘宗廟에 부묘할 때까지 신위를 모시는 곳을 말한다. 당초 인소전은 경복궁에 두었다가 태종이 국왕에 오르고 개경으로 천도했다가 다시 서울로 돌아온 직후인 1406년 창덕궁 북쪽에 다시 지으려고 하였다. 인소전을 다시 짓고자 할 때 김첨金瞻이 불당佛堂도 함께 짓자고 한 것이다. 그러자 황희는 이것이 전례가 되어 후세에 전해질 것으로 우려하여 부처는 신령하고 기의한 존재가 아니라고 발언하였다. 결국 인소전에 불당이 만들어지지 않은 것으로 보인다. 이후 세종이 궁궐 내에 불당을 만들 때도 이를 반대한 바 있다. 이같은 황희의 행동은 조선조의 숭유억불崇儒抑佛 이념이 현실에 정착되는 과정에서 보여지는 것이다.

청백리의 대명사

조선조에서 재상까지 역임하였으면서도 청백리로 거론되는 인물로는 약 18명이 거론된다. 그리고 그 가운데 단연 첫 번째로 꼽을 수 있는 이가 황희이다. 청백리란 '청렴결백한 관리'를 줄여서 부른 말이다. 따라서 청백리라는 표현은 넓은 의미로는 청렴결백한 관리 일반을 지칭하지만, 좁은 의미로는 그들 가운데서도 특별히 사망 후 선발되어 국가가 관리하던 장부에 등재된 관리들 말한다. 조선에서의 청백리는 관원으로서 청렴결백하였으며, 일처리가 정당하고 명백했다는 점, 청탁을 받지 않았다는 점 등이 강조되었다. 아울러, 청렴은 기본으로 하면서도 봉공奉公의 자세가 요구되었으며, 성실하고 겸손하며 경세가적인 면모를 보였다.

청백리에 선정되면, 사후이지만 무한한 명예가 주어졌다. 명예를 중시하던 조선조 사회에서는 더없이 귀한 가치를 갖는다. 이러한 명예는 일차적으로는 관리로서 책임을 다하고 도덕적으로도 깨끗하게 처신한 것에 대한 보상이지만, 국가적으로도 중요한 의미를 갖는다. 즉, 한편에서는 각종의 법과 제도 등을 통해 관료 사회를 통제하고 운영하지만, 다른 한편에서는 공직 윤리를 다하면서 도덕성을 겸비한 관리를 청백리로 선발하고, 이들을 모범으로 하여 관료 사회 스스로 도덕성과 사회가 요구하는 덕목을 함양하도록 하였기 때문이다.

황희의 맏아들은 일찍부터 출세하여 벼슬이 참의에 이르렀다. 그리하여 돈을 모아 살던 집을 새로 크게 짓고 낙성식을 하였다. 말이 낙성식이지 크게 잔치를 베푼 터이라 그 자리에는 고관들과 권세있는 친구들이 많이 참석하였다. 집들이의 잔치가 시작되려 할 때, 아버지 황희가 돌연히 자리를 박차고 일어섰다.

선비가 청렴하여 비 새는 집안에서 정사를 살펴도 나라 일이 잘될는지 의문인데, 거처를 이다지 호화롭게 하고는 뇌물을 주고 받음이 성행치 않았다 할 수 있느냐. 나는 이런 궁궐 같은 집에는 조금도 앉아 있기가 송구스럽구나.

그리고는 음식도 들지 않고 즉시 물러가니, 아들은 낯빛이 변하였고 자리에 참석하였던 손님들 역시 무안해졌다. 황희 본인은 비가 새는 초가에서 살면서, 있는 것이라고는 누덕 누덕 기운 이불과 서책이 전부였다고 하니, 아들의 호사가 불편했을 것이다. 과연 최장수 재상을 지냈으면서 이처럼 청빈하였으니 청백리가 됨은 당연할 것이다.

한편 이같은 청백리의 모습과는 달리 실록에는 황희의 또 다른 모습에 대한 기록이 있어 흥미롭다. '황금대사헌黃金大司憲'이라며 세상 사람들의 비난을 받았던 기록이다. 즉 1428년(세종 10) 6월 25일 황희는 박용의 아내로부터 말을 뇌물로 받은 일로 인해 사직을 청하였다. 당시 이 기사에 대해 사관史官의 평가가 있었는데, 사관은 박용의 아내 관련 일 말고도 아래와 같은 내용을 추가로 적고 있다.

김익정金益精과 함께 잇달아 대사헌이 되어서 둘 다 중 설우雪牛의 금을 받았으므로, 당시의 사람들이 '황금黃金 대사헌'이라고 하였다. 또 난신 박포朴苞의 아내가 죽산현竹山縣에 살면서 자기의 종과 간통하는 것을 우두머리 종이 알게 되니, 박포의 아내가 그 우두머리 종을 죽여 연못 속에 집어 넣었는데 여러 날 만에 시체가 나오니 누구인지 알 수가 없었다. 현관縣官이 시체를 검안하고 이를 추문하니, 박포의 아내는 정상이 드러날 것을 두려워하여 도망하여 서울에 들어와 황희의 집 마당 북쪽 토굴 속에 숨어 여러 해 동안 살았는데, 황희가 이때 간통하였으며, 포의 아내가 일이 무사히 된 것을 알고 돌아갔다.

이밖에도 이 날의 기사에는 황희가 장인 양진楊震에게서 노비를 물려받은 것이 단지 3명뿐이었고, 아버지에게 물려받은 것도 많지 않았는데, 집안에서 부리는 자와 농막農幕에 흩어져 사는 자가 많았다고 기록하고 있다.

그런데 이 같은 황희에 대한 기록은 1452년(단종 즉위년) 『세종실록』을 편찬하던 중 세종 재위 때 사관직을 역임한 이호문李好問의 사초史草를 통해서 알려진 사실이다. 실록청에서는 이 사안을 실록에 게재할 것인가에 논란이 있었다. 당시 논의에 참여한 대부분은 만약 이 같은 내용이 사실이라면 분명 전파되었을 텐데 여러 사람들이 알지 못한 것은 사실이 아니기 때문이라며 사관의 기록을 삭제하는 것이 무방하다는 것으로 결론을 내렸다. 단, 사관의 기록을 삭제하는 일이 한 번 행해지게 되면 이후 많은 폐단을 낳을 수 있으니 그대로 수록하자고 의견이 모아져서 그대로 정해져 오늘에 이르렀던 것이다.

갈매기와 함께 여생을 보내기 위해, 반구정

경기도 파주시에는 황희가 지었다는 반구정伴鷗亭이라는 정자가 있다. 반구정은 황희 사후 폐허가 되었다가 17세기에 후손에 의해서 중수되었다. 후손들은 반구정을 중수한 뒤 미수 허목에게 기문을 요청하였는데, 그가 지은 기문에는 다음과 같은 기록이 있다.

반구정(파주시 소재)

> 물러나 강호江湖에서 여생을 보낼 적에는 자연스럽게 갈매기와 같이 세상을 잊고 높은 벼슬을 뜬 구름처럼 여겼으니, 대장부의 일로 그 탁월함이 마땅히 이와 같아야 하겠다

갈매기와 여생을 보내려고 만든 정

자라는 뜻이다. 조선조 5백년간을 통틀어 으뜸가는 명재상이라 일컬음을 받는 황희는 재상으로 무려 20여년 이상을 있으면서, 태종으로부터 세종, 문종에 이르는 3대를 내리 섬겼다. 나이 90줄에 들어서서도 오히려 기운이 정정하여 국사를 두루 보살폈다.

이처럼 당대에 부러울 것이 없던 황희가 굳이 왜 말년에 미물인 갈매기와 여생을 보내려고 했을까? 많은 권력을 가지고 있으면서도 권력의 무상함을 느낀 것일까? 정작 반구정을 처음 세운 황희의 대답이 없어 알 수는 없다. 조선의 많은 지식인들은 이른바 '자분自分'을 생활의 중요 덕목으로 생각하였다. 자기 분수에 맞게 생활한다는 것이다. 아마도 황희 역시 이를 실천하기 위해 반구정을 지은 것은 아닐까? 오늘날 자본의 논리에 빠져 허우적되면서도 끊임없이 욕심을 채워나가는 탐욕스런 현대인들에게 잠시 반구정에 들러 그 의미를 되새겨 보기를 기대한다.

| 참고문헌 |

김경수, 「황희의 생애와 현실인식」, 『한국사학사학보』 36, 2017
소종, 「조선 태종대 방촌 황희의 정치적 활동」, 『역사와 세계』 47, 2015
이성무, 『방촌 황희 평전』, 민음사, 2014
정두희, 「조선 초기 황희의 정치적 역할」, 『길현익교수정년논총』, 1996

03
실용을 앞세운 경세가, 강희맹

세종을 이모부로 두다

강희맹의 본관은 진주로, 조부는 강회백姜淮伯이다. 강회백은『고려사』의 열전에 입전立傳된 인물로, 고려 말 공양왕 때에는 교주강릉도도관찰출척사로 나갔다가 정당문학 겸 대사헌에 제수된 바 있다. 그리고는 당시 정몽주와 정치적으로 대치하던 정도전, 조준 등을 탄핵한 바 있다. 그는 결국 정몽주가 피살된 뒤에는 진양(즉 진주)로 유배되었다. 이로 보아 강희맹의 선대는 정도전 등 새왕조 조선의 개창 세력과는 서로 다른 정치적 입장이었음을 알 수 있다. 당연히 조선 건국 초기에는 정치적으로 시련을 받게 되었을 것이다.

그러나 강회백이 다시 정치권에 진출한 것은 오래 걸리지 않았다. 강회백이 다시 관직에 진출한 것은 태종이 국왕이 즉위한 뒤로, 동북면도순문사와 참판승추부사를 역임하였다. 강회백이 다시 중앙 정치에 등장하게 된 배경에는 태종이 집권 이후 앞선 태조대의 공신 세력을 견제하기 위한 차원에서 고려조의 인사들을 다수 배치한 결과였다. 그리고 여기에는 강회백의 개인적 인맥이 중요한 고리 역할을 하였다. 강회백의 절친 중 한 명이 하륜河崙인 점이 작용한 것이며, 더 하여 강회백의 아들인 강순덕姜順德의 처부가 안산 이씨 이숙번李叔蕃이라는 사실도 그 배경으로 주목된다. 주지하듯이 하륜이나 이숙번은 1398년 제1차 왕자의 난을 거쳐 태종이 왕위에 오르는데 결정적이 역할을 하였고, 태종이 국왕이 즉위한 뒤에 실세였다는 사실을 감안해볼 필요가 있다.

강희맹의 부친인 강석덕姜碩德은 태종 초 음서蔭敍로 관직에 진출하였으나 크게 주목되지 못하다가 세종대에 승승장구를 거듭하였다. 강석덕은 세종대에 국왕의 비서인 승지를 역임하였고 사헌부 대사헌과 이조와 호조의 참판 등을 역임하였다. 1455년(세조 1)에는 좌익원종공신 2등에 책록되었다. 세종대에 강석덕의 약진은 그의 처가가 주요한 정치적 배경이 되었다. 강석덕의 처부는 청송 심씨 심온沈溫인데, 심온의 딸 중 한명이 세종비인 소헌왕후昭憲王后이다. 이렇게 보면 강석덕과 세종은 동서 사이가 되며, 강희맹에게 세종은 이모부가 된다.

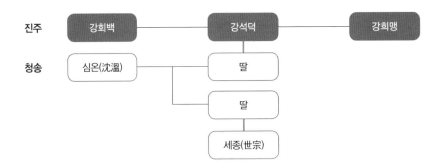

강석덕은 자신의 정치적 약진에 대해서 스스로도 부담스러웠던지 "조급히 승진하는 것을 좋아하지 않아서 안효공(즉 심온)에게 관직에 임용하는 것을 늦추

어 줄 것을 청했다"고 한다.

선대에 이 같은 왕실과의 인연 때문인지 모르겠으나, 후일 어린 시절의 연산군과도 관련을 맺었다. 연산군이 원자元子 시절 병이 나서 궁궐을 나와 피병避病한 적이 있었다. 연산군이 피병에 앞서 몇몇 집을 대상으로 물색을 하였는데, 강희맹의 부인이 집안을 다스리는 것이 법도가 있다는 소식을 듣고는 그의 집으로 옮겼던 것이다. 당연히 경제적으로 궁하지 않다는 점도 고려되었다. 강희맹의 부인은 관찰사를 지낸 안숭효安崇孝의 딸이다. 강희맹의 집으로 거처를 옮긴 뒤 연산군은 10여 일만에 쾌유가 되었다고 한다. 이후에도 연산군과 강희맹 부인과의 인연은 계속되었다. 역시 연산군이 원자 시절, 잘못해서 쇨타래를 삼키는 바람에 목구멍이 막혀 위급한 상황이 있었다. 주위 사람들이 어찌할 바를 몰라 허둥지둥하고 있던 차에 부인이 달려와서 보고는 반듯이 눕혀 있던 원자를 안아서 일으키고는 유모를 시켜 양편 귀 밑을 꼬집게 한 뒤 손가락을 실타래를 뽑아내서 위기를 면했다고 한다.

고려에서 조선이라는 큰 변혁기 정치적 입장의 차이에 따라 잠시 시련을 겪었던 진주 강씨 강희맹의 선대는 탄탄한 혼맥과 인적 네트워크를 구축, 새왕조에서도 금수저 집안으로서 위치를 다졌다.

문·무를 겸한 인재

강희맹은 가학家學의 전통을 잇는 가운데 12살 때부터 승려인 성상省桑에게 수학하기 시작하였고, 1442년(세종 24)에 진사시에 합격하였다. 진사시 합격 이후 부친 강석덕은 강희맹에게 과거를 기대할 수 없다면 충순위忠順衛에 음보蔭補하는게 어떤 가라고 말하며 그의 의중을 물었다. 충순위는 조선 전기 중앙군의 일종이고, 음보란 음서를 통해 관직에 진출하는 것을 말한다. 부친이 강희맹의 과거 시험에 대한 의지를 떠 본 것이다. 그러자 강희맹은 "대장부는 마땅히 많은 서적을 읽어서 과거 합격을 수염 터럭 뽑는 것처럼 쉽게 할 것이다"며 강한 자신감을 보였다. 이런 자신감이 있었으나 재수를 하고 과거에 급제하였다.

강희맹은 과거 급제 이후 종부시 주부를 시작으로 각종의 관직을 거쳤다. 그의 관직 이력에 대해 후일 서거정徐居正은 다음과 같이 기록하였다.

> 청요직淸要職을 두루 거치면서 그가 있던 곳마다 아름다운 소문이 무성했다. 만년에 더욱 드러나서 두 번 갑과甲科에 발탁되었고 두 번 공신에 참여했으며, 네 번 육조六曹의 판서를 지냈다. 남궁南宮(예조의 별칭)에 있으면서 예禮를 관장함에 어긋남이 없었고, 추부秋部(형조의 별칭)에 있으면서 옥사를 처리함에 오직 밝게 했으며, 선부選部(이조의 별칭)에 있으면서 전주銓注(관리를 임금에게 천거하는 것) 지극히 공평하게 하여, 드디어 암랑巖廊(의정부의 별칭)에 올라 덕화德化를 널리 편 데 공이 있어 의론議論에서 발휘하고 사업事業에 시행한 것은 역시 명백하고 정대하여 우뚝한 것이 볼만했다. 오랫동안 경악經幄에 참여하여 조용히 옳고 그름을 아뢰었고, 여러 차례 과거 시험을 관장하여 인재를 얻은 적이 역시 많았다.

그야말로 화려한 이력이다. 당대인들에게 선망의 대상인 청요직을 두루 거쳤으며, 예조와 이조, 형조와 병조 등 4번의 판서를 역임하였다. 오늘날로 말하면 중앙 부처 장관을 4차례 역임했다는 것이다. 그리고 의정부에 들어가서는 좌찬성을 역임하였다. 위에서 두 번의 갑과에 발탁되었다는 것은 관직 생활 중 세조가 특별히 시행한 과거 시험인 발영시拔英試와 등준시登俊試에서 합격한 사실을 말한다. 발영시와 등준시는 1466년(세조 12)에 시행한 것으로, 강희맹은 이들 시험에 합격함으로써 품계가 올라갔다. 애초 이들 시험은 현직 관원을 대상으로 포상하기 위한 성격의 시험으로, 강희맹은 두 차례의 시험에 모두 우수한 성적으로 합격함으로써 국왕으로부터 특전을 받았다.

강희맹은 문무를 겸전한 것으로 알려져 있다. 1467년(세조 13)당시 강희맹은 지성균관사라는 관직에 있었다. 지성균관사는 조선의 최고 교육기관인 성균관을 책임지는 위치에 있는 관직이다. 굳이 요즈음에 대비하면 국립대학교의 총장 정도에 해당하는 위치이다. 문신으로서 상당히 자부심을 가질 만한 관직이다. 그런데 여기에 더하여 도총부 도총관을 겸하게 되었다. 도총관이라면 최고의 군령軍令 기관인 오위도총부의 장관이다. 이를 두고 서거정은 "성균으로 사문斯文을 주관하고, 총관으로 병권兵權을 관장한 것"이라며 그가 문무를 겸전한 인재였음을 평가하였다. 서거정은 강희맹에게 보낸 시에서도 이런 모습을 묘사한 바 있다.

> 예부터 명장 가문에서 대유가 나긴 하지만 / 名將由來出大儒
> 한 몸에 둘을 겸하기론 그대만 한 이 없으리 / 一身雙美到君無
> (서거정,『사가재지』권2,「판서 강경순姜景醇에게 받들어 부치다」)

뿐만 아니라 강희맹은 두 번의 공신에 책록되는 영광을 누리기도 하였다. 그가 첫 번 째 공신에 책봉된 것은 1468년(예종 즉위년)에 예종이 즉위하면서 익대공신翊戴功臣에 봉해진 것이다. 이 때의 공신 책봉은 '남이南怡의 옥獄'을 거친 뒤였다. 예종이 즉위하기 전 강희맹은 세조에게 "병조판서 남이는 바른 사람이 아니다"며 경계를 요청한 바 있다. 그런데 결국 이른바 '남이의 옥'이 발생한 것이다. 남이는 관직 진출 이후 출세를 거듭하여 26살에 병조판서에 올랐다. 약관의 나이에 파격적인 인사였다. 그런데 이에 앞서 함경도 강계 방면에서 소란을 일으킨 야인족의 난리를 평정하고 돌아올 때 지은 그 시가 문제가 되었던 것이다. 당시의 임금인 예종은 워낙 나약한 성격의 소유자여서 26세의 젊은 남이가 병조판서로 있는 것을 은근히 두려워하고 있던 차에 남이의 출세를 시기하고 있던 유자광이 참소하기를,

강희맹묘 및 신도비(시흥시 소재)

"병판 남이는 지금 상감이 나약하신 틈을 타서 역모를 계획하고 있나이다. 그 증거로는 그가 야인족을 토평하고 돌아올 때 지은 글 가운데 '남아 스물에 나라를 얻지 못하면'이란 한 구절을 보아서도 알 수 있나이다."

라 하여, 남이가 어린 시절에 지은 시 중에 있었던 구절인 '남아 스물에 나라를 평정 못하면男兒二十 未平國'을 문제 삼아 남이가 역적 모의를 했다고 하여 옥사가 일어났다. 결국 남이는 28살의 나이에 생을 마감했으나, 이 사건으로 강희맹은 공신에 책록된 것이다. 강희맹은 이어 성종이 즉위한 다음 해인 1470년(성종 1)에 다시 좌리공신佐理功臣에 책록되었다.

국가의 기틀 마련에 참여하다

강희맹은 세조대 이후 국가 체제를 정비하는 과정에 참여하였다. 먼저 세조대에 시작하여 성종대에 마무리된 조선 최고의 법전인 『경국대전經國大典』을 편찬하는데 참여하였다. 『경국대전』의 편찬은, 조선 건국 이후에 진행된 정치, 사회 등 각종 제도 정비가 일단락되었음을 의미한다고 하겠다. 그는 세조대에 법전 편찬을 목적으로 상정국이 설치되자 서거정 등과 함께 참여하여 이의 편찬을 주도하였다. 세조대 『경국대전』 편찬이 결정되는 과정에서, 최항崔恒은 『경국대전』 중 호전戶典 편찬에는 한계희韓繼禧가, 예전禮典 편찬에는 강희맹이 없어서 안된다며 기복起復을 요청하였다. 기복이란 상喪 중에 있는 관원을 관직에 나오게 하는 것을 말한다. 『경국대전』 편찬 과정에서 강희맹의 역할을 짐작할 수 있는 대목이다.

예조판서에 재직할 때는 『국조오례의』의 편찬에 참여하였다.

공이 일찍이 예조 판서로 있으면서 예의에 관련된 제도를 의정할 때는 당시의 사정에 알맞도록 잘 처리하여 손익損益한 바가 많았는데,『오례의五禮儀』는 대저 공이 재결해 편찬한 것으로, 모두 옛 것에 합치되면서도 지금에도 거리끼지 않아서 성세盛世의 대전大典이 되었다.

『국조오례의』는『경국대전』과 함께 조선 초 문물제도의 완비를 보여주는 상징적인 서적이다. 강희맹은 이 두 가지 서적의 편찬에 직접 참여하였고, 특히 『국조오례의』의 편찬은 거의 주도하다시피 한 것이었다. 강희맹은 또한 성종대 대표적인 성과라고 할 수 있는『동문선』과『동국여지승람』이었다.『동문선』은 우리나라의 역대 우수한 글들을 고르고 모아서 편찬한 것으로 당대까지 문학적 성과를 보여주는 책이다.『동국여지승람』은 당대까지의 국토의 지리와 풍속 등을 담아 편찬한 책이다.

강희맹은 스스로 독서 이외는 다른 취미가 없다고 할 만큼 책 읽기를 좋아하였다. 어릴 적 독서에의 전념은 이후 벼슬길에 뒷받침이 되었음은 물론이거니와 학문의 튼튼한 바탕이 되었을 것이다. 강희맹은 실용지학實用之學을 중시하였다. 그가 벼슬길에 있으면서 주로 한 일은 각 부서의 행정적인 일도 있지만, 국가의 전장 제도를 성문화成文化하고 그때까지 우리나라의 문화적인 업적을 정리하는 국가적인 사업에 줄곧 참여하였다. 또한 강희맹은 오랫동안 경연經筵에 참여하였고, 실록實錄을 편찬하거나 세조 때 불교 관련 서적을 편찬할 때 지휘·감독한 일도 있었다. 그의 학문은 도학道學의 세계를 새로 개척하거나 연구하는 데 목적을 두기보다는 이미 쌓아 두었던 지식을 실생활에 적절히 활용할 수 있도록 분류하고 정리하는 데 그 목적이 있었던 것이다. 따라서 강희맹의 학문 정신은 실용적 · 경세적經世的인 성격을 가진다고 하겠다.

실용적인 학문 정신

강희맹의 실용적인 학문 정신이 돋보이는 것이 농서인 『금양잡록衿陽雜錄』이다. 『금양잡록』은 강희맹이 52세 때 좌찬성에서 물러나 경기도 금양현衿陽縣(오늘날의 경기도 시흥시 · 광명시와 서울시 금천구 일부 지역)에 있는 묘막에 은거하여 손수 농사를 지으며 그곳 농민들과 대화와 자신의 체험을 토대로 지은 것이다. 농업과 관련된 강희맹의 관심은, 강희맹을 포함한 진주 강씨의 가학家學이기도 하다. 예를 들어 강희맹에게 증조부가 되는 강시姜蓍(1339~1400)는 합주陜州(오늘날의 경상도 합천)의 지방관 시절 『농상집요農桑輯要』를 출간하여 전국에 보급한 바 있다. 『농상집요』는 1273년 중국 원나라 때 만들어진 농서로, 고려 후기 이암李嵒이 수입한 뒤에 우리 농업에 많은 영향을 끼친 책이다. 강시는 『농상집요』가 크고 무거워

금양잡록의 일부(한국고전번역원)

활용이 어렵자 이를 쉽게 들고 다니며 볼 수 있다는 것이다.

강희맹의 형인 강희안姜希顔도 우리나라 최초의 원예서인 『양화소록養花小錄』을 쓰기도 하였다. 강희안이 이 책을 쓰게 된 것은 단지 원예를 목적으로 한 것은 아니었다. 자연의 이치를 궁구하고 이를 통해 인간사의 진리를 찾는 과정이었다.

아, 화초는 식물이다. 지식으로 서로 느낌이 있는 것도 아니며 말로 서로 통할 수도 없다. 그러나 그것을 굽히며 펴고, 바로잡으며 휘며 펴나가 번영하게 하며 주저앉혀 꺾어지게 하는 것을 내 마음대로 하면, 물건이 이에 어기지 못하는 것은, 그의 본성을 따르며 그의 자연을 온전히 하는 것 뿐이다. 만일 하늘이 그에게 연령을 늘려 주어 이 수단을 옮기어 한 세상을 교화시켰다면, 곧 그의 인자한 은혜와 유리한 혜택이 사람에게 미치는 것이 넓었을 것이다. 어찌 다만 꽃을 기르는 말단의 일을 빌어서 신비한 교화의 묘리를 연구함에 그쳤겠는가.

(『속동문선』 권15, 「양화소록서」)

이 책에서는 소나무를 비롯해 연꽃, 석류화, 장미 등을 비롯해 일본의 척촉화躑躅花 등 나무나 꽃 수십 종에 대해서 그 재배법과 이용법 등을 설명하고 있다. 강희맹의 금양잡록은 이처럼 가학적 전통과 함께 실용을 강조하는 인식의 결정판이었다.

강희맹은 평소 금 · 옥 등도 결국에는 농가에서 나온 것임을 강조한 바 있다.

그저께 저자로 지났더니 / 昨從市中過

시중 여러 청년 얼굴이 꽃같았다 / 市中諸子顔如花

다투어 와서 늙고 더럼 조소하여 / 爭來嗤老醜

제각기 사치와 번화 자랑하네 / 各自逞奢華

늙은이 막대 멎고 그들에게 말하였네 / 老夫拄杖語市人

장사아치 이문 있다 자랑 마소 / 刀錐末利安肯誇

금과 옥을 쌓은 것도 가만히 생각하면 / 長金積玉細商量

모두가 우리 농가에서 나는 것을 / 皆自吾家

(『속동문선』권10 농구農謳 과농誇農조)

『금양잡록』에서 강희맹은 당시 경기도 금양현의 농업 사정을 설명하고 있다. 약 80여개의 작물 품종에 대해서 이삭의 상태나 열매의 형상과 색깔, 재배 환경 등을 소개하고 있다. 당시 관찬인 『농사직설』과 함께 사찬의 책으로 경험과 견문을 수록하고 있어 중요한 가치가 인정되는 책이다.

| 참고문헌 |

강제훈, 「조선초기 가계계승 논의를 통해 본 강희맹가의 정치적 성장」, 『조선시대사학보』 42, 2007

강제훈, 「조선초기 문신 강희맹의 관직 생활」, 『한국인물사연구』 9, 2008

안장리, 「강희맹의 생애와 문학」, 『열상고전연구』 18, 2003

이정주, 「태조~태종 연간 맹사성의 정치적 좌절과 극복」, 『조선시대사학보』 50, 2009

04
시대를 앞서간 개혁가, 조광조

사림의 영수로

조광조는 중종반정 후 조정에 출사, 유교적 이상정치를 현실에 구현하려는 다양한 개혁을 시도하였다. 시대를 앞서간 개혁정책은 기묘사화로 비록 물거품 되었으나 그가 꿈꾸었던 이상사회는 후학들에 의해 조선 사회에 구현되었다. 과연 그가 꿈꾸었던 이상사회는 어떤 모습이었을까?

조광조는 본격적으로 조정에서 관직생활을 하기 전부터 명성이 있어, 1510년(중종 5) 11월 15일 진사의 신분으로 경복궁 사정전에서 행해진 테스트의 일종인 강경에 참여한 바 있었다. 당시 조광조는 『중용』을 강하여 약略이라는 성적을 받게 되었는데, 이 날 실록에서는 그를 사림의 영수로 칭하고 있어 주목된다.

국가가 무오사화戊午史禍를 겪은 뒤부터 사림이 다 죽어 없어지고 경학經學이 씻은 듯이 없어지더니, 반정 뒤에 학자들이 차츰 일어나게 되었다. 조광조는 어릴 적에 김굉필金宏弼에게 수학하여 성리性理를 깊이 연구하고 사문斯文을 진흥시키는 것을 자기의 임무로 삼으니, 학자들이 추대하여 사림의 영수가 되었다.

1506년 중종반정으로 조선 사회는 새로운 분위기를 맞이하였다. 앞선 연산군대 국왕을 비롯한 집권 세력 내에서 자행된 갖가지 잘못된 정치를 일신하면서 새로운 조선을 재창조할 절호의 기회를 맞이한 것이다. 이때 사림들이 정치에 재진출하며 조정에 '새로운 피'가 수혈되었다. 사림이란 후일 율곡 이이가 말한 바와 같이 "마음속으로 옛날의 도를 사모하고, 몸으로는 유자의 행동에 힘쓰며 입으로는 정당한 말을 하면서 공론을 가지는 자"들을 말한다. 조광조는 바로 이런 성향의 사림 세력을 영도하는 위치에 있는 인물이었다.

사림 세력은 15세기 후반부터 서서히 중앙 정치에 참여하던 세력들이었다. 사림은 유학을 공부하는 선비의 집단적 개념으로, 유사한 용어로는 사대부 · 사류 · 사족 등이 있다. 이들은 조선 건국 과정에서 지방에 낙향하여 재지사족으로 자리잡은 세력들이 전신이었다. 향촌에 은거하여 생활하면서 문인을 양성하였는데, 초기에는 주로 영남 지방에서 활동하던 인물들이 대부분이었다. 성종대 이후 김종직이 중앙에 진출하면서 사림 세력의 정신적 지주가 되었으며, 정여창 · 김굉필 · 김일손 · 유호인 · 남효온 등 많은 제자를 배출하였다. 이들은 학문을 연마함과 동시에 중앙 정치에 참여하게 되며, 이 과정에서 그 세력 범위는 서울과 경기 · 충청 지역 지식인에게까지 지평을 확대해가면서 세력을 확대해갔다. 이 시기 사림 세력의 진출 과정은 국왕인 성종의 정치적 필요에 의한 측면도 있었다. 성종은 즉위 이후 한명회 등 훈구 세력의 견제로 인해 왕권이 제약되자, 사림 세력을 등용하여 훈구 세력을 견제하고자 하였다.

이들과 달리 당대까지 정치와 사회를 주도하던 세력을 우리는 역사상 훈구 세력 또는 훈구파라 칭하고 있는데, 15세기 후반 이후 훈구 세력에 의한 권력형 비리가 여러 곳에서 문제화되었다. 훈구 세력은 1453년(단종 1) 계유정난부터 세조 즉위 과정에서 세조를 도와 조정의 실권을 장악한 관료학자들로, 한명회·정인지·신숙주·권람·서거정 등이 해당된다. 훈구 세력의 일부는 왕실과 혼인을 통해 권력을 공고히 하였으며, 일부는 몇 차례 공신에 책봉되기도 하였다. 한명회는 성종 초까지 정난공신·좌익공신·익대공신·좌리공신에 책봉되었고, 신숙주는 정난공신·익대공신·좌리공신 등에 책봉되었다. 또한 형제나 아들이 공신에 함께 선정되면서 강력한 정치기반을 마련하였다.

훈구 세력은 학문적으로 국가 경영에 필요한 공문서나 외교문서의 작성에 주로 필요한 사장詞章을 중시하였다. 이를 바탕으로 고위 관직에 있으면서 세조 대에 행해진 국가적 편찬 사업을 주도하였다. 경제적으로 대규모의 농장農莊을 보유하였다. 훈구 세력이 농장을 확대하는 과정은 당시 사회경제적 변화 속에서 가능했던 것으로, 국가로부터 지급받은 공신전과 함께 간척사업과 토지의 매입 등을 통해서 농장을 확대해갔다. 나아가 대외무역에도 참여하여 이익을 독점하였고, 공물의 방납을 통해서도 경제적 이익을 얻었다. 훈구 세력은 당시 정치적, 사회적, 경제적 특권층이었다. 사림 세력은 이러한 훈구 세력의 잘못된 정치 관행과 권력형 비리를 문제시하면서 새로운 조선 사회를 창조하려고 하였다.

유신정치를 위하여

조광조趙光祖의 본관은 한양으로, 조선의 개국공신 중 한 명인 조온趙溫의 후손이다. 조부인 조충손趙衷孫과 그 뒤를 이어 조원상趙元常·조원기趙元紀, 그리고 본인이 과거에 급제하면서 3대에 걸쳐 과거합격자를 배출하였다. 조광조는 1515년(중종 10) 이조판서 안당安瑭의 추천으로 김식金湜 등과 함께 중앙에 진출, 이후 사림 세력의 영수로서 활동하였다. 부친 조원강趙元綱의 주선으로 '소학동자小學童子' 김굉필金宏弼의 문하에 들어가서 수업하였다. 성균관에 들어가서는 당시 성균관대사성으로 재직하던 유숭조柳崇祖의 훈도 아래에서 생활하기도 하였다.

이 시기 조광조의 정계진출은 즉위 후 반정공신 세력에 의해 친정親政의 기회를 상실했던 중종이 대부분의 공신들이 사거한 후 정치 혁신을 꾀하는 것과 연관되어 있었다. 중종반정으로 왕위에 오른 중종은 연산군대의 잘못된 정치를 개혁하는 이른바 유신정치를 추진하였다. 앞서 몇 차례 사화를 겪으면서 화를 당한 사람들의 원한을 풀어줌과 동시에 연산군대 폐지되었던 조선조 유학의 상징 성균관을 다시 원상으로 복구하였다. 이는 유학을 진작시키려는 의지로 보인다. 또한 앞서 사화를 겪으며 귀양을 갔던 유숭조 같은 선비들을 소환하여 중용하였다. 다만 중종은 즉위한 초반에는 반정 공신들의 견제로 인해 정국을 주도하는데 한계가 있었다. 그러나 즉위한 지 8년여가 지나면서 주요 반정 공신들이 사망하게 되면서 본격적인 정치 개혁에 착수하였다. 중종이 이때 주목한 인물이 사림의 영수로 있던 조광조였다.

조광조는 1510년(중종 5) 소과인 생원시에 입격한 후, 1515년 알성시 별시에 급제하여 성균관 전적을 시작으로 사간원 정언 등의 관직을 역임하였다. 조광조를 중심으로 중앙에 진출한 사림세력들은 도학정치道學政治의 이상을 실현하기 위한 제반 개혁정치를 추진하였다. 군주의 수신을 위한 경연의 강조라든지 언로의 개방 등과 함께 도교 제사 기관인 소격서 혁파를 주장하였다. 아울러 정치 질서의 회복을 위해 잘못된 공신을 삭제하자는 위훈삭제 운동을 전개하기도 하였다. 또한 어진 선비들의 등용을 위해 현량과賢良科 실시를 주장, 이를 관철시켰다. 사회적으로도 사림들의 자치自治를 중시하면서 성리학적 사회질서의 수립을 위한 방법으로『소학』의 보급과 그 실천을 강조하였고, 지방 사림들의 자치 기구인 유향소留鄕所의 복립을 추진하였다.

조광조 등이 강조하였던『소학』은 중국 송대 주희朱熹의 주관 하에 그 제자들과 함께 편찬한 것으로, 학문에 입문하는 가장 기초가 되는 책이자, 동시에 성리학적 사회 실천 윤리를 담고 있는 대단히 중요한 책이다. 위로는 국왕으로부터 아래로는 일반 백성들까지 성리학적 실천 윤리를 익히고 이를 통해서 이른바 수신제가치국평천하修身齊家治國平天下를 이루기 위한 기초인 것이다. 조광조 등은 이를 통해 조선에서 왕도정치王道政治를 구현하려고 하였다. 소위 도덕정치道德政治를 추진하려고 하였다. 이를 위해 인재도 글 짓는 재주나 경서를 암송하는 정도로 평가하기보다는 덕德을 가장 중요한 요소로 하였는데, 현량과 실시를 주장한 이유이다.

못다 핀 개혁의 열망, 기묘사화

그러나 조광조를 영수로 하는 당대 사림세력은 대부분 젊은이들로서, 현실을 무시하고 이상을 실현하기에만 급급했다. 그 결과 너무도 그 수단이 과격하고 급진적이었으며, 또 자기네들과 뜻이 서로 맞지 않는 훈척 세력인 남곤이나 심정 등을 소인이라 지목하여 그들과의 사이에 알력과 반목이 일어났다.

1519년 조광조 등은 마침내 자기들의 이상을 실현하기 위한 중대한 작업에 착수하였다. 그것은 다름 아닌 개혁에 걸림돌이 되는 세력의 제거였다. 이른바 위훈삭제운동으로 알려진 것으로, 중종반정의 공신 중 공신 작호가 부당하게 부여된 자 76명에 대하여 그 공훈을 삭제할 것을 주장한 것이다. 조광조 등의 주장은 당시 권력의 핵심에 있던 공신세력들을 직접적으로 겨냥한 것이었다. 공신세력들의 입장에서는 자신들의 목을 겨누는 대단히 위험천만한 사안이었다. 그리고 이것이 결국 공신세력들의 반격을 받아 화를 당하게 되니, 이것이 기묘사화라 불리는 사건이다.

기묘사화와 관련해서는 사건의 전개 과정에 이른바 '주초위왕走肖爲王'이라는 술수가 활용된 것으로 알려져 있다. 당시 지동地動, 즉 지진이 자주 발생하였는데 이를 국왕이 근심함은 당연한 것이었다. 이때 조광조와 반대 측에 있던 남곤과 심정 등은 권세 있는 신하가 나라 일을 제 마음대로 하고 장차 모반을 일으키려 하기 때문에, 그 징조로 지진이 발생하였다고 중종에게 간언하였다. 여기서 권세 있는 신하가 다름 아닌 조광조였다. 그리고 남곤 등은 그 뒤 연거푸 말을 지어 퍼뜨리기를 민심이 점차 조광조에게로 돌아간다 하고, 또 대궐 후원에 있는 나뭇가지 잎에다 "주초위왕走肖爲王"이라고 꿀로 글을 써서 그것을 벌레가 파먹게 한 다음, 천연적으로 생긴 것 처럼 꾸미어 궁인으로 하여금 왕에게 고하도록 하였다. '走肖'는 즉 '趙'자의 파획破劃이니 이는 조씨가 왕이 된다는 뜻을 암시한 것이다. 이런 상황에서 조광조 및 사림 세력을 발탁했던 중종 역시 마음을 돌리게 되고, 이를 간파한 남곤, 심정, 홍경주 등은 밤중에 갑자기 대궐로 들어가 신무문에 이르러 왕에게 조광조의 무리가 모반하려 한다고 아뢰었다. 이 사건으로 조광조 이하 여러 사람들을 일단 하옥되었다가, 모두 먼 곳으로 귀양 보내졌다. 그리고 얼마 뒤에 남곤, 심정 등의 주청으로 이들 조광조 이하 많은 사람들이 화를 당하였다. 이때에 죽은 사람들을 가리켜 기묘명현己卯名賢이라 한다.

"너무 날카롭고 급진적이었던" 조광조

기묘사화로 그 동안 조정에 진출해 있던 많은 사림들이 화를 당하게 되고, 결국 이 일로 조선내 쇄신의 분위기는 일단 주춤해졌다. 그리고 이어서 명종초 척신 세력의 대결 과정에서 을사사화가 발생, 다시 한번 사림들이 화를 당하게 되었다. 그러나 시대의 대세를 거스릴 수 없는 법, 명종대 후반부터 척신 세력이 퇴조를 보이고 점차 사림 세력이 정국의 주도 세력으로 성장하였다. 그리고 이들은 선조 즉위와 동시에 정치를 주도하게 되면서 앞서 조광조가 주장했던 이른바 도학정치를 현실에 적용하고자 하였다. 이렇게 본다면 조광조는 시대를 앞서가는 개혁가라고 할 수 있을 것이다.

그러나 시대를 앞선다는 것은 결국 당대 사회의 대세와 충돌하게 되고, 끝내는 당사자의 희생을 가져오는 것은 아닐까? 이와 관련해서 우리가 잘 알고 있는 율곡 이이는 조광조에 대해서 다음과 같이 평하고 있다.

오직 한 가지 애석한 것은 조광조가 출세한 것이 너무 일러서 경세치용經世致用의 학문이 아직 크게 이루어지지 않았고 같이 일하는 사람들 중에는 충현忠賢도 많았으나 이름나기를 좋아하는 자도 섞이어서 의논하는 것이 너무 날카롭고 일하는 것도 점진적이지 않았으며 임금의 마음을 바로잡는 것으로 기본을 삼지 않고 겉치레만을 앞세웠으니, 간사한 무리들이 이를 갈며 기회를 만들어 틈을 엿보고 있는 줄을 모르고 있다가, 신무문神武門이 밤중에 열려 어진 사람들이 모두 한 그물에 걸리고 말았다. 이때부터 사기士氣가 몹시 상하고 국맥國脈이 끊어지게 되어, 뜻있는 사람들의 한탄이 더욱 심해졌다.

(율곡전서 동호문답)

이이는 조광조의 개혁이 실패한 점을, 조광조의 학문의 숙성되지 않았다는 점, 너무 급진적이었다는 점, 기본에 충실하지 않았다는 점 등을 제시하고 있다. 율곡의 이같은 지적은 오늘날에도 여전히 유효한 것은 아닐까?

기묘사화로 조광조 등 사림세력이 화를 당한 뒤, 조광조 등이 추진했던 현량과가 폐지되는 등 이들에 의해 추진되던 개혁이 모두 부정되었다. 그러나 역사의 흐름은 사림이 정치와 사회, 문화 등 각 분야를 주도하는 방향으로 나아갔다. 이런 상황에서 조광조의 복권 문제가 거론되었다. 조광조 사후 복권 문제가 처음 거론된 것은 중종 후반 때로, 당시 의정부 좌찬성으로 있던 김안국이 그의 관작 회복을 주장하고 나섰다. 김안국은 김굉필과 조광조의 제자로 당시 사림을 대표하던 인물이었다. 김안국을 비롯한 사림세력들이 자신들의 활동에 명분을 얻고자 할 때 조광조의 신원은 필수적인 과정이라 하겠다. 당시 김안국의 주장은 받아들여지지 않았다. 그러나 그로부터 몇 년이 지난 1545년(인종 1년) 성균관 유생 등이 상소를 했는데, 이것이 받아들여지면서 조광조의 관직이 회복되었다.

사후의 추숭 사업

이제 조광조는 사림의 적통을 잇는 계승자로 위상을 갖게 되면서 사림 사회에서 추앙되었다. 조광조에 대한 추증이라는 성과를 얻어낸 사림들은 이후 김굉필·정여창鄭汝昌·조광조·이언적李彦迪, 그리고 이황李滉 사후에는 이황까지 포함된 이른바 동방5현에 대한 문묘 종사를 추진하였다. 그러나 사림들의 요구를 경솔하게 시행할 수 없다는 선조의 의지로 당시에는 시행되지 못하고, 결국 1610년(광해군 2)에 이르러서야 결과를 보게 되었다.

문묘에 종사된 조광조는 17세기 후반 18세기에는 국왕들의 존숭 대상이 되

先正故司憲府大司憲文正
公趙光祖家遣承旨致祭祭
文

遲遲吾行 于華之北 云誰之廬
信宿華城 有屋嚴楗 文正之廟

我思文正 惜不同世 天人性命
克配君民 夙抱經綸 際遭昌辰

初登講幄 俊乂咸籲 遂長霜臺
士女異路 道或消長 運有平陂

公孰何尤 小人是懷 厄子堯欽
君子是式 易貢公朱

公祈本者 蔵茲膠著 永言冥祐
一變至道

정조가 내린 치제문(한국학중앙연구원 장서각)

었다. 숙종은 『정암집』을 읽고 그 느낌을 「독정암집유감讀靜菴集有感」이라는 어제御製로 표현하였고, 영조는 후손들의 조용調用을 지시하는 한편 그를 일컬어 "해동대현"이라 칭하기도 하였다. 이런 예는 정조의 경우도 마찬 가지여서 후손들의 조용調用 뿐 아니라 치제문을 내리는 등 숙종대 이후 국왕들에 의한 조광조의 포장褒獎은 지속적으로 유지되었다. 아래는 정조가 내린 치제문의 일부이다.

내가 문정공을 생각하니 / 我思文正

시대를 같이하지 못함이 애석하네 / 惜不同時

천인 성명의 학문을 하고 / 天人性命

요순의 군민을 추구했으니 / 堯舜君民

일찍이 경륜을 품고서 / 夙抱經綸

창성한 시대를 만났네 / 際遭昌辰

처음 경연經筵의 강석에 오르니 / 初登講幄

준수한 선비가 모두 모였고 / 俊乂咸籲

드디어 사헌부의 우두머리가 되니 / 遂長霜臺

남녀가 분별을 알아 길을 달리하였네 / 士女異路

시운에 고르고 기울음이 있었고 / 運有平陂

도가 혹 쇠하고 자람이 있었으나 / 道或消息

공에게야 무슨 허물이었으랴 / 公於何尤

문묘(文廟)에 배향되었네 / 聖廡腏食

군자가 이에 본보기로 삼고 / 君子是式

소인이 이에 덕을 생각하니 / 小人是懷

도리어 내가 감탄하고 흠앙하는 바인데 / 顧予懍欽

(『홍재전서』권24, 제문, 「선정문정공조광조치제문」先正文正公趙光祖致祭文)

물론 여기에는 국왕들의 정치적 의도가 내포되었다. 즉 17세기 사림정치 시기에 조광조의 포장襃獎은 주로 사림들에 의해서 이루어졌는데 이는 사림들이 도통道統의 맥을 계승하였음을 천명하기 위한 것이었다. 그러나 17세기 후반 탕평책이 정국에 적용되고 국왕권이 강화되는 와중에서 국왕들은 앞선 시기 사림들이 차지했던 도통을 자신들이 장악함으로써 군사君師로서 확고한 이미지를 구축하려는 의도였던 것이 아닐까 한다. 그렇더라도 국왕들의 이 같은 포장은 조광조 개인에게나 후손들에게도 가문을 유지하는 중요한 매개가 되었을 것임을 부정할 수 없다.

조광조의 복권, 추증, 문묘 종사의 과정을 거치는 과정에서 그를 제향하는 서원 건립이 이루어졌다. 대표적인 서원이 양주의 도봉서원道峯書院이다. 도봉서원은 1573년(선조 6) 양주목사로 부임한 남언경南彦經이 주도하여 도봉산 밑 영국사지寧國寺址에 건립한 것이다. 당시 서원 건립은 조광조의 문인인 백인걸白仁

심곡서원(용인시 소재)

傑·허엽許曄·박소립朴素立 등의 주도하에 전국적인 차원에서 추진되었다. 다음 해인 1574년에는 김우옹金宇顒·유희춘柳希春 등의 요청에 따라 사액이 내려졌다.

　　도봉서원 이외에도 조광조를 제향하는 서원으로, 1571년(선조 4) 능주에 죽수서원竹樹書院이 건립되었고, 1605년(선조 38) 용인 조광조의 묘소 아래에 심곡서원深谷書院이 건립되었다. 당초 용인에는 1576년(선조 9)에 이계·이지 등이 주도하여 포은 정몽주와 정암 조광조를 향사하기 위해 건립된 사우인 충렬사가 있었다. 사우가 창건된 장소는 죽전으로, 이곳이 정몽주와 조광조의 묘소가 위치한 지점에서 중간 지점에 해당되기 때문이었다. 사우가 건립되자 포은 정몽주를 주향으로 하고, 정암 조광조를 종향으로 하여 신위를 봉안하였다. 그러나 충렬사는 임진왜란을 거치는 과정에서 소실되었다.

　　충렬사는 이후 1606년(선조 38) 이정구가 경기관찰사로 부임하면서 중수가 본격적으로 추진되었고, 이후 충렬서원으로 사액을 받았다. 다만, 이제 충렬서원은 정몽주를 모시는 대표적인 서원으로 자리잡게 되었고, 대신 조광조를 제향하기 위해 그의 묘소 아래에 독립된 사우가 건립되었다. 사우 건립 후 1631년(인조 9) 진사 유문서柳文瑞 등이 사액을 요청하였으나, 이미 도봉서원과 죽수서원에 사액하였는데 이제 또 사액을 하는 것은 부당하다는 인조의 판단에 따라 실행되지 못하였다. 1649년(효종 즉위년) 10월 용인 지역 유생 심수경沈守卿 등이 다시 요청하여 결국 사액되었다. 사액과 함께 양팽손梁彭孫이 추가 제향되었다. 양팽손은 능주에서 사사된 조광조의 시신을 수습해 가묘에 안장하고, 이를 선영이 있는 용인으로 이장한 인물이다. 조광조는 이들 경기의 도봉서원·심곡서원 이외에도 전국 각처의 서원에 배향되었다.

:: 조선시대 조광조 제향 서원

명칭	소재지	건립시기	사액시기	제향인물
竹樹書院	능주	1570년(선조 3)	1570년(선조 3)	趙光祖, 梁彭孫
道峯書院	양주	1573년(선조 6)	1573년(선조 6)	趙光祖, 宋時烈
象賢書院	희천	1576년(선조 9)	1690년(숙종 16)	金宏弼, 趙光祖
正源書院	신천	1588년(선조 21)	1710년(숙종 36)	朱熹, 趙光祖, 李滉, 李珥
道東書院	송화	1605년(선조 38)	1698년(숙종 24)	朱熹, 趙光祖, 李滉, 李珥
仁山書院	아산	1610년(광해군 2)		金宏弼, 鄭汝昌, 趙光祖, 李彦迪, 李滉, 奇遵, 李之菡, 洪可臣, 李德敏, 朴知誡
紹賢書院	해주	1610년(광해군 2)	1637년(인조 15)	朱熹, 趙光祖, 李滉, 李珥, 成渾, 金長生, 宋時烈
興賢書院	영흥	1612년(광해군 4)	1617년(광해군 9)	鄭夢周, 趙光祖
竹林書院	여산	1626년(인조 4)	1665년(현종 6)	趙光祖, 李滉, 李珥, 成渾, 金長生, 宋時烈
靜退書院	온양	1634년(인조 12)		趙光祖, 李滉, 孟希道, 洪可臣, 趙相禹, 姜栢年, 趙爾後
深谷書院	용인	1650년(효종 1)	1650년(효종 1)	趙光祖
鳳崗書院	문화	1656년(효종 7)	1675년(숙종 1)	朱熹, 趙光祖, 李滉, 李珥
迷源書院	양근	1661년(현종 2)		趙光祖, 金湜, 金堉, 南彦經, 李濟臣
望德書院	정평	1668년(현종 9)		鄭夢周, 趙光祖, 金尙憲, 趙翼, 閔鼎重
藥峯書院	영변	1688년(숙종 14)	1707년(숙종 33)	趙光祖

* 이 표의 내용은 『증보문헌비고』 학교고에 의거함

| 참고문헌 |

김범, 「조광조, 성공적 소통과 급격한 단절의 명암」, 『역사비평』 89, 2009

이병휴, 『조선전기 기호사림파 연구』, 일조각, 1984

정두희, 「조광조의 도덕국가의 이상」, 『한국사시민강좌』 10, 1992

정만조, 「조선시대 용인지역 사족의 동향」, 『한국학논총』19, 1997

05
개혁역량 결집을 위한 조제보합의 호소, 이이

서울 출신 이이가 강릉에서 생활한 이유는?

한국 역사상 위대한 많은 인물들이 있지만 그 가운데 율곡 이이栗谷 李珥 (1536~1584)만큼 우리에게 잘 알려진 인물도 많지 않다. 대개 어릴 때부터 접하는 각종의 한국 위인전에서 시작해 긴 시간의 학창 생활을 보내면서 교과서와 각종 매체를 통해 그 인물과 활동, 그리고 사상 등에 관해 듣고 배우기 때문이다. 어디 그뿐인가 율곡은 현재 우리와 일상생활에서 항상 호흡을 같이하고 있지 않는가! 애환과 시비가 교차되는 화폐 속 인물로써 말이다.

율곡, 그는 임진왜란 이전 국방력 강화를 위해 10만양병론을 주장하였던 선각자였다. 또한 어려서는 신동으로, 성장한 뒤에는 모두 9번의 과거에 장원으로 급제하여 구도장원공九度壯元公이라 불리며 그 우수함과 뛰어남이 인구에 회자되고 있다. 또한 주기설을 주장하며 퇴계 이황과 쌍벽을 이루는 대유학자로서, 근엄하고 단아한 풍모로 우리에게 잘 알려져 있다. 우리는 역사상의 위인들에 대해 그들의 다양한 인간적 모습을 생략한 채 모든 면에서 완벽한 인간상을 보이는 존

강릉 오죽헌(강릉시 소재)

재로 생각하게 끔 길들여졌기 때문이다. 위인들은 감히 범접할 수 없는 높은 곳에 위치지워 두고 우러러 존경심만 키웠다. 율곡과 대화하고자 한다면 고매하고 근엄한 인상은 잠시 뒤로 하고 그 인간적 면모부터 살펴보는 것이 우선이겠다.

이이는 1536년(중종 31) 강릉 외가에서 태어났다. 오늘날 강릉의 명소로 꼽히는 오죽헌의 몽룡실이 바로 그곳이라 한다. 오죽헌은 모친인 신사임당이 거주하던 집이었다. 신사임당은 이이의 부친인 이원수와 혼인하고서도 37살 되던 해집안 살림을 맡아 하기 전까지는 서울의 시가보다는 친정에서 주로 살았다. 이런 풍습은 16세기까지 우리나라의 보편적 결혼 풍속과 관련된 것으로, 당시까지는 남자가 여자 집에 가서 혼인하여 자식을 낳고 이내 계속 생활하는 게 일반적이었다. 이를 남귀여가혼男歸女家婚이라고도 한다. 이이가 6살 때까지 강릉 오죽헌에서 생활하게 된 것은 이런 까닭이었다.

강릉에서 외조모의 사랑을 독차지하며 생활하던 율곡은 6살 때 서울 본가로 왔다. 본래 율곡 집안은 파주에 선산과 함께 화석정花石亭 등을 갖고 있었다. 그러나 조부가 벼슬을 하지 못했고 부친 또한 낮은 관직을 전전긍긍한 이유로 넉넉한 가정형편은 아니었다. 물론 집안이 구차하였다고 하여 율곡의 가문이 한미했던 것은 아니었다. 개성 밑 덕수를 본관으로 하는 율곡 가문은 16세기에 크게 일어나서, 율곡 증조부의 6형제 중 의무宜茂의 아들 행荇과 기芑가 각기 중종 명종 때 좌의정과 영의정을 지냈으며 그 아들들이 청요직에 진출한 것이다. 물론 이들은 이 시기에 새로이 대두하던 사류들과는 정치성향을 달리하여서 이행의 경우 언로를 막는다 하여 조광조로부터 탄핵을 받았고 특히 이기는 명종초 외척 윤원형과 결탁하여 을사사화를 일으킨 장본인이었다. 그들은 흔히 말하는 훈척계였다. 율곡 가문의 이런 성향은 배우자들의 성향을 보면 더욱 그러하여, 율곡의 할머니 홍씨는 명종비의 조부인 심연원과 바로 이종사촌 남매간으로서 율곡도 어릴 때부터 출입하였다고 한다. 이렇게 본다면 율곡 집안의 훈척적 요소는 결코 약하다고 할 수 없다.

정신적 방황 끝에 얻은 진리

훈척적 성향을 보이던 율곡과 그의 가문은 그러나 서서히 사림 계열로 전환하였다. 율곡 스스로 지적하듯이 "마음 속으로는 요순시대를 그리워하고 몸으로는 유학의 실행에 힘쓰며 항상 바른 말"을 하는 사림이 되었다. 물론 그런 율곡에게도 정신적 방황기가 있었다. 모친을 여윈 후 한 때 불교에 깊이 빠져 입산할 정도였기 때문이다. 그러나 이런 정신적 갈등과 방황은 율곡에게 인간적인 성숙과 함께 단지 경전을 들추거나 시 구절을 짓는 데에 머물게 하지 않고 장차 국가를 경영할 통유通儒로서의 자기 수련과 경륜을 쌓게 하는 토대가 되었다.

예안의 도산으로 퇴계 이황을 찾아가 도학적 분위기에 고무되었다. 이황과 이이는 평생 한 번 만났다고 한다. 다만, 이후 여러 차례 서신을 교환하며 학문적 토론을 진행하였다. 이이를 처음 만난 이황은 다음과 같은 시를 남겼다.

예로부터 이 학문을 모두 놀라 의심하고 / 從來此學世驚疑

이익 좇아 글 읽으면 도는 더욱 멀어지네 / 射利窮經道益離

고마워라, 자네 홀로 그 뜻 깊이 두었으니 / 感子獨能深致意

그 말을 듣고 나서 새 지각이 생기누나 / 令人聞語發新知

(『퇴계집』 권2, 이 수재 숙헌(李秀才叔獻)이 계상(溪上)에 찾아오다)

이황은 자신보다 한 참 연하인 이이를 맞이하여 심오한 성리학에 대해 토론하였다. 우계 성혼과는 평생의 지기로 지내면서 성리설의 탐구에 마음껏 몰두하였다. 성혼은 이이 사후 지은 만사輓詞에서 "구천九泉 아래에서 만나/우리들의 뜻 천추에 이루리라"라고 다짐을 하였다. 그리고 무엇보다도 관직에 나가서 그가 펼쳤던 경세론이 이 기간에 형성될 수 있었다. 그의 향리인 파주에는 명종초 을사사화로 죄를 입었다가 귀양에서 풀려난 백인걸이 살고 있었다. 율곡은 원로인 백인걸을 존경하여 자주 찾아보고 성리설 등의 학문을 논하였다. 백인걸은 정암 조광조의 으뜸가는 문인으로서 스승의 추숭과 그 주장의 계승, 실현에 앞장선 인물이었다. 따라서 율곡은 이런 백인걸을 통해 소문으로만 듣던 정암의 인물됨을 알게 되고 그 도학정치론의 핵심에 접할 수 있었을 것이다. 가까운 곳에 사는 성혼과 송강 정철은 이런 문제를 두고 함께 토론하는 좋은 상대였다.

시대에 맞는 국가 운영을 위해

이이의 관직 생활은 약 20여 년 간이었다. 이 기간 동안 이이는 당시 사회가 안고 있는 여러 모순과 폐단의 변통을 주장하였다. 이러한 주장은 이이가 자신이 살던 시대를 조선이 건국된 지 200여 년이 되었으므로 중간 쇠퇴기로 인식하는 데서 출발하였다. 이이는 아무리 좋고 튼튼하게 지은 건물이라도 세월이 흐르다 보면 상한 곳이 생기고 집이 기울게 마련이듯이 나라도 시대가 달라지면 처음에 만든 제도의 결함이 하나 둘 나타나기 시작하여 마침내 국가 전체가 무너질 위기를 맞는다고 하였다. 그러므로 오래된 집을 유지하려면 유능한 기술자를 시켜 기둥을 갈고 수리해야 하듯 같은 이유로 국가도 달라진 시대에 맞게끔 제도를 고쳐야 하며 바로 이것이 경장更張이라는 것이었다. 더욱 이이 생존 당시 조선은 국가와 백성이 마치 큰 병을 앓고 있는 사람과 같이 원기가 모두 쇠진하고 겨우 숨만 붙어 있는 정도라며 이러한 때 외국으로부터 침략을 당하거나 혹시 백성 가운데 반란이라도 일어난다면 나라는 한순간에 무너지고 만다는 것이다. 경장는 바로 이런 환자에게 원기를 북돋우게 하는 영약이었다.

이이는 선조 초반부터 자신의 경장론을 담은 「동호문답東湖問答」이나 「만언봉사萬言封事」 등의 시무 관련 상소를 계속 올려 임금의 자질과 당대 정치의 폐단을 극론하고 경장을 위한 대책을 제시하였다. 「동호문답」은 왕과 신하의 문답식으로 구성한 책인데, 왕도정치 구현을 위한 방안을 제시하였다. 특히 백성들이 느끼는 폐단의 경장을 중심으로 서술하였다. 먼저 백성이 생활에서 가장 어려움을 느끼는 것은 세금이라며 백성들이 낼 수 있는 세금만 거둘 것을 요청하였다. 이밖에도 진상품을 줄일 것과 방납防納의 문제, 부역과 군역의 문제 등을 함께 지적하였다.

성학집요(국립중앙박물관)

「만언봉사」에서 이이는 먼저 중국과 우리나라의 법제 변통의 역사적 선례를 제시하면서 시의時宜에 적당한 변통 방안 마련이 필요함을 역설하였다. 이어 진실함이 중요하다면서, 실효를 거두는 변통을 위해서는 임금과 신하 사이의 신뢰 구축, 관료들의 책임성, 인재의 활용 등을 제시하였다. 계속해서 임금이 갖추어야 할 태도와 백성들의 안정을 위한 구체적이고 실질적인 정책 등을 제시하였다.

1575년(선조 8)에는 유교적 이상을 담은 제왕의 정치교과서인 『성학집요聖學輯要』를 편찬해서 임금에게 올렸다. 경장에 소극적이고 옛 제도의 묵수를 바라는 쪽인 대신들의 의견을 외면하지 못하는 임금 선조를 자기 쪽으로 돌리게 하는 회천回天을 바라는 간절한 염원이 담겨있었다. 이상과 같은 저술을 통해서 이이가 꿈꾼 것은 더불어 잘사는 대동大同 사회였다. 또한 왕도정치를 이상으로 하여, 정치나 법보다는 명분으로 백성을 설득하고 위정자가 먼저 의리를 지키는 사회였다.

분열을 막고자 하였던 조제보합 논리
이러한 이이의 경장론이 당시에 적용되기는 쉽지 않았다. 먼저 조정에 만연되어 있는 무사안일주의의 인습으로 관리들은 보신에 급급하여 혹시나 남의 비난을 받을 까 눈치나 보고 혹은 변통하자는 말이라도 나오면 임금의 뜻을 돌리기가 어렵다는 구실을 내세워 운명 탓으로 돌릴 뿐 어떻게 해 보려는 마음조차 먹지 않기 때문이었다. 여기에 더해 그동안 악습에 편승해 사리사욕을 채워왔던 소인배들이 경장을 하게 되면 그 이익을 잃게 되므로 한사코 방해하려 하기 때문이라는 것이다. 이에 대해 이이는 임금을 위시한 당시의 조정에 대해 "앉아서 망하기를 기다리느니 차라리 경장이라도 하자"며 분발하여 경장에 매진할 것을 역설하였다.

더구나 당시와 같이 사림이 동인과 서인이 분열된 상황에서 경장은 더욱 바랄 수 없는 상황이었다. 이에 이이는 당쟁을 종식시키는 것이 급선무라고 판단, 이를 위한 방안으로 동인과 서인의 명목을 타파하고, 이를 바탕으로 조제보합調劑保合하자고 호소하였다. 분열된 사림의 결속을 위한 것이었다. 그러한 현실은 이이가 기대한 것과는 다른 방향으로 움직여서, 오히려 동인과 서인의 갈등은 더욱 심화되었다. 이에 이이는 동·서 갈등의 당사자인 심의겸과 김효원에 대해서 양시양비론兩是兩非論을 제기하여 이를 해결하고자 하였다. 즉 서인측 심의겸은 외척이면서도 이전에 사림을 보호한 공이 있고, 동인측 김효원은 명류名流을 끌어들여 조정을 청명하게 한 공이 있어 양시兩是라는 것이다. 그러나 심의겸은 외척으로서의 행동을 조심하지 못하고 정치에 관여하는 잘못을 저질렀고, 김효원은 유생 신분으로서 한때 권간權奸(윤원형을 지칭함)의 집에 출입하였던 허물이 있으니 이를 양비兩非라고 하였다.

이이는 양시양비론의 입장에서 일단 분쟁의 당사자인 심의겸을 개성유수로, 김효원을 경흥부사로 내보냈다. 그런데 김효원과 그를 지지하는 세력들이 볼 때 이 조치는 불리한 것이어서 더욱 커다란 불만을 가졌다. 분쟁을 종식시키고 자 했던 대책이 오히려 분쟁을 심화시키게 된 것이다. 양측의 갈등은 이후에도 해소되지 못하고 공방이 계속되었다. 그럴 때마다 이이는 사림의 보합保合을 내 세우며 이를 극복하고자 하였다. 물론 이이가 양시양비론으로 분쟁이 종식되리 라 생각지는 않았다. 단, 소모적인 정쟁으로 인해 국가적 현안 문제가 논의 조 차되지 않는 현실에 대한 타개책이었던 것이었다.

시대적 변화를 읽은 점진적 개혁주의자

이이는 시대적 변화를 읽는 점진적 개혁주의자라 평가할 수 있겠다. 비유하건 대 오래되어 낡은 집을 놓고 인습因襲에 젖은 일반관료들은 지붕을 땜질하고 기 둥의 상한 부분을 깎아내는 정도의 수리로 유지하려고 하였다. 반면 이이는 낡 은 서까래와 기둥을 바꾸고 살아가기 편하도록 집의 구조를 고치는 경장을 주 장하였던 것이었다.

이이의 경장론이 이같이 점진적이지만, 그것 조차도 그의 생전에 실현되지 못하였다. 오히려 임진왜란을 겪으면서 진가가 제대로 발휘되었다. 당면한 국난 극복을 위해서는 어떠한 형태로든 대책 마련이 요구되었기 때문이었다. 이제 이 이의 경장론과 다양한 변통책은 비로소 진지한 검토의 대상이 되어 당국자들의 손을 거쳐 국가 재건에 이바지하게 되었다.

이제 논의를 출발하던 처음으로 돌아가 보자. 이이와의 대화에서 우리는 무 엇을 얻을 까? 이이의 개혁정신과 그의 경장론에서 보이는 방법상의 특징에 주 목할 필요가 있다. 첫째, 한꺼번에 모든 것을 달성하려는 조급함이 아니라 하나 하나씩 고쳐 나가서 궁극적인 개혁에 이른다는 점진성이다. 둘째 경장이 반드시 높은 식견과 넓은 안목을 갖춘 인물을 얻어 그에게 모든 것을 위임한 상태에서 추진되어야 한다는 인재 발굴과 위임론이다. 셋째, 경장을 위한 전제로 조정의 모든 신하들이 뜻과 지혜를 함께 모아 경장에 적극 참여하고 지지하여야만 성공할 수 있다는 화합성이었다.

　　마지막으로 이이가 1582년(선조 15)에 제출한 글의 일부분을 옮기면서 글을 마친다. 이이는 높은 지혜를 갖춘 자上智는 일이 생기기 전에 미리 알아서 난을 미연에 방지하고 국가 위기에 처하지 않도록 예방하지만, 중간 정도의 지혜를 가진 자中智는 일이 벌어지고 난이 일어난 뒤에라야 대책을 마련하고 나라 안정을 도모하였다고 하였다.　이이의 개혁정신과 경장론이 새삼 주목되는 이유는 이 때문이다.

| 참고문헌 |

정만조, 「이이, 시대의 변화를 읽은 점진적 개혁론자」, 한국사시민강좌 30, 2002
이정철, 『왜 선한 지식인이 나쁜 정치를 할까』, 너머북스, 2016
이근호, 「역사로부터의 교훈, 율곡과 대화하기」, 『국회보』, 2008년 4월호
정재훈, 『조선전기 유교사상 연구』, 태학사, 2005

06
시대의 이단아, 허균

"훗날 반드시 이론이 있을 것이다", 허균의 죽음을 둘러싼 의혹

1618년(광해군 10) 8월 24일, 창덕궁의 정전인 인정전 문 앞에서 살벌한 국문이 열렸다. 이른바 허균의 역모사건과 관련된 국문이었다. 바로 이전 해 12월 기준격이 비밀상소를 올렸다. 그 내용은 허균이 영창대군을 옹립하려고 했다는 등의 내용을 담고 있다. 기준격의 상소로 인해 시작된 허균과 관련된 논란은 본인 스스로 무고함을 주장하기도 하였으나 해를 넘기게 되었다. 그리고 1618년 남대문에 한 장의 격문이 나붙었는데 이것이 결국 허균의 외가 서얼인 현응민의 소행으로 판명되면서 더 이상 허균은 역모 혐의에서 벗어나지 못하게 되었다.

당시 허균의 죄상으로 거론되던 대체적인 내용은 다음과 같다. 즉 무오년(광해군 10년, 1618년) 무렵에 여진족의 침범이 있자. 중국에서 군사를 동원하였다. 그러자 조선이 여진의 본고장인 건주建州에서 가까워 혹시 있을지도 모를 여진의 침략으로 인심이 흉흉하고 두려워하는데 허균은 긴급히 알리는 변방의 보고서를 거짓으로 만들고 또 익명서를 만들어, "아무 곳에 역적이 있어 아무 날에는 꼭 일어날 것이다." 하면서 서울 도성 안 사람을 공갈하였다. 또한 허균은 밤마다 사람을 시켜 남산에 올라가서 부르짖기를, "서쪽의 적은 벌써 압록강을 건넜으며, 유구국琉球國 사람은 바다 섬 속에 와서 매복하였으니, 성 안의 사람은 나가서 피하여야 죽음을 면하게 될 것이다."고 하였다는 것이다. 이밖에도 노래를 지어, "성은 들판보다 못하고, 들판은 강을 건너는 것보다 못하다." 하였다. 또 소나무 사이에 등불을 달아놓고 부르짖기를, "살고자 하는 사람은 나가 피하라."고 하니, 인심이 놀라고 두려워하여 아침저녁으로 안심할 수 없어 서울 안의 인가人家가 열 집 가운데 여덟아홉 집은 텅 비게 되었다는 것이다. 이밖에도 김윤황을 사주해서 격문을 화살에 매어 경운궁 가운데 던지게 한 것, 남대문에 붙여진 격문이 허균이 했다는 것 등이다.

허균을 둘러싼 이같은 의혹에 대해서 이 사건을 기록하고 있는《광해군일기》에서는 이것이 당시 대북 정권의 핵심이었던 이이첨과 한찬남이 허균 등을 제거하기 위해 모의한 것이라고 기록하였다. 오늘날 이 옥사의 사실 여부를 확인하기란 쉽지 않다. 또 그럴 필요도 없다. 다만 1618년 8월 24일 국문은, 허균이 자신이 비록 죄를 인정하지 않았다고는 하지만 국문을 끝으로 생을 마감하게 되는 순간이었다. 한때 정치적 동지였던 기자헌은 허균이 죽었다는 소식을 듣고는,

"예로부터 죄인에게 형장刑杖을 가하며 신문하지 않고 사형이 결정된 문서도 받지 않은 채 단지 죄인의 범죄 사실을 진술한 말로만 사형에 처한 죄인은 없었으니 훗날 반드시 이론이 있을 것이다."

라고 하였다. 아마도 기자헌은 허균의 죽음이 무고함을 말하고 싶었던 것 아닐

까? 과연 허균은 어떤 인물인가? 그는 왜 이 시기에 정권으로부터 축출되고 끝내 삶을 마무리해야만 하였을까?

명가의 후예, 자유분방한 삶

허균의 부친인 허엽의 사망 사실을 전하는 기록에서는 허균이 속한 집안을 다음과 같이 평하였다.

> "세 아들인 성葳 · 봉篈 · 균筠과 사위인 우성전禹性傳 · 김성립金誠立은 모두 문사로 조정에 올라 논의하여 서로의 수준을 높였기 때문에 세상에서 일컫기를 '허씨許氏가 당파의 가문 중에 가장 치성하다.'고 하였다."
>
> 《선조수정실록》

허균이 속했던 집안은 당대 최고 명가의 하나였다. 부친 허엽은 호가 초당草堂으로, 오늘날 유명한 강릉 초당두부의 그 초당이다. 허엽이 초당을 호로 한 것은 그의 처가와 관련된다. 즉 허엽의 두 번째 부인인 강릉김씨 김광철의 딸의 집이 강릉에 있던데서 유래한 것이다. 허균의 이복형 허성은 이조와 병조판서를 역임하였고, 동복형인 허봉은 유희춘의 문인이며 허균을 가르칠 정도로 학문이 상당히 수준급에 달했던 인물이다. 또한 허균과 동복형제로는 우리에게 여류문인으로 알려진 허난설헌이 있다. 부친 허엽은 동인의 영수였고, 형인 허성은 동인이 남인과 북인으로 갈라진 뒤 남인을 대표하는 인물이었다.

허균은 형인 허성과 서애 류성룡 등에게서 학문을 배웠다. 한편 시詩는 둘째 형의 친구인 이달李達에게서 배웠다. 이달은 신분적으로 서자 출신이지만 당대에 시로 이름을 날리던 인물이었다. 이달은 비록 시로 이름을 날렸으나 서얼 금고법에 걸려 과거 시험 조차도 치를 수가 없었다. 이런 신분적 울분으로 이달은 가끔 자신의 처지를 비관하며 울분을 터트렸다. 이런 이달의 모습을 목격한 허균은 사회의 불합리함 등에 대해서 많은 것을 느꼈을 것이다.

그의 생활은 매우 자유분방 하였다. 허균은 평소 "참선하고 부처에게 절"할 정도로 불교에 대해서 호의적이어서 여러 명의 승려들과 교류하였으며, 신분적 한계로 인해 불운한 삶을 살고 있던 서자들과도 교류하였다. 또한 요즈음 같으면 지탄받을 일이지만, 기생과 정신적인 교감을 할 정도로 당시로서는 파격적인 생활을 하였다. 한 번은 그가 아끼던 부안의 기생 계생이 죽자, "신묘한 글귀는 비단을 펼쳐 놓은 듯妙句堪擒錦/청아한 노래는 가는 바람 멈추어라淸歌解駐雲/복숭아를 딴 죄로 인간에 귀양 왔고偸桃來下界/선약을 훔쳤던가 이승을 떠나다니竊藥去人群……"라며 그녀의 죽음을 애도하는 시를 짓기도 하였다. 계생은 유명한 부안 기생 매창의 다른 이름이다. "남녀간의 정욕은 하늘이 준 것이며, 남녀유별의 윤리는 성인의 가르침이다. 성인은 하늘보다 한 등급 아래다. 성인을 따르느라 하늘을 어길 수는 없다"고 한 허균의 발언의 통해서 그의 생활 태도를 짐작해 볼 수 있다.

이 같은 허균의 생활 태도는 학문에도 그대로 반영되어, "글쓰는 재주가 매우 뛰어나 수천 마디의 말을 붓만 들면 써 내려 갔다. 그러나 허위적인 책을 만들기 좋아하여 산수나 도참설과 도교나 불교의 신기한 행적으로부터 모든 것을 거짓으로 지어냈다"(『광해군일기』)고 평가되었다. 그의 행동과 학문은 분명 당시로써는 파격적인 것이 아닐 수 없었다.

정치적 굴곡의 삶

허균의 관직 생활은 1594년(선조 27) 과거 급제로부터 시작되었다. 이후 사관직인 검열을 비롯해 세자시강원설서등을 지내다가 황해도도사에 제수되었으나, 얼마 안 있어 파직되었다. 서울의 기생을 데리고 와서 살고, 자기를 시종하는 무리들을 거느리고 와서는 거침없이 행동하면서 청탁을 일삼기 때문이라는 이유에서였다. 이밖에도 그는 불교를 숭상한다는 이유로 몇 차례 파직과 복직을 반복하기도 하였다.

허균의 정치적 생애는 1613년(광해군 5) 이른바 "칠서지옥(七庶之獄)"으로 전환점을 맞이하였다. 칠서지옥이란, 영의정 박순의 서자 박응서, 목사 서익의 서자 서양갑, 심전의 서자 심우영, 병사 이제신의 서자 이경준, 상산군(商山君) 박충간의 서자인 박치인과 박치의, 그리고 허홍인 등 7명의 서자가 주도한 변란을 처리하는 과정에서 발생한 옥사를 말한다. 이 옥사는 평소 신분적 울분을 안고 생활하던 이들 7명의 서자가 옥사가 발생하던 이전 해에 거사를 도모하기 위해 문경새재에서 은상(銀商)을 살해한 사건으로 비롯되었다. 이 옥사는 서자들의 죄를 다스리는데서 그치지 않고 광해군의 왕위를 위협하던 영창대군을 제거하는 데까지 이르렀다.

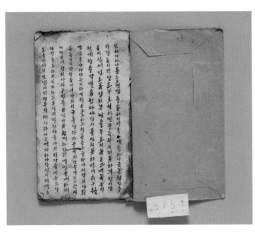

홍길동전(필사본, 한글박물관)

7명의 서자 가운데 심

우영은 허균의 제자이기도 할 정도로 허균은 평소 이들과 친분을 갖고 있었다. 따라서 허균도 이 일로 인해 혹시 모를 불상사를 당할 수도 있었다. 물론 이 옥사에서 허균의 관련성은 드러나지 않았다. 그러나 허균의 입장에서 자신을 뒷받침해줄 든든한 후원군이 필요하게 되었다. 이때 허균이 선택한 인물이 당시 대북세력의 실력자인 이이첨이었다. 허균과 이이첨은 같은 글방 동문이었다. 결국 허균은 당시 실력자 이이첨에게 자신을 의탁하게 되었고, 이로 인해 그는 옥사에서 일단 화를 피하는데 그치지 않고 호조참의와 형조판서 등을 지내는 등 정권과 밀착되게 되었다.

그리고 결국 정치적 무리수를 감행하였다. 바로 대북 세력의 전면에 나서서 인목대비의 폐비를 주장하고 나선 것이었다. 인목대비의 폐비 문제는 칠서지옥의 연장선상에서 이루어진 것으로, 같은 북인 세력인 정온을 비롯해 남인계 이원익 등 상당수의 신료들이 반대하였던 사안이었다. 허균과 함께 정치적 동지였던 영의정 기자헌 역시 반대하였다. 그러나 허균은 인목대비의 죄를 언급하는 것은 물론이요, 영창대군은 선조의 아들이 아니고 민가民家 사람의 아이를 데려다가 기른 것이라고 하였다. 결국 인목대비는 폐위되어 서궁西宮에 유폐되었지만, 허균은 이 일로 폐비를 반대하는 상당수 여론으로부터 배격되었을 뿐 아니라 정치적 동지였던 기자헌의 아들 기준격으로부터 역모 혐의로 고발되기에 이르렀고 끝내는 죽음에 이르게 되었다.

홍길동전, 교산 허균의 꿈

홍길동전은 최초의 한글 소설로서, 우리 국문학사상 중요한 위치를 점한다. 홍길동전하면 허균, 허균하면 홍길동전을 떠올리는 것은 무리는 아니다. 그런 만큼 홍길동전은 허균의 생애와 사고를 응축해 놓은 결정판이라고 평가되고 있다. 물론 최근에 홍길동전의 찬자와 관련해서 이견이 있기는 하다.

허균의 저서인 《성소소부고》에는 허균의 생각을 담고 있는 여러 편의 글이 있다. 학문의 목적과 진위를 논한 〈학론學論〉을 비롯해 군사제도를 정비하여 나라의 방비를 강화해야 함을 논한 〈병론兵論〉이 있으며, 허균의 입장을 가장 잘 표현했다고 하는 〈유재론遺才論〉과 〈호민론豪民論〉도 포함되어 있다. 〈유재론〉에서 허균은 하늘이 인재를 태어나게 함은 본래 한 시대의 쓰임을 위한 것이므로 인재를 버리는 것은 하늘을 거역하는 것이라고 하였다. 그런데 우리나라에서는 서얼이라서 인재를 버리고 어머니가 개가했다고 해서 인재를 버리는 것을 개탄하였다. 한편 〈호민론〉에서는 "천하의 두려워 할 바는 백성이다."라고 전제한 뒤 백성을 다음과 같이 구분하고는 호민을 가장 두려워할 존재라고 하였다.

대저 이루어진 것만을 함께 즐거워하느라, 항상 눈앞의 일들에 얽매이고, 그냥 따라서 법이나 지키면서 윗사람에게 부림을 당하는 사람들이란 항민恒民이다. 항민이란 두렵지 않다. 모질게 빼앗겨서, 살이 벗겨지고 뼈골이 부서지며, 집안의 수입과 땅의 소출을 다 바쳐서, 한없는 요구에 제공하느라 시름하고 탄식하면서 그들의 윗사람을 탓하는 사람들이란 원민怨民이다. 원민도 결코 두렵지 않다. 자취를 푸줏간 속에 숨기고 몰래 딴 마음을 품고서, 천지간天地間을 흘겨보다가 혹시 시대적인 변고라도 있다면 자기의 소원을 실현하고 싶어 하는 사람들이란 호민豪民이다. 대저 호민이란 몹시 두려워해야 할 사람이다.

《성소소부고》권11, 〈호민론〉)

허균은 〈호민론〉을 통해 위정자들에게 경고하면서 백성을 두려워해야 한다고 하였는데, 이런 그의 사고가 결국 홍길동전을 통해서 보다 구체화되었다고 하겠다. 홍길동전을 통해 허균은 백성들의 힘으로 패도한 왕을 권좌에서 끌어내리고 새로운 질서를 창출하는 것을 기대하였던 듯 하다.

허균의 호 가운데 하나가 교산蛟山이다. 교산에서 교蛟는 용이 되지 못한 이무기를 말한다. 허균의 호인 교산은 그가 태어난 강릉의 사천진해수욕장 앞에 있는 야트막한 산을 말한다. 산의 형상이 꾸불꾸불해서 붙여진 명칭이었다. 허균은 홍길동전과 같은 꿈을 꾸었는지 모르지만 끝내 용이 되지 못한 이무기로 끝나고 만 것은 아닐까?

| 참고문헌 |

이이화, 『허균의 생각』, 교유서가, 2014
정호훈, 「허균의 학풍과 정치이념」, 『한국사상사학』21, 2003
허경진, 『허균평전』, 돌베개, 2002

07
해학의 정치, 이항복

해학을 잘해 일을 감당하지 못한다?

이항복은 오늘날 우리에게 우리 역사상 어떤 인물보다도 잘 알려져 있다. 어린 시절부터 접하는 각종의 위인전부터 시작해서 성인이 되어 자주 접하는 각종 대중서에 이르기까지 다수의 서적에서 이항복과 관련한 이야기는 자주 등장한다. 특히 이항복은 해학을 대표하며, 친구였던 이덕형과의 많은 일화들이 전한다. 당대 기록에서 이항복에 대해서는 지나치게 해학을 일삼으면서 사류士流의 부침에 편승 했다던지 해학이 심하여 말이나 행동이 헛되고 허망하다는 등의 비난이 자주 등장한다. 다만 이런 비판은 당시 이항복에 대해 비판적인 입장이었던 북인北人 세력이 주도해서 만든 『선조실록』의 기록이라는 점에서 당파적 견해가 아닐까 한다. 이후 서인들이 다시 만든 『선조수정실록』에는 이런 비판이 등장하지 않는다. 해학을 일삼는다고 해서 비판적으로 볼 것인가?

이항복이 대신으로 있을 때, 국가에 변고가 많이 발생하자 해당 관서에서 으레 대신에게 의견을 묻는 수의收議를 거쳐 국왕에게 입계하였다. 그런데 이런 일들이 도를 넘어서 작은 일까지도 대신에게 수의하니 대신의 입장에서 번거롭기도 하고 쉽지 않은 일이었다. 하루는 예조의 낭관이 이항복에게 수의하러 와서 앞에 있었다. 이항복이 예조 낭관에게 자신의 구상에 대해서 의견을 말하려 하는데, 어린 계집종이 이항복에게 문의하였다. "말먹이 콩이 다 떨어졌는데 어떻게 할까요?"라고 물었던 것이다. 그러자 이항복이 계집종을 꾸짖으며, "말먹이 콩을 잇대는 것도 대신에게 수의하는가?" 하였다. 듣는 자가 배를 잡고 웃었다고 한다. 번잡하게 수의하는 당시의 관행에 대한 비판이었다.

이처럼 이항복은 해학을 통해서 당대의 정치를 꼬집으면서 비판하였던 것이다. 그가 해학만 일삼고 세상을 기롱하고자 했다면 다음의 이력은 쉽지 않은 것이다.

공이 39년 동안 벼슬을 하는 가운데 이조 판서를 한 번, 병조 판서를 다섯 번, 의정을 네 번, 원수元帥를 한 번, 체찰사를 두 번 지냈는데, 출장입상出將入相한 20여 년 동안에 규획規畫하고 건백建白한 일이 사람들의 이목耳目에 혁혁히 남아 있는 것들을 한두 가지로 헤아릴 수가 없다. 공훈은 사직社稷을 보존한 데에 있고, 은택은 생민生民에게 미쳤으며, 청백하기는 빙옥氷玉과 같았고, 존중되기는 교악喬岳과 같았으니, 국가國家의 주석柱石이요 사류士流의 관면冠冕이었다. 그리고 정사년의 한 상소上疏에 이르러서는 윤기倫紀를 부지하고 정기正氣를 수립한 것이 우뚝 천지간에 드높아서, 비록 일월日月과 빛을 겨루더라도 될 것이다.(행장, 장유 찬)

씨름과 공차기를 즐기던 아이에서 촉망받은 정치인으로

이항복은 1556년(명종 11) 서울 서부 양생방養生坊(오늘날 서울의 남창동, 서소문동, 태평로 2가 일대)에서 출생하였다. 1564년(명종 19) 9살의 나이에 부친상을, 1571년(선조 4) 모친상을 당하였다. 모친상 이후 이항복은 매부인 민선閔善(1539~1608)의 집에서 생활하였다. 어려서 이항복은 "기백을 자부하고 의리를 좋아하여 재물을 아끼지 않고 남을 구제할 뜻"이 있었다. 이항복이 일찍이 새 저고리를 입었을 때 다 해진 옷을 입은 이웃 아이가 그것을 보고 입고 싶어 하자, 공이 즉시 벗어서 그에게 주었고, 또 일찍이 자기가 신고 있던 신을 벗어서 맨발로 다니는 사람에게 주고 돌아왔다. 그러자 어머니가 이항복의 뜻을 시험해 보기 위해 거짓 성을 내어 나무라니, 공이 대답하기를, "갖고 싶어 하는 사람이 있으면 차마 주지 않을 수가 없습니다."라고 했다고 한다.

이항복은 어린 시절 학문보다는 여느 아이들처럼 놀이를 좋아하였다. 5살이 되어서는 건장하고 용맹을 좋아하여 씨름이나 공차기 같은 소년들의 유희를 잘하였다. 그런 모습이 부모에게 좋게 보일 리 없었다. 결국 어머니에게 심하게 꾸지람을 받고서, 이항복은 지난날의 생각을 바로잡고 학문에 힘썼다고 한다.

이항복이 관직에 진출한 것은 1580년(선조 13) 알성시 문과에 급제하면서부터였다. 당시 문과에서 재주와 학문으로 주목받던 "삼이三李"가 급제하였는데, "삼이"란 이항복과 이덕형, 이정립李廷立을 지칭한다. 이항복은 급제 이후 권지승문원부정자를 시작으로 관직 생활을 시작하였고, 이후 홍문록弘文錄에 뽑히는 한편 사관직인 예문관 검열을 비롯해 1583년(선조 16) 이후에는 홍문관 정자와 저작 등을 거쳤다. 이후 이항복은 이조좌랑과 이조정랑을 지낸 바 있다.

이항복이 젊은 시절 관직자로서 논란이 되는 것이 1589년(선조 22) 기축옥사라고 불리는 정여립 옥사 때 죄인을 심문하는 과정에서 문사낭청으로 참여한 사실이다. 기축옥사는 1589년 10월 2일 선조에게 비밀스럽게 전달된 문서에서 시작되었는데, 그 문서의 내용은 정여립이 모반을 꾀했다는 것이다. 해당 옥사는 같은 해 10월 27일 전주 출신 생원 양천회梁千會(1563~1591)의 고변을 계기로 정치적으로 확대되었다. 이때 국문을 주관하던 정언신鄭彦信이 위관직을 사직하고 대신 정철鄭澈이 임명되었고, 이항복도 함께 문사낭청에 임명되었다. 기축옥사는 앞서 동인이 주도하던 정국에서 서인으로 정국 주도 세력이 교체되는 등 정치적 파장을 가져온 사건이다. 기축옥사 때 문사낭청으로의 참여는 후일 이항복의 정치 활동에 논란을 불러일으키는 계기가 되었다. 기축옥사 때 최영경崔永慶을 옥사에 끌어들여 죽이고 옥사를 확대하였다는 비난으로, 이에 대해 이항복은 후일 「기기축옥사記己丑獄事」라는 글을 지어 스스로를 변명한 바 있다.

임진왜란 극복 과정의 최전선에서

이항복은 1592년 4월 13일 임진왜란이 발발하자 오늘날의 대통령 비서실장에 해당되는 도승지로서 선조를 모시고 파천을 단행하였다. 이항복은 어가가 파천하는 과정에서 몸을 아끼지 않고 임무를 성심껏 수행하니 선조가 감동하여 이항복을 특별히 이조참판으로 승진시키고 오성군에 봉하였으며, 두 왕자를 호위하고 먼저 평양으로 가도록 하였다. 어가가 평양에 이르자 선조는 이항복이 근시近侍로 있으면서 생각이 바르고 신실하니 발탁하여 중요한 임무를 맡겨야 한다고 하여 얼마 안가서 형조판서 겸 오위도총관을 제수하였다. 그리고 곧 대사헌에 임명하였다. 이렇게 개인적으로 승승장구를 거듭하던 시기이지만 국가적인 위기 상황에서 이항복은 동분서주하며 이를 극복하고자 주력하였다.

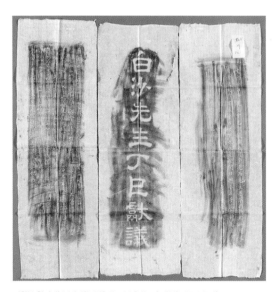

이항복 헌의비(정사에 관한 의견을 임금에게 올리는 글) 탑본(국립중앙박물관)

이항복은　명나라의 청병請兵을 적극 주장하였고 마침내 관철시켰다. 즉 선조의 어가가 평양에 도착한 상황에서 이항복은 절친인 이덕형과 함께 명에 원병 요청을 주도하였다. 원병 요청에 대해 논란이 있기는 했으나, 결국 받아들여졌고,　이덕형이 명에 원병 요청을 위해 갈 때 이항복은 자기가 타던 말을 그에게 주면서 작별하였다고 한다.

이항복은 또한 접반사接伴使로 활동하며 명에서 파견된 장수들과 조선 조정 사이에서 중재자로서 중요한 역할을 하였다. 1596년에는 명에서 파견된 사신 양방형이 이항복을 접반사로 삼아 주기를 청하니 선조가 허락하였다. 이에 이항복은 이조판서 대제학의 해면을 요청하였는데, 선조는 오히려 의정부 우참찬에 임명하였다. 명의 양부사는 이항복을 존경하여 동방에 이런 인물이 있는데, 어찌 외국이라 하여 가벼이 여길 수 있겠는가라고 말할 정도였다. 이밖에도 양호楊鎬 등의 접반을 맡아 전란의 극복에도 참여하였다.

이항복은 또한 세자인 광해군을 도와 전란 극복에 주도적인 역할을 하였다. 이항복이 광해군과의 인연을 맺게 되는 시기이다. 선조 일행이 서울로 돌아온 직후 황제의 칙서에서 광해군으로 하여금 호관戶官, 병관兵官을 대동하고 전라도, 경상도 지방으로 나가서 군사를 시찰하도록 하라고 요청하였다. 황제의 명에 따라서 이항복의 접반 직임을 해면하고 바로 병조의 장관이었기 때문에 세자를 모시고 떠났다. 1594년 봄에는 충청도에서 송유진宋儒眞이 난을 일으켰다. 그러자 대신들은 광해군의 안위를 염려하여 서울에 올라와 난을 피할 것을 권유하였다. 반면 이항복은 차자를 올려 그것이 옳은 계책이 아님을 강조하여 말렸다. 결국 세자도 이항복의 의견을 따랐으며, 반란도 얼마 안 가서 평정되었다. 당시 송유진의 반란이 광해군과 관련하여 선조를 몰아내고 동궁을 왕위에 올린다는 곤혹스러운 내용이었다. 이러한 측면에서 송유진의 난을 광해군이 진압해야 만 오해가 풀린 상황이었다. 이러한 상황을 파악한 이항복의 판단력은 가히 남다른 것이었다.

임진왜란 동안 광해군을 모시고 지방을 시찰하며 반란을 피하지 않고 직접 대응하게 하는 등 세자와 이항복의 인연이 남달랐음을 알 수 있다. 또한 광해군이 홍주에 있으면서 보령의 수영水營으로 옮겨 머물고자 하여 이항복으로 하여금 현지를 살펴보고 오게 하였는데, 돌아와서는 머무를 수 없는 곳이라고 속여 대답하였다. 당시 사람들을 이항복의 이런 처사를 의심하였으나, 이항복은 보령 수영 인근 영보정永保亭의 좋은 경치가 자칫 왕세자로 하여금 후일의 방탕한 마음을 인도하게 될까 염려한 것이었다. 이것은 당시 백성의 민심이 이반된 상황에서 광해군을 바로 잡고자 한 것이다.

이밖에도 이항복은 병조판서 등을 거치며 군사의 동원이나 군량 조달에 주력하였다. 삼도에 조도관을 나누어 파견하여 군량을 관장하게 해서 끝내 전란을 극복하게 된 것도 결국 이항복의 계책에서 나온 것이었다. 병조판서에 임명된 뒤 1593년에 평양성이 회복되고 10월에 경성의 적이 물러간 뒤에는 이항복이 환궁하기를 강력히 청하여 10월에 어가가 경성으로 돌아왔다. 임진왜란이 일어나자 선조를 모시고 피신한 뒤 다시 환궁하는 일에 이항복이 깊숙이 관계되어 주체적으로 임하였음을 알려주는 대목이다. 11월에는 명나라의 행인行人 사헌司憲이 칙서를 받들고 오므로 이항복이 원접사가 되어 그를 맞이하였다. 이항복이 명나라 사신 접대에 있어서 큰 역할을 하던 시기이다. 이밖에도 주사대장을 겸하여 주함舟艦을 계획하고 어염을 자본삼아 재물을 불려서 면포 3만 필을 준비하여 호조로 실어 보냈다. 이항복이 분조에서 서울로 올라오자 선조는 그를 이조판서로 삼았는데, 홍문관 대제학, 예문관 대제학, 지의금부사를 겸하게 하였다.

정치적 시련과 결단

이항복은 전쟁이 끝나자 1600년 도체찰사겸도원수로 임명되어 호남, 영남 등 제도를 선무하였다. 이항복은 호남 지방의 부역을 늦추어 주기를 청하고 또 백성을 편안케 하며 해상을 방어할 일에 관한 16가지 정도의 대책을 올렸다. 당시 이항복은 "의원이 병을 진찰할 때는 맥을 살피어 증상을 잡아서 병이 생긴 원인을 알아 낸 다음 여기에 합당한 약을 쓰면 백발백중 효험이 있게 된다"는 입장에서 특히 전라도의 정비 문제와 관련해서 의견을 개진하였다. 이항복은 수군水軍의 충당과 무사의 위무, 분화기噴火器 도입, 연해 지역 수령의 신중한 임명, 양호가 설치한 연해 지역 관둔전官屯田의 혁파 및 전라도 지역에서 진상하는 약종藥種과 돼지와 각종 군기 등의 이정 등을 요청하였다. 이항복은 이해 여름 영의정에 임명되어 소환되었고, 1601년 5월 호성공신에 녹훈되었다.

한편 1601년 연말부터 서인계 성혼成渾에 대한 비판이 제기되더니, 다음 해에는 그 타겟이 이항복으로 바뀌어 그에 대한 비판이 비등해졌다. 이항복에 대한 비판은 주로 기축옥사와 관련된 것이었다. 예를 들어 1602년(선조 35) 2월 청주 유생 박이검朴而儉이 상소하여 기축옥사 때 최영경崔永慶이 억울하게 죽었으니 그 원혼을 풀어주어야 한다고 하였다. 박이검의 상소가 제출되자 이항복은 사직을 청하였다. 그럼에도 이후 지평 채형蔡衡 등의 비난이 계속되는 가운데 김명원, 윤승훈, 홍이상, 이덕형 등이 이항복을 옹호하기도 하였다.

임란 이후 북인 세력의 집권, 그리고 그 과정에서 이항복 등에 대한 비난은 전쟁의 수습 과정에서 제기된 것으로 보인다. 전쟁 후 아무래도 전쟁 책임 문제가 불거졌을 것이며, 그 책임은 결국 선조에게 돌아 갈 수밖에 없었을 것이다. 이에 선조는 전쟁 기간 동안 의병 활동 등으로 선명성을 보인 북인 세력을 대거 불러들이는 한편 한쪽에서 그 책임 지울 대상을 물색하였을 것이다. 류성룡에 대해 주화오국主和誤國의 책임을 묻거나 이항복 등에게 기축옥사 등의 책임을 물어 상황을 반전시키고자 했던 것으로 보인다. 이런 상황에서 이항복은 출사와 사직을 반복하였다. 이항복은 5월에 출사하라는 권유를 받았으나 이어 차자를 올려 군기시 제조를 사직하였다. 이듬해 4월에 다시 영의정에 제수되었으나 곧 간당으로 지목되었다는 이유로 영의정을 사직하였다. 1604년 다시 영의정이 되었으나 또 정철과 관련된 간당으로 지목되어 영의정을 체직하는 차자를 올렸다. 이후 관직에서는 물러났지만 오성부원군으로 비변사에 참여하였다. 이처럼 이항복의 정세는 고단하였다.

광해군 즉위 이후 이항복을 비롯해 이산해李山海, 이원익과 이덕형, 윤승훈, 유영경, 기자헌奇自獻, 심희수沈喜壽, 한응인韓應寅 등 정치 원로들이 정국 운영에 참여하였다. 이런 가운데 이항복은 좌의정에 제수되었다. 광해군 초반 임해군臨

海君 옥사가 발생하자 이항복은 이산해·이원익·이덕형 등과 함께 임해군에 대해 형제간의 우애를 보전하기를 청하는 전은설全恩說을 건의하였다.

이항복은 광해군 즉위 직후 사도도체찰사로 임명되었는데, 이는 임진왜란 시 병조판서로서의 공로와 능력을 인정받았기 때문으로 보인다. 변방의 군사 문제와 감사, 병사, 수령의 인사는 비변사에 전담하였는데, 이항복은 비변사에서 훈련도감제조의 직분에 겸하여 무신에 대한 인사권을 주도하였고 이로 인해 사류 중 뜻을 잃었던 자들을 많이 서용하여 능력에 따라 인사를 하는 효과를 보았다는 평을 받기도 하였다. 그러나 이런 이항복의 행보는 정치적으로 대치하던 북인, 특히 대북大北 세력에게는 병권 장악으로 인식되면서 견제의 대상이 되었다. 그 시작은 1612년(광해군 4) 6월 진천 유생 이몽길李夢吉이 상소하여 시사를 말하면서, 이항복에 대해 병권을 잡아 견제하기 위한 형세임을 말하면서부터였다. 대북 등의 공세에 대해 이항복은 20여 차례 차자를 올려 병권을 장악했다는 일부의 비판을 변명하고 체찰사와 훈련도감 도제조의 사직을 청하는 것으로 대응하였다.

계속된 대간 등의 탄핵으로 이항복은 1613년 8월 결국 관직이 체차되었다. 그리고 이항복이 떠난 자리를 기자헌奇自獻·박승종朴承宗·유희분柳希奮 등이 대신하게 되었다. 이는 결국 대북 독주 체제를 가져오는 계기가 되었음을 보여준다. 이후 이항복은 동교東郊 즉 蘆原에 물러나서 생활하였다. 1615년(광해군 7) 윤8월에는 능창군綾昌君 이전李佺을 추대했다는 신경희申景禧의 옥사와 관련해서 장남 이성남李星男이 주모자로 연루되어 국문을 받았다. 이때 이항복은 홍인문 밖에서 대죄하였다.

1617년(광해군 9) 인목대비 폐비 문제가 본격화되었다. 인목대비의 폐비 문제는 이전 김제남의 역모 사건 이후부터 제기되다가 이 시기에 이르러 본격화되었다. 당시 이항복은 부당함을 진언하였다. 이항복의 헌의가 제출되자 대북 세력 측에서는 유생들을 동원해 이항복을 앞서 있었던 계축옥사 때 화를 당한 "김제남의 괴수"요, 서양갑 등이 반란을 일으킨 것은 "이항복의 병권兵權을 스스로 믿고 공모 결탁하여 때를 기다렸다가 일어나려 한 것"이라며 비난이 계속되었다. 결국 이항복에게는 방귀전리放歸田里(죄인을 벼슬자리에서 내치고 제 고향으로 내쫓던 형벌)의 명이 내려졌다가 얼마 지나지 않아 중간에서 죄인이 원하는 곳에서 살게하는 중도자원부처中道自願付處의 처분이 내려졌고, 다시 용강龍岡으로 귀양이 결정되었다가, 흥해, 창성, 경원, 삼수, 북청 등지로 유배지가 변경되었다. 그리고 1618년 5월 유배지인 북청에서 사망하였다.

| 참고문헌 |

이근호, 「이항복의 정치 활동」, 『백사 이항복 선생 서거 400주년 기념 학술심포지움 자료집』, 포천시, 2018
정억기, 『이항복의 정치 외교 활동 연구』, 홍익대 박사학위논문, 2007

08
박학博學을 바탕으로 무실務實 강조,
이수광

종친에서 관료로 변신하다

이수광李睟光(1563~1628)의 본관은 전주로, 태종의 왕자인 경녕군敬寧君의 후손이다. 경녕군 후손은 경녕군 이후 4대까지 과거에 응시하지 못하다가 이수광 부친인 이희검李希儉 때부터 관료 사회에 진입하였다. 병조판서를 역임한 부친의 뒤를 이어 이수광은 1585년(선조 18) 별시別試에 급제한 뒤 사환을 시작, 사관史官을 비롯해 언관직과 이조 좌랑을 지내기도 하였다. 이조 좌랑은 흔히 전랑銓郞이라 불리는 관직 중 하나로, 관인들 사이에서는 선망의 관직이었다. 오성鰲城 이항복李恒福은 "오늘날의 선비 중에 영예로운 진출에 마음을 끊었는데도 전랑이 된 자"는 이수광 밖에 없다고 하였다.

이수광은 임진왜란 기간 중에는 경상방어사 조경趙儆의 종사관과 선유어사宣論御史로 활동하였고, 전란 후에는 병조참의와 성균관대사성 등을 역임 하였다. 그러나 남인계 붕당의 일원이었기에 정국을 주도하던 북인 세력의 정치적 견제를 받아 외직으로 나가 안변부사와 충주목사 등을 지냈다. 광해군 즉위 이후에는 사사건건 집권 세력과 충돌하였다. 1612년(광해군 4) 11월 술사術士 이의신李懿信이 도성의 기운이 쇠하였다고 하면서 교하현으로 천도할 것을 주장한 바 있다. 광해군은 이의신이 제기한 문제를 조정에서 논의하게 하였다. 당시 이수광은 홍문관에 재직하고 있을 때로, 동료 관원들을 모두 데리고 국왕 앞에 나아가 이의신의 발언은 황당무계한 것으로, 이를 조정의 논의에 부치는 것 자체가 마땅하지 않다고 하였다. 이 논의는 결국 시행되지는 않았다.

이밖에도 이수광은 광해군이 생모 공빈恭嬪을 높이는 작업에 대해서도 비판하였다. 광해군은 즉위 이후 생모의 추숭 작업을 진행하였다. 1610년(광해군 2)에는 비밀스럽게 작성된 문서를 예조를 통해 홍문관에 보냈는데, 다름아닌 공빈의 추숭과 관련된 일이었다. 결국 같은 해 3월 공빈 김씨를 자숙 단인 공성 왕후慈淑端仁恭聖王后로 삼고 능의 이름을 성능成陵으로 결정하였다. 홍문관 등에서는 이를 반대하는 의견을 제출하였으나 받아들여지지 않았다. 그리고 급기야 1612년에는 중국에 주청사를 보내 공빈 김씨를 왕후로 책봉할 것을 요청하기로 결정되었다. 그러자 이수광은 상소하여, 예에 있어서 두 적처嫡妻가 있을 수 없으며, 중국 중자의 일을 들어 이를 비판하였다. 중자는 노魯나라 혜공惠公의 둘째 부인으로서 환공桓公의 어머니이다. 여기에서의 중자의 일은 혜공의 서자庶子인 은공隱公이 환공을 대신해서 섭정攝政하면서 정부인이 아닌 중자에게 별궁別宮을 지어 제사 지낸 일을 말한다.

이렇게 번번히 집권 세력과 충돌을 불러일으키는 가운데 급기야 계축옥사와 폐모론 등이 제기되면서는 정치와 거리를 두었다. 인조반정 이후 서인 정권 하에서 승정원 도승지를 시작으로 사간원대사간과 이조판서 등을 지냈다.

지봉유설(성호기념관 소장)

도시의 은자隱者로 남고자 했던 삶

이수광은 선조 후반 이후 정치와는 일정한 거리를 유지하였다. 대신 그는 도시 속에 은자隱者가 되기를 원했다. 이수광이 관직을 떠나 머물던 곳은 서울 낙산駱山의 동쪽으로, 호인 지봉芝峯은 집 부근에 있던 봉우리의 명칭을 딴 것이다. 이곳은 당초 세종 연간 우의정을 지낸 류관柳寬이 살던 곳인데, 류관 사후 외손인 이희검과 이수광이 계속해서 이곳을 터전으로 생활하였다. 임진왜란 후에 이수광은 이곳에 작은 당堂을 짓고 '비우당庇雨堂'이라고 하였다. '겨우 비나 피할 수 있는 집'으로, 이곳에서 이수광은 대표적인 저술인 『지봉유설』을 완성하였다. 『지봉유설』은 천문과 지리, 역사, 정치, 언어, 복식, 동물과 식물 등 방대한 주제를 담은 조선 최초의 백과사전으로, 가히 "학문을 좋아해 책이라면 보지 않은 것이 없던" 이수광의 박학이 그대로 녹아들어 간 것이었다.

이수광은 또한 서울의 침류대를 중심으로 한 일군의 학자들과 교류하였다. 침류대는 북영北營이 있던 원골에 유희경劉希慶이란 시인이 살던 집 위에 있는 큰 바위를 말한다. 유희경은 이곳에서 임진왜란 이후 내로라하는 문인들, 고관대작들과 함께 풍류를 즐겼는데, 이곳을 중심으로 이수광을 비롯해 임숙영 · 신흠 ·

홍경신 · 신익성 · 이안눌 · 홍우경 · 이식 · 이정구 등이 교류하였다. 이들은 당색을 초월하여 교류했던 것이다. 침류대와 관련해서 이수광은 여러 편의 시를 남겼는데, 그 중에 하나를 소개하면 아래와 같다.

추억노니 지난날 도원 속에서 / 憶向桃源裏

한가로이 대숲 아래 못을 보았지 / 閑窺竹下池

풀은 오늘날 길을 가득 뒤덮고 / 草封今日逕

솔은 석년의 가지를 드리웠으리라 / 松偃昔年枝

성시에 자리한 은자의 집이요 / 城市幽人宅

계산을 노래한 학사들의 시로다 / 溪山學士詩

병중에 부질없이 옛 흥이 일어나 / 病來空舊興

시를 읊조리며 석양을 보낸다오 / 吟送夕陽時

(이수광, 『지봉집』 권3, 침류대에서 여러 학사들에게 준 유희경의 시에 차운하다)

이수광은 침류대를 "성시에 자리한 은자의 집"으로 묘사하면서 이곳에서 일군의 학자들과 교류하였다.

주목되는 것은 이곳 침류대를 중심으로 한 문인 집단은 같은 시기 퇴계학파나 율곡학파 등과는 달리 중국 진 · 한의 고문과 당시唐詩를 중시하는 고문부흥운동古文復興運動을 주도하였다. 또한 상공업을 중심하고, 유 · 불 · 선儒佛仙의 삼교회통三教會通과 잡학적雜學的 학풍을 드러내었다. 당시 지방과는 다른 서울의 독자적인 학풍을 형성한 것이다.

안남安南에 한류를 일으키다

이수광은 생애에 몇 차례 명나라에 사행 일원으로 다녀왔다. 1590년(선조 23) 성절사의 서장관으로 파견된 것을 시작으로, 1597년(선조 30) 명나라의 황극전皇極殿에 화재가 나자 진위사로 파견되었고, 1611년(광해군 3) 세자의 복장을 요청하는 주청사의 부사로 파견된 바 있었다. 이수광은 1597년 사행 시에는 앞선 1590년 서장관으로 파견되었을 때 만난 안남安南(베트남) 사신 풍극관馮克寬과 옥하관에서 50여일 간을 동숙하였다. 1611년 사행 시에는 유구琉球와 섬라暹羅 사신 등을 만나서 역시 필담을 나누며 교류하였다. 이수광에게 3번의 사행 경험은 서양의 종교와 문물을 접하는 창구가 되었고, 유구나 안남의 사신 등과 접촉하여 다른 지역의 문화를 인식하는 계기가 되었다.

1597년 풍극관과 만났을 때 두 사람은 시를 수창酬唱하며, 필담을 통해 양국의 문화와 풍속 등에 대한 정보를 얻게 되었다. 이때 이수광과 풍극관 및 베트남 사신들과의 문답 내용은 장황하지만 흥미로우므로 전문을 소개하면 아래와 같다.

> 이수광 : "옛날 월상씨越裳氏의 교지交趾가 바로 귀국의 강역疆域입니까?"
>
> 풍극관 : "그렇습니다."
>
> 이수광 : "대인은 무슨 벼슬을 띠고 있습니까?"
>
> 풍극관 : "저는 우리나라에서 시랑侍郎의 벼슬을 맡고 있습니다."
>
> 이수광 : "귀국의 관제官制와 풍속은 어떠합니까?"
>
> 풍극관 : "공맹孔孟의 시서詩書와 예악禮樂의 가르침과 당송唐宋 시대의 진사進士를 뽑던 과거科擧의 문장을 익힙니다."

이수광 : "사람을 시취試取할 때 시詩와 부賦를 가지고 합니까? 책策과 논論을 가지고 합니까? 또한 무과武科 시험이 있습니까?"

풍극관 : "과거로 사람을 시취하는 법은 향시과鄕試科가 있고 회시과會試科가 있습니다. 향시과의 제일장第一場에서는 오경사서五經四書를 각 1문제씩 시험 보이며, 제이장第二章에서는 조문詔文, 제문制文, 표문表文을 각 1문제씩 시험 보이며, 제삼장第三場에서는 시와 부를 각 1문제씩 시험 보이며, 제사장第四場에서는 책문策文으로 고금古今의 치도治道에 대한 시제試題 1문제를 시험 보입니다. 회시과의 제일장, 제이장, 제삼장, 제사장은 모두 향시과와 같고, 제오장第五場에서는 정시廷試로 대책對策을 시험 보입니다. 무과는 진전陣前을 으뜸으로 삼고, 기마騎馬, 기상騎象, 기사騎射의 취재取才가 있는데, 5년에 한 번 선발합니다."

이수광 : "예전에 귀국의 왕은 성이 막씨莫氏라고 들었는데, 지금의 여씨黎氏는 창업創業한 군주입니까? 아니면 무슨 변란이 있어서 혁명革命한 것입니까?"

풍극관 : "지난날 우리나라는 여씨 왕이 관할하던 봉역封域이었는데, 그 뒤에 막씨에 의해 찬탈되었다가, 지금에 이르러 여씨가 구업舊業을 회복하여 중국에 재차 책봉해주기를 청하는 것입니다."

이수광 : "여씨 왕이 나라를 잃은 지 몇 년이나 흘렀다가 비로소 구업을 회복한 것입니까?"

풍극관 : "50여 년이 지났습니다."

이수광 : "귀국에 도통사都統使가 있는데, 이는 무슨 관직입니까?"

안남사신 : "우리나라에는 예전에 나라를 세운 이후로 일찍이 도통사사都統使

司라는 관직이 있은 적이 없었습니다. 단지 막씨莫氏의 참역僭逆한 죄를 천조天朝에서 너그럽게 처리하여 죽이지 않고 도통사사를 임시로 설치하되 품계를 종2품으로 하여 판신叛臣을 대했을 뿐입니다. 지금 왕작王爵의 봉호封號를 회복해 주기를 요구하여, 명나라 조정 신하들이 현재 은상恩賞을 의정議定하고 있습니다."

이수광 : "막씨는 바로 막무흡莫茂洽입니까?"

안남 사신 : "그렇습니다."

이수광 : "여씨黎氏 왕이 나라를 얻은 것은 난역亂逆의 무리를 토벌해서 얻은 것입니까? 아니면 추대에 의해서 얻은 것입니까?"

안남 사신 : "여씨 왕은 멸망하여 제사가 끊긴 진씨陳氏를 대신한 것으로, 나라 사람들이 모두 함께 추대하였습니다."

이수광 : "대인大人은 막씨 조정에서 무슨 벼슬을 하셨습니까?"

안남 사신 : "이 늙은이는 바로 여씨의 유신遺臣으로, 막씨 조정에서는 일찍이 벼슬한 적이 없습니다."

이수광 : "귀국은 겨울이 봄처럼 따뜻하여 얼음도 없고 눈도 없다고 하는데, 참으로 그렇습니까?"

안남 사신 : "남방의 절기는 봄이 길고 겨울이 짧습니다."

이수광 : "귀국에는 일 년에 두 차례 익는 벼와 팔잠八蠶에서 얻는 명주실이 있다고 하는데, 참으로 그렇습니까?"

안남 사신 : "일 년에 두 차례 익는 벼와 보리가 있고, 팔잠에서 얻는 명주실이 있습니다."

이수광 : "귀국은 영토가 얼마나 됩니까?"

안남 사신 : "영토가 사방 5천여 리입니다."

이수광 : "귀국은 운남雲南과의 거리가 얼마나 됩니까?"

안남 사신 : "천 겹의 산 너머로 한쪽만 경계를 접하고 있습니다."

이수광 : "유구琉球와 일본日本과의 거리는 얼마나 됩니까?"

안남 사신 : "바닷길이 막혀 있고 멀어서 서로 통하지 않습니다."

이수광 : "마 복파馬伏波의 동주銅柱는 어디에 세워져 있습니까?"

안남 사신 : "예로부터 매령梅嶺에 있다고 전해왔는데, 지금은 없습니다."

(이수광, 『지봉집』 권8 안남국사신창화문답록)

이때 이수광이 풍극관에게 써준 시는 안남의 선비들 사이에서 크게 유행하였다고 한다. 이런 사실은 이수광의 저작인 『지봉유설』에 전기로 수록된 조완벽趙完璧이라는 인물의 입을 통해서 전달되었다. 조완벽은 1597년 정유재란 당시 포로로 일본에 잡혀가 생활하던 중 일본 무역 상인을 따라 안남에 가게 되었는데, 안남의 관리들이 이수광의 소식을 물었다며 향후 귀국 후 이런 소식을 전파하여 결국 이수광에게까지 전해졌던 것이다. 조선시대판 한류韓流의 역사인 것이다.

이수광이 사행을 갔던 16세기 후반~17세기 초반 중국에는 서양의 종교와 문물이 본격적으로 소개되었다. 이수광은 사행 기간 중 견문한 일부 내용을 『지봉유설』에서 소개하였다. 대표적인 것이 『천주실의天主實義』와 곤여만국전도坤輿萬國全圖이다. 이수광은 북경에서 안남 사신 등을 만나는 이외에도 북경에 머물고 있던 선교사들을 만나고, 이를 통해 『천주실의』 등의 존재를 알게 되었던 것이다.

이수광묘(양주시 소재)

무실務實을 강조하다

이수광의 사고에는 무실務實이 내재되었다. 이른바 중흥장소中興章疏라고도 불리는 1623년(인조 1)에 제출한 장문의 차자에서, 이수광은 인조에게

> 실심實心으로써 실정實政을 행하고, 실공實功으로써 실효實效를 거두시어 생각마다 실實을 생각하시고 일마다 실實을 생각하시면 정치가 잘 이루어질 것입니다.

라고 하여 자신 입론의 기저가 무실務實임을 강조한 바 있다.

이는 학문하는데도 그대로 반영되었다. 이수광은 성리학자로서 『심경心經』과 『근사록近思錄』을 중시하였다. 이와 관련해 이정구李廷龜는 "문文은 육경六經에서 나오고 성리性理에 뿌리를 두었다"고 평가한 바 있다. 따라서 당시 이단으로 평가되는 양명학이나 도교, 불교 등에 대해서는 비판적이었다. 단, "이익이 있다면 취한다取益"는 입장에서 도교나 불교, 양명학 등의 일부 논리에 대해서 호의적인 입장이었다. 예를 들어 도교 같은 경우, 도교의 수련법인 '내단학內丹學'을 의학의 차원에서 이해하였고, 방술方術로써 풍수지리나 점복占卜 등에 대해서도 긍정하였다. 점복은 의학에 비견해서 말하기를, 의학이 죽음에서 사람을 구제하는 것이라면 점복은 흉한 것을 피해서 길한 곳으로 옮기는 것이라고 이해하였다. 유연하면서도 실용적인 입장 때문이었다.

이수광이 생존하던 시기는 대내외적 상황이 녹록치 않았다. 지식인의 사회적 책임이라는 소명이 절실한 상황이었다. 이수광은 이런 상황에서 성리학에 매몰되지 않고 위정자들에게 실정實政을 강조하며 국가와 사회 재건을 위한 다양한 대책을 제시하였다. 사회경제적으로 화폐 유통의 필요성을 강조하거나 광산의 개발, 무역에 대한 긍정적 사고 등이 확인된다. 이러한 사고는 전란 후 조선 사회 재건을 위한 하나의 방향성을 제시한 것이었다.

| 참고문헌 |

김문식, 「지봉 이수광의 베트남 이해」, 『한국실학연구』35, 2018
한영우, 『실학의 선구자 이수광』, 경세원, 2007
신병주, 「이수광, 박학과 소통을 추구한 실학자」, 『한국사시민강좌』42, 2008

09

혼란을 수습하고
왕조를 재건한 삼조三朝의 영의정, 이원익

안주목사 이원익, 정치 경력의 시작

조선후기 인물 연구 중에서 관료적 성격을 가진 인물을 찾기는 쉽지 않다. 대부분은 무장가나 정치적 비중이 높은 인물이 연구의 대상이 되었다. 그러므로 실제 조선이 어떻게 운영되었는가를 살펴보기 위해서는 정치 비중이 높으면서 관료적 성격을 가진 인물을 주목할 필요가 있다. 여기에 부합하는 대표적인 인물이 바로 오리梧里 이원익李元翼이다.

> 영남사람들이 이원익과 류성룡에 대하여 말하기를, '이원익은 속일 수 있으나 차마 속일 수 없고, 류성룡은 속이고 싶어도 속일 수 없다'라고 한다.

위 사료는 숙종대의 명재상 남구만南九萬의 아들 남학명南鶴鳴이 자신의 문집인 『회은집晦隱集』에 수록한 글이다. 선조대 영의정을 지낸 류성룡과 이원익에 대한 압축적인 평가이다. '속일 수 있지만 차마 속일 수 없다'는 당대 사람들의 표현, 과연 그 말은 무엇일까? 그의 삶을 조명해보자.

이원익은 17세를 전후한 국내외의 격변기에 살았다. 선조대에는 임진왜란을 겪었으며, 광해군 연간 북인 정권 아래에서 폐모론의 정치 한가운데 있었고, 인조대에는 후금의 침략을 목도하기도 하였다. 그는 격변기 속에서 약 30년간 정승으로 조선왕조를 이끌어 나갔다.

이원익은 태종의 8번째 아들 익령군益寧君의 4대손이다. 1547년(명종 2) 한성부 동부東部 천달방泉達坊의 유동楡洞에서 태어났다. 이원익의 아버지까지는 종친으로 관직에 나아갈 수 없었다. 『경국대전』에 따르면 친진親盡, 즉 법적으로 종친관계가 소멸되어야 관직에 나아갈 수 있었다. 그런데 이 규정이 적용되는 범위가 아버지대까지였다. 그러므로 이원익은 이 원칙에서 벗어나 관직에 나아갈 수 있었던 것이다.

그는 13세 동부학당東部學堂에 들어갔고, 18세에 진사進士가 되어 성균관에 입학하였다. 진사에 입격한지 5년만인 1569년(선조 2) 그의 나이 23세에 문과에 급제하였다. 그리고 초입사初入仕로 승문원에 들어갔다.

이원익이 정치적으로 성장하는데 가장 큰 계기가 되었던 것은 안주목사로 목민관의 생활을 하던 때였다. 1587년(선조 20) 4월 1일, 이원익이 안주목사로 임명되었다. 그런데 그를 안주목사로 임명하는 해당 기사에 임명 과정 속에서 나타나는 여러 가지 이유가 설명되어 있다.

이원익이 파산罷散하여 있다가 친상親喪을 당하여 복을 마쳤으나 오히려 복관되지 못하였다. 이때 안주는 관방關防의 중요한 진영인데 재해를 여러 차례 겪고 기근이 들어 조폐凋弊되었다는 것으로 명망이 중한 문신을 정밀히 골라 그 지방을 다독거려 수습하게 하되 구임久任시켜 공을 세우도록 책임지우기를 청하였다. 명관名官이 모두 꺼려 피하기를 도모하였으므로 상이 이조에 명하여 반드시 적합한 사람을 얻도록 책임지웠는데, 판서 권극례權克禮가 이를 인하여 면관된 사람을 기용하고자 하여 이원익을 주의注擬하니 상이 허락하여 이 임명이 있게 된 것이다.

당시 이원익은 동인과 서인의 갈등 속에서 파직을 당한 상태였고 1584년(선조 17)에는 부친상을 당하여 관직 생활에서 벗어나 있는 상황이었다. 3년 동안 부친상을 지내면서 휴식 기간을 가지고 있던 이원익에게 외관직이 주어졌던 것이다. 안주는 중요한 곳이었기 때문에 이름 있는 인물로 안주목사를 제수해야 했으나 변방직이라는 이유로 모두 꺼리고 있는 상황이었다. 영조조의 고사에 따르면 당시 안주목사는 6차례 추천되었으나 적임자를 얻지 못했다고 한다. 선조는 이조로 하여금 적합한 사람을 임명하도록 강조하였고 이조판서 권극례는 결국 이원익을 추천했던 것이다.

이원익은 1591년(선조 24) 형조참판으로 임명되어 중앙으로 돌아올 때까지 약 4년간 안주목사로 근무하였다. 당시 그가 안주목사로 이루어낸 성과는 자신의 정치적 경험뿐만 아니라, 조선정부의 지방 경제 정책에도 많은 영향을 미치게 되었다.

안주는 매우 중요한 지역이었다. 북쪽의 오랑캐를 방비하기 위해서는 반드시 지켜야 하는 방어의 거점이었다. 훗날 평안병영이 안주에 위치하게 된 것도 모두 그러한 전략적 위상이 다른 지역과는 많이 달랐기 때문이다. 안주목사로

이원익 초상(문화재청)

활동한 그의 경력은 대단히 성공적이었다. 당시 평안 감사 윤두수尹斗壽는 이원익의 활동을 높이 평가하여 조정에 보고했다. 그 결과 이원익은 종2품 가선대부嘉善大夫로 승진할 수 있었다.

그의 안주목사 시절의 활동은 실록에 자세하게 수록되어 있다. 그가 제수될 당시 안주는 여러 차례 재해災害를 겪고 있었으며 기근饑饉이 발생하여 몹시 피폐해져 있었다. 이를 해결하기 위해 필요한 것이 바로 곡물이었다. 그는 평안 감사에서 청하여 환곡 1만석을 얻고 종자를 주어 경작하게 하였다. 그리고 그해 풍년이 들자 환곡을 모두 갚고도 창고에 곡식이 가득 찼다고 한다. 아울러 이원익은 백성들에게 뽕나무를 심어서 누에치기를 권장했다. 그래서 당시 사람들은 이원익을 가리켜 '이공상李公桑'이라고 불렀다.

안주목사 시절 이원익의 두 번째 공적은 바로 군제 개혁이었다. 당시 북방 지역에서는 군역이 4교대交代의 방식으로 운영되었다. 즉 군대를 4등분으로 나누어 돌아가면서 근무를 하였기 때문에 1년에 3개월씩 복무하였다. 그런데 이원익은 4대교를 6교대 방식으로 전환시켰다. 군대를 6등분으로 나누다보니 1년에 2개월만 복무하면 되었다. 그래서 농민들의 군역을 줄여주는 것과 동시에 농사를 짓는 불편함을 덜어주었다. 이 제도는 훗날 황해감사 윤두수가 조정에 건의하여 정부의 공식적인 군제로 채택하는 근거가 되었다.

도체찰사 이원익, 임진왜란의 공신

1592년(선조 25) 4월, 임진왜란이 일어났다. 임진왜란은 이원익의 정치 경력에도 많은 영향을 미쳤다. 당시 이조판서로 있던 이원익은 평안도 도체찰사를 겸하게 되었다. 이원익은 전쟁으로 인해 붕괴된 민심을 수습하고 군병들의 사기를 높이기 위해서는 전세戰勢를 바꾸는 것이 매우 중요하다고 보았다. 그래서 우선 군병이 굶주리는 상황을 타개해야 함을 강조했다. 그는 '각 고을에서 군대를 징발하여 대기한 지 이미 오래입니다. 각 고을에서 군량을 지급하게 하나, 먼 지역은 굶주리는 자가 많습니다. 호조가 전세나 창고에 저장된 쌀과 콩을 지급하게 하소서'라고 했던 이유도 바로 여기에 있었다. 그는 군량 조달이 중요하다는 사실을 누구보다 잘 알고 있었던 것이다.

이원익이 전쟁 기간 동안 능력을 발휘할 수 있었던 것은 중국어가 가능하다는 점이었다. 18세기 학자 이긍익李肯翊이 쓴 『연려실기술』에 따르면 '이원익과 이경석이 모두 한어漢語를 잘했으므로 제조提調가 되어 사역원 관원이 오면 반드시 한어로 이야기를 주고 받았다.'고 한다. 이런 어학 능력을 갖춘 그는 명나라 경리經理 양호楊鎬와 직접 대화하면서 명나라 지휘부와 직접 소통하고 일처리를 빨리 진행할 수 있었다.

일본군이 남해안으로 물러나 전력을 비축하여 다시 침략할 기회를 노리는 동안 이원익은 류성룡의 추천으로 우의정에 임명되었고 하사도下四道 도체찰사를 겸하게 되었다. 이원익은 하사도 도체찰사로 있으면서 이순신을 한산도에서 만나 군비 정돈 상황을 보면서 치하하기도 하였다. 그는 이순신을 전쟁 준비를 빈틈없이 추진하는 매우 훌륭한 장수로 생각하였다. 그는 직접 호남과 영남을 돌아보면서 각 지역의 군비수축, 병력배치, 인사운영 등 군사 관련 업무를 포괄적으로 주관하면서 남다른 식견과 능력을 보여주었다.

특히 이원익은 이순신에 대한 신뢰가 매우 컸다. 조정의 대신들이 수군에 대한 대책을 논의하는 과정에서 이순신의 수군 방비 대책을 적극적으로 옹호하였다. 그는 '이순신은 스스로 변명하는 말이 별로 없으나 원근은 늘 발끈합니다.'라고 하거나, '원균의 공이 이순신보다 나을 수 없다'라고 하였다. 이순신이 한때 지휘권을 잃고 백의종군할 때에도 이원익은 끝까지 그를 잊지 않고 지원해 주었다. 이를 알아주듯 이순신도 '군사들로 하여금 목숨을 아끼지 않도록 한 것은 이원익의 힘'이라고 하며 이원익의 역할이 적지 않았다는 사실을 숨기지 않았다. 훗날 이원익과 이순신의 관계는 후손의 혼인으로 이어지기도 하였다.

1604년(선조 37) 이원익은 임진왜란 당시 어가를 호위한 공로를 인정받아 호성공신 2등에 책봉되었다. 선조 31년(1598)에는 좌의정에 임명되어 명나라 병부주사 정응태의 무고 사건을 해결하기 위해 북경으로 갔다. 그는 임진왜란의 참전 경험과 중국어 능력을 바탕으로 외교적 현안을 해결할 수 있었다. 이원익은 이 공으로 다시 영의정에 임명되었다.

임진왜란은 이원익의 정치 경험을 한층 드높였다. 탁월한 실무 능력과 중국어 실력으로 명나라와 관련된 군량 문제, 외교 문제를 능숙하게 처리하였다. 국가적인 위기 상황에서 그는 다방면에 걸쳐서 헌신적인 모습을 보여주었다. 전쟁이 끝난 직후 이원익은 이미 조야에서 신망을 받는 인물이 되고 있었다.

충직한 신하의 상징

선조대 후반 북인에서 갈라져 나온 소북小北 중심의 정국은 광해군의 즉위와 함께 붕괴되었다. 광해군 초기 정국은 광해군 즉위에 결정적 역할을 담당한 이이첨李爾瞻, 정인홍鄭仁弘 등의 대북大北 세력과 왕의 외척세력으로 나누어져 있었다. 물론 여기에 이원익을 비롯한 일부 남인과 서인이 정권에 참여하고 있었다. 당시 이원익은 남인으로서 영의정이었다.

대북 정권 아래에서 이원익은 남인이었기 때문에 당색이 달랐다. 그럼에도 광해군과 대북 정권은 남인 이원익을 영의정에 임명하였다. 이원익을 요직에 앉힌 것은 여러 가지 이유가 있겠지만, 비교적 당색이 심하지 않다는 사실과 내외의 신망이 두터웠다는 점을 지적해 둘 필요가 있다. 그의 능력은 '중국에 유총병劉總兵이 있을 뿐이고, 우리나라에는 이원익이 있을 뿐'이라는 말에서 충분히 확인할 수 있다.

광해군은 즉위 초에 여러 가지 어려움에 직면했다. 장자도 적자도 아닌데 그의 형인 임해군과 인목대비의 아들 영창대군이 살아 있었기 때문이다. 결국 광해군은 자신의 약점을 극복하고 안정된 국정을 운영하기 위해서는 여러 가지 개혁 방안을 통해 민심을 수습하지 않으면 안되었다. 결국 남인과 서인에게 명망을 받았던 이원익을 의식하지 않을 수 없었다.

당시 백성들의 부담은 매우 컸다. 산릉山陵 역사役事, 중국 사행 비용 마련 등을 비롯하여 궁궐의 중건으로 여러 가지 토목 공사가 진행 중이었다. 광해군은 국정의 기반을 마련할 필요가 있었다. 이때 이원익이 적극적으로 주장한 개혁 방안은 바로 선혜법宣惠法이라 불린 경기대동법이었다.

이원익은 대동법을 전담할 선혜청을 설치하고 관원을 배치하여 봄과 가을에 8두씩 징수하여 사용하고 각 군현에 1두씩 보관하여 수령의 비용으로 사용하도록 하는 방안을 제시했다. 대동법은 임진왜란 당시 군량문제의 해결과 민생안정을 위한 방안으로 시행된 적이 있으나 1년도 못되어 폐지되었다. 그래서 이원익은 절충안을 제시하여 경기에만 국한하여 시험하도록 하였다.

그러나 이원익이 시행을 주장한 경기 대동법이 1년도 못되어 좌초될 위기에 놓이게 되었다. 결국 그는 1년이라도 실시 기간을 채워서 상황을 지켜보도록 요청하였다. 민생문제의 현안이었던 공납公納의 폐단을 개혁하기 위해서는 중도에 폐기되는 것을 막아야 했기 때문이다. 여기에 여러 인물들이 적극적으로 동의하면서 광해군은 경기대동법을 다시 승인하지 않을 수 없었다. 16세기 이래 지속적으로 제기되었던 공납의 폐단은 결국 이원익이 주도하여 제도적으로 명맥을 이어나가는 노력의 결과 개혁의 실마리를 찾을 수 있게 되었다.

광해군 집권 초기 대북 인사들이 정국을 노골적으로 주도하게 되자, 이원익은 이를 우려하는 상소를 알렸다. 이미 이원익은 선조대 동서 분당 이래 붕당이 이합집산하는 상황을 눈으로 목도한 인물이었다. 그러므로 이러한 폐단이 왜 일어나고 어떠한 결과를 가져오는지 누구보다 잘 알고 있었다. 붕당의 폐해를 해결하기 위항 그는 사론士論에 따른 능력 위주의 인사 운영을 강조하였다. 그는 이를 '보합태화保合太和'하는 방법이라고 보았다.

1611년(광해군 3) 이원익은 경연에서 사직상소를 알렸다. 대북 집권이 노골화되는 상황 속에서 더 이상 자신이 설 수 있는 자리는 없다고 판단했던 것이다. 물론 광해군도 이원익을 정국 운영의 걸림돌로 판단하고 있었다. 그는 상소를 통해 궁금宮禁을 엄하게 할 것, 상벌을 공정하게 할 것, 언로言路를 넓힐 것, 경연에 열심히 참석할 것, 사도邪道를 끊을 것, 어진 사람을 등용할 것, 백성들을 보호

할 것 등 광범위한 국정 개혁 방안을 내 놓았다. 그러나 광해군의 반응은 달랐다. '오늘 그에게 모욕을 당하였으니 매우 상서롭지 않다. 너희들도 조만간 필시 다른 손에 죽을 것이다'라고 하여 불편한 심기를 그대로 드러내었다. 이제 더 이상 이원익과 광해군은 함께 할 수 없는 사이가 되고 말았다.

광해군과 대북 정권은 집권 기반을 공고히 하기 위하여 여러 옥사들을 일으켰다. 대표적으로 임해군 옥사, 김제남 사사, 영창대군 살해, 인목대비 유폐 등을 들 수 있다. 이 과정 속에서 정치적 거목이었던 이원익도 정치 운명을 건 판단을 하지 않을 수 없었다.

광해군이 즉위한지 한 달도 안되어 임해군 옥사가 일어났다. 이이첨 등은 임해군을 죽일 것을 청했으나 이원익은 증거가 부족하다고 하여 국문에 참여하지 않았다. 역모와 관련된 만큼 말 하나하나가 조심스럽지 않을 수 없었다. 이원익은 임해군이 광해군과 형제인 만큼 목숨만은 보전해 주어야 한다는 전은론全恩論을 주장했다. 그러나 결국 임해군은 유배되어 피살되었고, 이원익과 이항복 등은 사직하였다.

이원익의 정치적 방향을 결정한 가장 큰 사건은 폐모론廢母論이었다. 1613년(광해군 5) 박응서 등이 은銀을 모아 인목대비의 부친 김제남을 영입하여 영창대군을 추대한다는 역모사건이 대두한 것이다. 이이첨의 공작 혐의가 짙은 이 사건으로 김제남은 사사되었고, 이후 화살은 영창대군과 인목대비로 향하였다.

이 사건에서도 역시 토역討逆과 전은全恩 사이에서 갈등이 재연되고 있었다. 이 사건의 논의에 이원익을 참석시켜야 한다는 건의가 있었으나 광해군을 듣지 않았다. 한편 일부에서는 영창대군의 모친 인목대비를 광해군과 같은 궁에 둘 수 없다는 주장이 제기되었다. 이른바 유폐였다. 결국 이 사건으로 광해군 정권에 참여한 서인들은 대부분 유배되거나 관직이 삭탈되었고, 남인도 크게 다르지 않았다. 이 와중에 이원익이 상소 하나를 올렸다.

1615년(광해군 7) 2월, 이원익의 상소는 조정에 큰 파문을 일으켰다. 이원익은 궁극적으로 인목대비의 폐비廢妃까지 이어질 것을 예측하고 모자母子의 명분을 내세워 폐모론에 대한 분명한 반대의사를 표명했던 것이다. 이원익의 상소는 광해군의 심기를 건드리기에 부족하지 않았다. 결국 광해군은 전교를 통해 자신에게 정면으로 도전하고 이원익에게 동조하는 세력을 색출하라는 지시를 내렸다. 대북 세력 내부에서는 이원익을 처벌하는 주장의 상소가 이어졌다.

하지만 다시 여기에 맞서는 상소가 지속적으로 이어졌다. 대북세력의 독주에 반감을 가진 남인과 서인은 물론 소북조차 상소에 가담하게 된 것이다. 이후에는 지방의 사족들도 대거 상소 대열에 동참했다. 광해군은 당황하지 않을 수 없었고, 이원익의 처벌도 망설이게 되었다. 결국 대북세력의 집요한 설득으로 이원익은 강원도 홍천으로 유배를 가게 되었고 공모자로 지목된 인사들도 유배되었다. 이원익이 유배된 상황에서도 정인홍은 처벌이 가볍다고 하면서 국문鞫問해야 한다고 주장하였다.

이원익이 유배에서 풀려난 것은 1619년(광해군 11) 5월이었다. 이원익은 여강驪江에 머물렀다. 고향으로 돌아온 이원익은 초가 2~3칸을 지어서 생활했다. 연보年譜에 따르면 하루 걸러 끼니를 먹을 정도로 가난했다고 한다.

경륜의 경세가, 국가를 운영하다

1623년(광해군 15) 3월 이서, 이귀, 김류 등의 세력들이 규합하여 반정反正을 감행하였다. 반정은 성공하여 광해군과 대북세력을 몰아내고 선조의 손자인 능양군

이원익 영당(문화재청, 광명시 소재)

綾陽君을 국왕으로 옹립하였다. 바로 인조仁祖였다.

반정 주도세력들은 유폐되어 있던 인목대비의 위상을 회복시키고 새 정부를 구성했다. 이원익은 반정 세력에 의해 다시 영의정으로 임명되었다. 당시 영의정으로 기자헌, 정창연 등이 거론되었으나 가장 적합한 인물은 역시 이원익이었다. 왜 이원익이 영의정이 될 수밖에 없었는지는 『조선왕조실록』의 사론史論으로 잘 나타나 있다.

이원익은 충직하고 청백한 사람으로 선조先朝부터 정승으로 들어가 일국의 중망을 받았다. 혼조[광해군]시절 임해군의 옥사 때 맨 먼저 은혜를 온전히 하는 의리를 개진하였고, 폐모론이 한창일 때에 또 상차하여 효를 극진히 하는 도리를 극력 개진하였으므로 흉도들이 몹시 그를 미워하여 목숨을 보전하지 못할 뻔하였다. 5년 동안 홍천에 유배되었다가 고향으로 쫓겨났다. 이때 와서 다시 영의정에 제수되니 조야朝野가 모두 서로 경하하였다. 임금이 승지를 보내 재촉해 불러왔는데, 그가 도성으로 들어오는 날 도성 백성들은 모두 머리를 조아리며 맞이하였다.

이원익이 발탁된 이유는 하나였다. 임해군 옥사와 폐모론에서 보여준 그의 정치적 판단이었다. 그것은 죽음을 무릅쓰고 한 행동이었기 때문이다. 이원익의 발탁

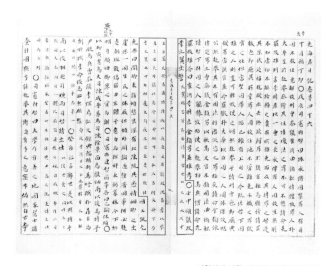

이원익에 대한 사관의 평가(조선왕조실록)

은 당시 인사기준에 맞을뿐더러 원로대신으로 반정 주도세력이 자신의 거사 명분과 이후 정국 운영을 고려한 것이었다. 이원익이 영의정에 임명되자 인목대비는 그에게 무한한 신뢰를 보여주었다. 그것은 국왕 인조도 마찬가지였다. 이원익이 이미 당시 77세의 고령이었기 때문에 사안이 있을 때마다 실무자가 직접 이원익의 집을 방문하여 협의하도록 배려하였다.

인조 즉위 초반 국내외 정세는 어수선하였다. 그러므로 민심을 수습하고 정

치를 쇄신하는 방안을 제시해야 했다. 이원익은 인조를 접견하는 자리에서 인재 선발의 중요성과 붕당의 문제를 거론했다. 국왕의 공평무사함이라면 붕당 간의 조제보합調劑保合도 충분히 가능하다고 강조했다.

이원익의 정책 구상에서 가장 큰 핵심은 민생 안정을 위한 수취제도 개선이었다. 광해군대 경기대동법을 다시 강조한 것이다. 그는 인조 초반 경기에만 시행된 대동법을 강원도로 확대하는 과정에서 적극 참여하였고 이괄의 난 직후에는 대동법을 백성을 편안하게 하는 제일의 정사政事라고 강조하면서 8도에 모두 시행해야 한다고 주장했다.

그의 정책은 재생청裁省廳의 설치와 삼도대동법三道大同法의 시행으로 결실을 맺었다. 재생청은 국왕의 솔선수범이 필요하다는 관점 아래 국왕과 그 일족이 사용하는 비용을 대폭 절감하는 관청이었다. 이원익은 왕실의 비용이 무절제하다는 점을 지적하고 종묘와 여러 왕릉에서 필요로 하는 제사 비용을 절감하고자 했다.

광해군대 경기대동법은 인조 연간 삼도대동법으로 이어졌다. 그러나 이괄의 난으로 삼도대동법의 실시가 어려워지자 혼란을 피하기 위하여 일시적인 대동법 유예를 주장하기도 하였다. 그는 대동법을 종합적인 재정운영 정책으로 완성하기 보다는 우선 백성들의 무거운 공물 부담을 덜어주는 것이 더 중요하다고 보았던 것이다. 그는 광해군과 인조 연간 두 번의 대동법 추진을 통해서 피폐한 민생을 회복시키기 위해서는 무엇보다도 절감하는 것이 중요하다는 사실을 인지하게 되었다.

이원익은 국가적 수준에서 대동법을 제도화시키는 데에는 한계가 있다는 점을 잘 알고 있었다. 그러나 이후 대동법이 국가 전체의 재정운영으로 정착되어 가는 과정 속에서 이원익의 역할은 분명하게 드러났다. 이원익의 두 번의 시도는 대동법의 성립과 확산에 든든한 토대가 되어 주었다.

이원익의 졸기에는 다음과 같은 기록이 있다. '이원익은 강명하고 정직한 위인이고, 몸가짐은 청빈淸貧하였다. 여러 고을의 수령을 역임하며 치적治積이 가장 훌륭하였다. 평안도에 두 번 부임하여 백성들이 공경하고 애모하여 사당을 세우고 제사를 지냈다.'즉, 그는 관료형 신하이면서도 산림山林처럼 강직하였고, 관직 생활을 오래 했으면서도 늘 가난함을 탓하지 않았다. 생사당生祠堂을 지을 만큼 살아 생전 백성들로부터 칭송을 받았다. 그는 살아서나 죽어서나 상하上下의 백성으로부터 높은 평가를 받는 인물로 남게 되었다.

| 참고문헌 |

송양섭, 「17세기 전반 오리 이원익의 정치활동과 정책구상」, 『한국인물사연구』5, 2006
신병주, 「선조에서 인조대의 정국과 이원익(李元翼)의 정치활동」, 『동국사학』53, 2012
이양희, 「오리 이원익의 임진왜란기 군사활동」, 『한국인물사연구』4, 2005
이정철, 「오리 이원익과 두 번의 공물변통」, 『조선시대사학보』54, 2010
허권수, 「오리 이원익과 영남 남인과의 관계 연구」, 『한국인물사연구』4, 2005

10
책임정치를 실천한 정승, 이경석

소신과 원칙에 따른 정치적 자세

세 조정에서의 원로였고 한세대의 충신이었다.

오직 나라만을 위하였고, 자신의 집을 잊었도다.

오직 임금만을 위하였고, 자신의 몸은 돌보지 않았도다.

진심어린 정성은 해처럼 빛났고, 평소의 행실은 서릿발처럼 늠름하였도다.

험난한 처지와 어려운 일들을 두루 맛보았도다.

지극한 신의는 돈어敦圉(범 비슷한 작은 짐승) 같은 동물도 감동시켰도다.

덕은 원만하고 행실은 뛰어났으니 역사책에 여러 번 적혔도다

위 기록은 백헌白軒 이경석李景奭 사후 서계西溪 박세당朴世堂이 지은 신도비문에서 그를 평가한 부분의 일부를 옮긴 것이다. 우국충정 어린 이경석의 생애를 극명하게 정리한 부분이다. 인조와 효종, 현종 세 임금을 섬기며 나라가 위기에 처

할 때마다 전면에 나서서 활동하던 이경석, 그가 활동하던 시기는 특히 대외관계에서 긴장관계가 형성되었던 시기였다. 이러한 때 이경석은 과거 급제후 소신과 원칙을 가진 관료로서, 때로는 박세당의 표현처럼 자신의 안위를 뒤로 한 채 국가를 위해 헌신했던 책임있는 정치가이자 학자였다. 이제 그가 살았던 시대로 들어가 보자.

이경석(1595~1671)의 본관은 전주이다. 조선 제2대왕인 정종의 11남 덕천군德泉君 6대손으로, 아버지 이유간과 어머니 개성 고씨 고한량의 딸 사이에서 출생하였다. 이경석은 어려서부터 효성이 지극했던 인물이었다. 어린 시절 이경석 집안은 가난하였다. 그런데 한 번은 심한 흉년이 들어 끼니를 때우기가 여의치 않던 시절이 있었다. 당시 하루는 이경석이 아침에 나가 배고픔을 참고 견디다가 늦게야 집으로 돌아왔다. 그런데 집에 돌아와 보니 마침 어머니가 밥상을 대하고 있었다. 그 광경을 본 이경석은 바로 어머니 앞에 나타나지 않고 몸을 숨기고 있다가 어머니가 상을 물린 뒤에야 들어갔다. 자식 걱정으로 끼니를 거를 어머니를 생각해서였다. 참으로 지극한 효성이라 하겠다.

이경석은 어려서는 형 이경직에게서 학문을 배우다가, 성장해서는 당대 대표적 유학자인 김장생의 문하에서 수학하였다. 과거 급제 후에는 검열, 봉교를 비롯해 이조좌랑 등 당대 이른바 엘리트코스를 거치며 승승장구를 거듭하였다. 이경석은 인사를 담당하는 자리에 올라서는 당시에 만연한 당색黨色을 초월해 인재를 등용하였는데, 후일 이경석과 불화가 생긴 송시열 이외에도 송준길, 이유태 등 당대 대표적인 학자들을 조정으로 불러들였다. 또한 경제적인 측면에서는 몇 차례 전쟁으로 피폐해진 국가 재정의 확충과 민생 안정을 꾀하기도 하였다.

책임지는 정치를 실현하다

관직 진출 후 이경석은 문명文名을 날리게 되는데, 이로 인해 후일 논란이 된 삼전도비三田渡碑(본래 이름은 청태종공덕비)의 비문을 짓게 되었다. 이경석이 활동하던 당시는 만주에서 일어난 후금이 강성해지면서 청나라로 국호를 정하고 중국 본토를 장악하던 시점이었다. 조선의 정세는 그야말로 누란累卵의 형세였다. 임진왜란 때 우리를 도왔던 명나라를 무시할 수도, 그렇다고 새롭게 성장하는 청나라를 무시할 수도 없는 상황이었다. 그러나 인조반정으로 새롭게 집권한 서인 정권은 임진왜란 때 우리를 도왔던 명나라를 저버릴 수 없었다. 그 결과 정묘호란과 병자호란을 겪게 되었는데, 병자호란이 끝난 직후에는 국왕 인조가 청나라 태종에게 항복한 장소에, 청나라 태종의 공덕을 기리는 비문을 세우니 그것이 이른바 삼전도비이다. 바로 이 삼전도비에 새긴 비문을 지은 인물이 이경석이었다.

병자호란 당시 남한산성에서 약 45여일 간의 항전에도 불구하고, 결국 그들이 제시하는 조건을 무조건 받아들임으로써 전쟁이 종결되었다. 청나라에 항복하겠다는 의사를 전달한 뒤 이때 홍서봉 등이 국왕 인조의 항복 의식을 협의하기 위해 청나라 진영으로 파견되었다. 청나라 자세는 고답적이었다.

> 홍서봉 : 국왕께서는 늘 곤룡포袞龍袍를 입고 계시는데, 이 옷을 입어도 되겠는가?
> 청국측 : 옳지 않다. 자네들과 같이 남색 복장이 옳다.
> 홍서봉 : 국왕께서 남문으로 나오는 것이 어떠한 가?
> 청국측 : 죄가 있는 자는 정문으로 나올 수 없으니, 서문에서 나오는 것이 옳다.

조선의 국왕 인조가 국왕의 상징인 곤룡포도 착용하지 못하고, 정문으로도 나오지 못하는 치욕적인 상황이 연출되었다. 그러나 어쩔 수 없는 일, 다음 날 인조는 할 수 없이 청나라 태종 앞에 나아가 굴욕적인 항복을 하였다. 이때부터 조선은 청나라에 대해서 신하의 예를 행하였으며, 아울러 소현세자, 봉림대군(후일의 효종)과 많은 인질을 보낼 수밖에 없었다. 그런데 청나라와의 문제는 여기서 끝나지 않았다. 전쟁이 종결된 지 2달도 채 되지 않은 시점에 청나라에서 인조가 청나라 태종에게 항복한 자리에 '대청황제공덕비'를 세울 것을 요구해왔다.

조선 조정으로서는 난감한 일이 아닐 수 없었다. 비록 항복하기는 하였지만 여전히 청나라는 오랑캐요, 명나라만이 중화中華로 생각했던 조선의 사대부들이 비문을 지으려 하지 않을 것이 자명하기 때문이었다. 당시 정황에 대해 실록에서는 "장유張維 · 이경전李慶全 · 조희일趙希逸 · 이경석李景奭에게 명하여 삼전도비三田渡碑의 글을 짓게 하였는데, 장유 등이 다 상소하여 사양하였다"라고 기록하였다. 장유 등은 당대 최고의 문장가들로써도 그들이 목숨보다도 소중하게 생각했던 명나라를 멸망시키고, 또 자신들이 섬기던 국왕이 굴욕적인 항복을 한 청나라 태종의 공덕비문을 짓는다는 것은 죽는 일보다 싫은 일이었을 것은 쉽게 상상된다.

그러나 당시 조선의 입장에서 청나라의 요구를 무시할 수 없었다. 따라서 인조는 이들의 사양하는 상소를 모두 물리치고 글을 지어 올리게 하였다. 그리하여 마지못해 장유, 조희일, 이경석 3인의 글이 올라왔는데, 당시 기록에 따르면 조희일은 채택될 것을 우려, 고의로 글을 거칠게 만들었다고 한다. 결국 조선에서는 장유와 이경석이 지은 글만을 청나라 조정에 보냈다. 청나라에서 이들의 글을 심의한 결과, 이경석의 글이 수정을 전제로 최종 채택되었다. 인조는 이

이경석묘소(성남시 소재)

경석을 불렀다. 그리고는 "이 문제로 나라의 존망存亡이 결정되는 바이다. 뒷날에 자강自强하는 일은 오직 내게 있으니, 다만 문자文字는 그들 뜻에 힘써 맞추게 하라"고 지시하였다. 즉 청국의 요구에 맞추어서 다시 수정하라는 것이었다. 결국 이경석은 인조의 지시에 따라 다시 글을 수정하였고, 이것이 청나라에 최종적으로 승인되어 지금 삼전도에 세워진 비에 새겨지게 되었다. 삼전도비는 이후 청나라 사신이 나올 때마다 방문하는 코스의 하나가 되었다.

당시 조선의 입장 또는 사대부의 입장에서 본다면, 청태종공덕비를 세운다는 것, 그리고 그 비문을 짓는다는 것은 매우 치욕적인 일이었다. 그렇다고 하여 그들의 요구를 무시할 수도 없는 일이었다.

이런 상황에서 일신의 안위만을 생각한다면, 조선은 필시 궁지에 처할 것이 명약관화明若觀火한 일이다. 결국 누군가는 국가가 처한 위기 극복에 나서야 하였고 바로 이경석이 이 소임을 자임하였던 것이다. 이경석이라고 갈등이 없었을까? 그 역시도 인간적인 고뇌를 느꼈을 것이다. 그러나 인조의 지시를 받은 이경석은, "군주의 욕됨이 이 지경에 이르렀으니 한 몸을 돌아보고 아낄 겨를이 없다"고 하며 기꺼이 글을 수정하였다. 한편으로 비장함도 느껴지는데, 자신의 몸을 사리지 않으면서 위기에 처한 국가와 국왕을 먼저 생각한 멸사봉공滅私奉公의 자세를 느낄 수 있다. 뒤를 따르는 것은 화려하고 편안한 생활이기보다는 고난과 역경의 나날이었다.

국가의 원로로서

이경석은 삼전도 비문을 찬술한 이후에도 국가가 위기에 처할 때마다 자신의 몸을 아끼지 않았다. 이경석은 47세 때인 1641년(인조 19) 당시 청나라 심양에서 볼모로 잡혀 생활하던 소현세자의 학문을 지도할 이사武師에 임명되어 심양으로 가게 되었다. 그가 심양에서 생활하던 1642년 조선과 청나라 사이에 명나라의 선박 문제를 둘러싸고 외교문제가 발생하였다. 즉 명나라 선박이 서해에 출몰할 때 당시 평안감사인 정태화가 이들에게 쌀과 음식을 구해 주도록 한 일을 청나라 조정에서 알아 차렸던 것이었다. 명나라와 교역을 끊는다는 것이 전쟁 종식을 위한 조건 가운데 하나였던 만큼 자칫 안정되어 가던 청나라와 사이에 긴장 관계가 조성될 수도 있는 상황이었다.

이때 청나라에서는 이경석에게 조선으로 건너가 이를 조사하도록 하였다. 그러나 정작 이경석은 조선 조정의 요청으로 서울에 들어가지도 못하고 평안도 선천 일대에 머물렀다. 그 와중에, 조선 조정에서는 일의 책임을 물어 평안감사 심연과 평안병사 김응해를 파면시켜 사태를 조속하게 수습하고자 하였다. 그리고 이경석에게도 속히 청나라로 돌아가 보고하라고 지시하였다. 그러나 이 일로 이경석은 다시 수난을 당하게 되어, 땔나무와 마실 물도 없이 동관東館에 수감되는 신세가 되었다. 동관에서 며칠 만에 이경석은 다시 봉황성으로 보내졌다. 봉황성에 도착한 이경석에게 뇌물을 주고 일신을 편하게 하라는 주위의 유혹이 있었다. 그러나 그는 "비록 협박 공갈은 받을 지라도 죽기까지는 않을 것이다. 더구나 나는 동국東國의 사부로써 뇌물 쓰는 길을 여는 것은 결코 할 수 없다"고 하며 어려움을 감수하였다.

이렇게 나라가 어려울 때마다 전면에 나서서 위기극복에 주력하였던 이경석은 우의정, 영의정 등으로 승진하였다. 효종 즉위 직후 이경석이 책임있는 원로로서의 자세를 보여주는 일이 일어났다. 효종이 즉위한 직후인 1650년 2월에 청나라에서는 칙사 6명을 조선에 파견하였다. 효종이 즉위하면서 친청親淸 세력의 입지가 약화되자, 당시의 대표적 친청 인물인 김자점이 청나라에 "새 임금이 옛 신하를 쫓아내고 있다"든지 "군사를 일으켜 오랑캐를 치려고 한다"는 등으로 참소하였는데, 이때의 칙사는 이를 조사하기 위해 파견되었던 것이었다.

　청나라에서 칙사가 나왔다는 소식에 조선 조정은 당황하였으며, 이에 대한 대처방안 마련에 고심하였다. 이 와중에서 국가 최고 원로로서 영의정에 재직하던 이경석은 당시 국가의 위기가 자신의 책임이므로 스스로 이 문제를 해결하겠다고 나섰다.

　　이경석 : 수상의 자리에 있으면서 신하로서 사사로이 외국의 사신과 교제할 수 없다는 의리를 생각하고 뇌물로 그들의 마음을 줄겁게 하지 못했기 때문에 일마다 화를 내는 것입니다.

　　좌우 신하들 : 이 일은 말로 다투기도 어렵고, 뇌물로 해결하기도 어렵습니다.

　　이경석 : 지금 비록 그들이 간여하는 바가 무슨 일인지 알지 못하나 신은 나라의 두터운 은혜를 받았으니, 감히 직접 그것을 담당하지 아니할 수 없습니다.

　　효종 : 만약 경이 담당해서 무사할 수 있으면 다행이겠지만 만약 점점 말하기 어려운 경우가 생기면 어떻게 하겠는가?

　　이경석 : 일의 기미를 미리 예측할 수는 없으나 스스로 담당하여 그 끝을 보아서 국가가 이로 인하여 무사하게 되면, 미천한 한 몸이 무엇이 아깝겠습니까!

결국 이경석은 스스로의 발언에 책임을 지고자 노구의 몸을 이끌고 원두표와 함께 청나라 사신이 머무는 곳으로 출발하였다. 청나라 사신이 있는 곳으로 가던 이경석은 청천강을 건너며 한 편의 시를 남겨놓았다.

한밤중에 충신을 가지고 바로 건너니 / 半夜直將忠信涉

이 마음 오직 귀신만이 알 뿐이로다 / 此心惟有鬼神知

국가 원로의 위치에서 위기를 타개하려던 이경석의 외로운 심정을 느끼게 한다. 이경석의 책임있는 행동은 결국 청나라 사신들에게 믿음을 주었다. 이경석을 만난 청나라 사신들은 이경석이 자신들이 있는 곳까지 직접 왔다는 사실에 기뻐하며, "처음에 생각하기에는 예관禮官을 보고도 가지 않으려고 하였으나, 영상이 멀리서 왔기 때문에 예로써 한다"며 그를 대접하였다. 이경석이 파견됨으로써 진정되었던 청나라와의 긴장관계는, 청나라 사신이 조선의 수도인 서울로 들어오면서 다시 표면화되었다.

이때 파견된 사신들이 가지고 온 칙서 2통 가운데 1통이 조선 조정을 발칵 뒤집어놓았으며, 이로 인해 이경석은 의주의 백마산성에 위리안치圍籬安置(집 둘레에 울타리를 둘러치거나 가시덤불로 싸서 외인의 출입을 금한 중죄인의 안치)되었다. 문제의 칙서는, 효종 즉위 초 청나라에 보낸 표문表文의 내용을 문제삼은 것이었다. 표문의 내용은 인조말년부터 왜인들의 동태가 심상치 않자, 그들의 방비를 위해 산성과 무기 등을 수리하는 것을 허가해달라는 것이었다. 병자호란 후 산성 등의 수리는 금지조항이었다. 청나라에서는 이 사안을 새롭게 즉위한 효종이 친청세력을 제거하고 북벌을 하려는 것으로 의심하였던 것이었다.

청나라 사신이 관련 당사자들을 불러 문책하는 자리에 이경석도 참석하였다. 청나라 사신의 계속된 힐책에 대해 이경석은, "모두 나의 과실이고 우리 임금님은 알지 못합니다"라며, 모든 것을 자신의 책임으로 돌렸다. 이경석과 함께 이때 문책 대상이 된 인물이 조경趙絅으로, 그는 표문을 보낼 당시 이를 책임지던 위치였던 예조 판서 및 대제학으로 있었기 때문이었다. 청나라 사신이 조경을 계속 문책하자, 이경석은 다시 말하기를, "내가 수상이니 일에 미진함이 있는 것은 모두 나의 책임이다." 하였다. 이경석의 계속된 주장으로 청나라 사신은 더 이상 조경 등을 문책하지 못하고, 이경석과 조경에게 벌을 주도록 하였다.

청나라 사신의 문책은 표문 문제에 그치지 않았다. 조선과 일본이 함께 청나라를 배반하는 것이 아니냐는 의혹으로 심문의 중심이 넘어갔다. 청나라 사신이 크게 노하여, "그러면 너희 나라와 왜국이 다 배반하였는데, 어찌 감히 대국을 속이느냐"고 말하였다. 그러자 이경석은 "왜국의 정세가 지극히 의심스러움이 있었는데, 이만·노협이 겁이 많아서 실수하였다"고 답하였다. 청나라 사신이 더욱 소리를 높여 말하기를, "대국에 아뢴 글은 누가 지었느냐. 반드시 국왕이 한 것이다"며 국왕 쪽으로 책임을 몰고 갔다. 그러자 다시 이경석은, "내가 지었다. 어떻게 국왕이 스스로 지을 수 있는가"라며 역시 모든 책임을 자신에게로 돌렸다. 이후에도 이경석은 소신을 굽히지 않고 끝까지 모든 것을 자신의 책임으로 몰고 갔다.

다만, 그 자리에서 이경석과 함께 자신이 참여하였음을 밝힌 이가 있었으니 이기조李基祚이었다. 즉 같은 자리에서 정명수가 큰 소리로, "이 가운데서 같이 참여한 자가 몇 사람이냐? 과연 영상 혼자 하였느냐?" 하며 계속 다그치자 조선의 대부분 재상들이 모두 가만히 있었는데, 이기조 만이 말석에서 "이런 것을 어찌 수상 혼자 하였겠소. 나도 또한 참여하였소"라고 답변하였다. 이후 이경석만이 홀로 청나라 사신에게 계속 심문을 받았다. 청나라 사신의 심문이 진행되는 동안 조선의 조정 여러 신하들은 벌벌 떨면서 안색이 파랗게 질렸으며, 이경석의 가족들은 그가 죽어서나 나올 것이라 생각하여 초상 치르는 기구를 가지고 사신이 머물던 객관의 문 앞에서 기다렸다고 한다. 당시의 살벌한 분위기가 감지된다. 장시간에 걸쳐 심문이 진행되었으나, 오히려 청나라 사신들도 소신을 굽히지 않는 이경석의 자세에 대해 감동하였는지, 그들 스스로, "동국東國에는 오직 이 정승 한 사람이 있을 뿐이다"고 하였다.

결국 이때의 일은 이경석과 표문을 작성한 조경이 책임을 지는 선에서 마무리 되었다. 이후 이경석의 충정에 감동한 효종과 많은 신하들의 구명운동 결과, 이경석 등은 극형만은 면하고 청나라 사신으로부터 당분간 백마산성에 위리안치하라는 답변을 받아냈다. 이경석 등이 백마산성에 위리안치된 것은, 이곳이 청나라와 조선 사이에 왕래하는 주요 통로로 감시가 용이하였기 때문이었다. 백마산성에 위리안치되었던 이경석은 다음해 2월에 풀려나 서울로 돌아왔다. 삼전도 비문의 찬술도 그러하거니와, 효종 즉위 초 상황에 잘못 대처하였더라면 조선과 청나라는 자칫 외교적 긴장관계에 빠질 수도 있었다. 그러나 이경석의 책임있는 행동으로 결국 큰 문제없이 마무리되었다.

인간적 고뇌, 삼전도비문을 둘러싼 논란

고심 끝에 삼전도비문을 찬술하였고, 국가의 위기에서 스스로 책임을 지고 고통을 감수하였던 이경석이었지만 그의 행동을 둘러싼 비난이 없지 않았다. 대표적인 예가 당대 사림의 대표적인 인물인 송시열과의 갈등이었다. 이경석과 송시열

이경석 궤장 및 사궤장 연회도 화첩(문화재청)

과의 갈등은 국왕 현종이 이경석에게 궤장几杖을 하사하면서부터 노골화되었다. 궤장이란 국가에 공헌한 나이가 많은 공신에게 임금이 하사하는 의자와 지팡이를 말하는데, 관리에게 최고의 영예로 통하였다.

　1668년(현종 9) 11월에 교리직에 있던 이규령이 "이경석에게 노인을 우대하는 은전을 거행하기를 청하옵니다"라고 하자 국왕은 "옛 사례는 어떠한가?"라며 그 전례를 물었다. 이에 대해 이규령은 다시 "(인조가) 이원익李元翼에게 궤장을 하사하고, (효종이) 김상헌金尙憲에게 견여肩輿(고위직의 장례에 사용하던 상여의 일종)을 한 적이 있습니다"라고 답하여 그 전례가 충분하다는 말로 대답하였다. 이때 같은 자리에 송시열에 있었는데, 국왕이 다시 송시열에게 이 일에 대해서 물었다.

그러자 송시열은 "이경석에 대한 전하의 관계가 이원익에 대한 인조의 관계나 김상헌에 대한 효종의 관계와 비교하여 어느 쪽이 더 낫겠습니까? 오직 성명께서 헤아려서 처리하시는데 달려 있을 뿐입니다."라고 대답하였다. 송시열의 대답을 액면 그대로 받아들이면, 국왕의 의지에 따라서는 불가능한 일도 아니라는 것을 받아들여진다. 그러나 실은 이경석에게 궤장을 하사하는 것을 반대한 것이었다. 즉 이경석은 이원익이나 김상헌과는 비교할 수 없으므로 궤장을 하사해서는 안된다는 것이었다.

송시열의 이같은 대답에도 불구하고 결국 이경석에게 궤장이 하사되었으며, 국가의 의례를 주관하던 예조의 요청에 따라서, 이원익의 전례대로 이를 기념하는 잔치인 궤장연几杖宴이 열렸다. 궤장연이 열리던 날 당시 영의정 정태화를 비롯해 조정의 고위 관원들이 모두 참석하여 이를 축하하였다. 그리고 다음날 이경석은 국왕에게 감사의 내용을 담은 전문箋文을 바치면서, 궤장연을 그린 그림의 서문을 송시열에게 부탁하였다.

자신을 조정에 천거하기도 하였던 이경석의 부탁이었기에 송시열을 거절할 수가 없었던지 그 부탁을 받고 서문을 작성하였는데, 그 글에서 1650년(효종1) 당시의 일을 언급하며 "오직 공만이 홀로 한 몸으로 생사를 돌아보지 않고 무서워하지도 않고 동요하지도 않아 나라가 모두 무사하게 되었다"고 평가하였다. 이어 "하늘의 도움을 받아 오래살고 건강하여壽而康하여 끝내 성상의 도움을 받았으니 어찌 다만 우연한 일이리요"라며 국왕에게 궤장을 받은 것을 치하하였다.

여러 가지 수식어를 사용하며 이경석에 대해 그간의 공적을 치하한 것으로 판단되는 송시열의 서문은, 실은 복선을 깔고 있는 것이었다. 복선은 급기야 다음 해인 1669년 4월에 드러나게 되었다. 당시 국왕은 병 치료를 위해 온양온천에 행차하였다. 통상 국왕이 궁궐을 나와 온천 행차 등을 이유로 지방에 오게 되면, 인근 지역에 있는 신하들은 국왕이 있는 행궁行宮에 나아가 문안을 올리는 것이 상례였다. 그런데 이때는 아무도 문안을 드리지 오지 않았던 것이었다. 이경석이 직접 거론하지 않았지만 특히 가까이 있던 송시열이 국왕에게 문안을 드리지 않았다. 이경석은 바로 이 사실을 문제 삼았던 것이었다.

그러자 송시열은 즉각 상소를 올려 이경석의 상소가 부당하다고 공격하면서, 앞서서 언급하였던 "오래살고 건강하여"라는 것이 중국 송나라 손적孫覿의 고사를 원용한 것이라는 사실이 밝혀졌다. 손적의 고사란, 중국 송나라 흠종欽宗이 정강난靖康難 때 금나라에 잡혀 있을 적에 금나라 사람이 항복하는 글을 받으려 하였다. 그리하여 흠종은 어쩔 수 없이 따르던 신하인 손적孫覿에게 항복하는 글을 짓게 하면서 속으로는 손적이 글을 짓지 않기를 바랐다. 그러나 손적은 조금도 사양하지 않고 자기가 속한 송나라의 위신을 깎아내려 오랑캐에게 아첨하는 글을 지었다. 그리고는 항상 사람들에게 "천명을 따르는 자는 보존하고 천명을 거스르는 자는 망한다."는 말을 하므로 어떤 이가 조롱하기를 "그대가 오랑캐 진영에 있을 적에 천명을 따른 것이 매우 심하였으니, 오래살고 건강한 것은 당연하다."고 하니, 손적은 부끄러워 응답하지 못했다는 내용이다. 굳이 언급하지 않아도 알겠지만, 바로 이경석이 삼전도비문을 찬술한 것을 지적한 것이었다.

이경석과 송시열의 갈등은 이때부터 시작된 것은 아니었다. 박세당이 지은 이경석의 신도비문에 따르면, 현종 1년 제1차 예송이 발생하였을 때 송시열이 주장한 견해를 따르지 않았고, 송시열이 효종의 능인 영릉寧陵의 지문을 지을 때 일부 문구를 삭제하라는 이경석의 청을 뿌리친 일, 이경석이 송시열과 예론 문제로 대립했던 윤선도의 위리안치를 철거해 줄 것을 요청한 일, 송시열이 이경석 집안과 혼인하려고 하였으나 이경석이 이를 따르지 않은 일 등으로 이미 갈등은 내재되어 있었는데, 현종대 삼전도비문의 문제로 표면화된 것이라 하겠다.

삼전도 비문에 대한 송시열의 입장도 이해는 된다. 삼전도비문에 대한 송시열의 이같은 입장은 사실 당시 대부분 사람들의 생각이기도 하였다. 즉 평소 오랑캐로 여기던 청나라 황제의 공덕을 치하한다는 것은 상상할 수도 없는 일이었다. 그런데 이경석이 이 글을 썼으니 송시열이 이를 못마땅하게 여기는 일은 당연한 일인지도 모르겠다. 그러나 한편으로 생각해본다면, 이경석의 인간적인 고뇌도 참작하지 않는 송시열의 비난을 너무 가혹한 것이었다. 실제로 송시열이 손적의 고사를 언급하면서 이경석을 비난한 문제에 대해서는 당시 양송兩宋이라 하여 서인 내 송준길마저도 심하다고 언급하는데서도 알 수 있다.

| 참고문헌 |

이성무, 『영의정의 경륜』, 지식산업사, 2012
이성무, 『조선시대 사상사연구2』, 지식산업사, 2009
이은순, 「이경석의 정치적 생애와 삼전도비문 시비」, 『한국사연구』 60, 1988

11
백성들이 갈망했던 명재상, 김육

경세가의 대명사 잠곡 김육

조선왕조는 국왕을 정점으로 관료 지배층이 국가를 운영하였다. 핏줄에 의해 권력을 승계하는 왕조는 국왕의 능력 여하에 따라 국가 전체가 위기상황에 처할 수 있었기 때문에 그러한 위험요소를 최소화하고 안정적인 지배를 실현하기 위해 왕권의 자의성을 규제하고 관료조직의 효율적 운영을 보장할 수 있는 다양한 제도적·이념적 장치를 마련하지 않으면 안 되었다. 그 이념적 장치 중 하나가 바로 민본주의民本主義였다. 유학적 전통에서 백성의 안정은 왕도정치를 구현하기 위한 최우선의 과제였던 만큼 관료를 포함한 당대 지식인들의 사회개혁론이 대부분 여기에 집중되고 있는 것도 우연이 아니었다. 이들은 적극적인 재분배 정책의 운영을 통해 민생을 안정시키고 사회통합력을 높일 수 있는 현실적인 정책을 제시하였다.

그러한 경세가 중 조야를 막론하고 당대 일반 백성으로부터 추앙을 받는 인물이 있었다. 바로 잠곡 김육이었다. 다음 자료를 보자.

조정에서 실제적인 혜택을 받도록 힘쓰면 백성들이 모두들 감격하여 떠받드는 법입니다. 근래에 호서의 사민들이 상신相臣 김육金堉의 초상이 났다는 소식을 듣고는 앞다투어 부조를 했는데, 김육의 집에서 받지 않았습니다. 그러자 또다시 온 도에 통문을 돌려 경계 지점에 비석을 세웠다고 합니다. 한 상신이 남긴 은혜도 오히려 잊지 못하는데, 더구나 나라에서 백성들에게 은택을 베푼다면, 사람들이 깊이 감동함이 또한 어떻겠습니까?

위 기사는 김육의 문집인 『잠곡유고』에 수록된 공조참판 민응형과 효종의 대화 중 일부이다. 김육은 인조와 효종대 관료로 영의정을 지낸 인물이다. 그런데 그가 죽자 충청도 백성들이 앞 다투어 부조를 하고자 했고, 김육 집안에서 이를 사양하자 충청도의 경계 땅에 비석을 세웠다. 과연 김육이 어떤 인물이고, 그가 백성에게 어떤 혜택을 주었기에 역사상 유례없는 일이 벌어졌을까? 그의 삶속으로 들어가 보자.

가평에서 불우하고 궁핍한 삶을 이겨내다.
김육은 1580년(선조 13) 7월 14일 서울 서부 마포리에서 청송김씨 김흥우金興宇와 한양조씨 사이에서 태어났다. 그의 부친은 중종대 기묘명현인 김식金湜의 증손자이고, 모친은 조선전기 개혁의 아이콘이었던 조광조의 증손녀였다. 이런 점을 고려할 때 김육은 경세론가로 성장할 수 있는 가문적 배경이 있었다고 볼수 있다.
그의 어린 시절은 매우 불행하였다. 11세 때 작은 고을의 수령이었던 조부가 사망하였다. 당시 김육의 부친은 아직 관직에 나가지 못한 상태였다. 따라서 조부의 사망은 집안 어른을 잃은 것에 그치지 않고, 경제적으로 궁핍해지는 것을 뜻했다. 2년 뒤에는 임진왜란이 일어나 가족과 함께 피난길에 올랐다. 그러다 1594년(선조 27) 부친이, 1598년(선조 31)에는 조모가, 1600년(선조 33)에는 모친이 연이어 사망했다. 김육은 부모는 물론 장손으로서 할머니의 장례까지 치러야 했다. 피난 중에 연달아 상을 당한 그는 천신만고 끝에 고향 근처에 장사 지냈으나, 원래 가난했던 그의 가세는 이 때 더욱 어려워져 그의 아우와 두 누이를 데리고 서울에 사는 고모댁에 의지하여 지냈다.

　　1605년(선조 38), 26세가 되던 해에 생원시에 합격한 김육은 1611년(광해군 3) 32세에 서인으로서 당시 대북정권의 영수인 정인홍鄭仁弘의 유적儒籍 삭제를 적극 주장하였다. 1613년(광해군 5) 광해군의 이복동생이자 선조의 적자인 영창대군이 강화도로 쫓겨나는 계축옥사癸丑獄事가 일어나자 이 사건을 계기로 대북세력이 전횡하였다. 부친의 스승인 우계 성혼成渾의 당색에 따라 서인으로 규정된 김육은 어려운 정치적 환경과 유교적 인륜에 반하는 일련의 사태에 직면하여, 그 해 경기도 가평군 잠곡 청덕동으로 낙향하였다. 김육은 이곳에 거처하면서 초가를 짓고 회정당晦靜堂이라 불렀다.

　　34세 때부터 44세까지 10년 동안은 농사를 지으면서 생활하였다. 그는 이곳에서 농민의 삶을 직접 체득한 것으로 보인다. "김육이 밭에서 일하고 있을 때 갑자기 부마가 도착하자 그의 부인은 사람을 시켜 밭으로 의관으로 보내고 부마의 행차를 알렸는데, 그는 웃으면서 말하기를 '내가 농사일을 하고 있는 줄 알고 있을 터인데 의관은 갖춰서 뭐하나' 하고 쟁기와 보습을 지고 소를 몰고 돌아왔다."는『대동패림大東稗林』의 일화가 이를 잘 대변해 준다. 훗날 영조가 '재상 김육이 몸소 전답을 갈고 밭이랑에서 독서하면서 벼슬이 재상까지 이르렀다.

그렇지 않았더라면 어찌 백성들의 위하여 대동법을 실시하려고 힘썼겠는가?'라고 할 정도로 가평의 농민 생활은 백성의 삶을 이해하고, 훗날 대동법을 시행하는 원천이 되었다.

그러나 가평에서의 삶은 궁핍했다. 이는 그가 지은 지에서 절실히 드러난다.

우습고도 또다시 우스웁구나	可笑又可笑
생활 방편 졸렬한 내가 우습네	笑我生事拙
오두막집 바람조차 못 가리우고	斗室不蔽風
단지 속엔 쌀 자주 떨어지누나	瓶粟屢斷絶
어린 자식 추운 모습 생각하지만	雖念稚子寒
옷과 버선 마련해 줄 길이 없구나	無計補衣襪
긴 수염에 다리는 맨다리고요	長鬚與赤脚
세모에도 짧은 갈옷 한 벌뿐이네	歲暮唯短褐
소와 말은 두 마리만 있을 뿐인데	牛馬只兩頭
비쩍 말라 등판 뼈가 솟아나 있고	聳立三山骨
한 집에 살고 있는 십여 식구가	一家十餘口
내 한 몸만 바라보며 살아간다네	仰我求救活

불우하고 가난한 농부의 삶을 살아가던 김육에게 희망의 빛이 열렸다. 그것은 서인이 광해군을 몰아내고 능양군綾陽君을 왕으로 옹립한 인조반정이었다. 1623년(인조 원년) 반정으로 서인이 집권하자, 인조는 그해 3월 김육을 의금부 도

사에 제수하였다. 그리고 이듬해 1624년(인조 2) 증광시에 장원으로 급제한 후 음성현감, 안변부사, 충청감사, 개성유수 등을 역임하며 민생을 안정시키고, 좋은 풍속을 만들기 위한 다양한 시책을 강구하여 훌륭한 업적을 쌓기 시작했다.

양호[충청도와 전라도]에 대동법을 시행하다

조선의 세금인 부세제도는 기본적으로 당의 조용조租庸調를 모델로 만들어졌다. 그 중 공납이라 불리는 조調는 조선전기부터 많은 문제점을 내포하고 있었다. 공납은 군현에서 생산되는 물품 즉, 공물을 세금을 징수하는 제도였는데, 시간이 흐르면서 군현에서 생산되지 않는 공물不産貢物이 부과되는 문제, 가호家戶를 단위로 부과되던 까닭에 가난하고 힘없는 백성에게만 공물이 전가되는 문제, 그 사이 공물을 대신 납부하는 이른바 방납업자들의 비위 등 여러 문제가 표면화되었다.

이 모순을 시정하기 위하여 율곡 이이는 1569년(선조 2) 저서『동호문답東湖問答』에서 공물을 쌀로 대신하는 이른바 대공수미법貸貢收米法을 건의하였으나 수렴되지 못했다. 임진왜란이 일어나자 정부는 군량 부족에 봉착하였다. 조선조정에서는 어쩔 수 없이 특산물을 공물로 바치는 대신에 미곡으로 납세하도록 장려하였다. 그러나 전쟁 중에 군량을 조달하려던 목적을 달성하기는 어려웠다. 전쟁이 소강 상태로 접어든 1594년(선조 27), 영의정 류성룡은 대공수미법을 제안하고 이 제안은 토지 1결에 쌀 2말씩을 징수하는 것이었고 그해 가을부터 전국에 시행되었다. 그러나 징수한 쌀의 양이 매우 적고 수시로 현물로 징수하는 일도 많아 1년이 되지 않아 폐지되었다.

임진왜란이 끝나자 농민의 공납 부담이 높아지면서 공납의 폐해는 다시 일어났다. 이런 상황에서 광해군이 즉위하자 호조참의 한백겸韓百謙은 대공수미법 시행을 제안하고 영의정 이원익이 이를 재청하여 1608년 5월에 경기도에 한하여 실시할 것을 명하고 선혜법宣惠法이라는 이름으로 9월부터 실시되었다.

인조반정 직후 정부는 반정의 명분과 정체성을 인식시키고자 광해군대 설치된 임시기구를 폐지하고 공물을 탕감하는 한편, 백성으로부터 재원을 마구 징수하던 조도사調度使를 처형하였다. 그리고 동시에 전국적인 공물변통책으로 강원, 충청, 전라도에 삼도대동법三道大同法을 시행하였다. 이 법을 실시하면서 결당 수세량, 공물 납부의 면제 대상, 대동세 지출의 용도, 대동세의 운반과 보관 등이 논의되었다. 이와 함께 삼도대동법의 주요한 논의로 부상한 것 중의 하나가 바로 지방재정인 관수官需를 비롯한 잡역이었다. 대동법 시행 초기 정부는 지방군현의 수요를 감안하여 대동세를 추가로 수취하고자 했다. 하지만 이 논의가 무산되면서 삼도대동법은 시행된 지 2년이 채 안되어 강원도를 제외한 충청도와 전라도의 대동법은 폐지되고 말았다. 대동세의 담세자인 백성과 그들을 매개로 재정을 운영해가던 지방기관의 수요 즉, 잡역 문제가 해결되지 못한 상황에서 대동법의 효과를 기대하기는 어려웠다.

이 시기 김육은 충청도 음성현감으로 재직하고 있었다. 인조는 이괄의 난으로 공주로 피난 중이었고, 이 과정에서 김육을 음성현감에 임명했던 것이다. 김육은 부임한지 얼마 안되어 고을 내의 부세수취와 관련된 폐단을 적은 보고서를 올렸다. 김육의 보고서에는 음성현의 공물 문제에 대한 해결책이 수록되어 있는데 그것은 이웃의 큰 고을인 청안현에 포함시던지, 아니면 충주의 소속 고을 몇 개를 떼어내어 음성현에 소속시키는 방안 등이었다. 당시 가호당 현물을 걷는 공납제를 토지단위인 결당 쌀로 납부하는 상황에서 김육은 아직 대동법의 취지를 명확히 인지하고 있지는 못했다. 행정구역 개편을 통해 공물을 변통하고 자 했을 뿐이다. 하지만 김육의 '안민安民'에 대한 관점은 후일 그가 끊임없이 반복했던 그것과 다르지 않았다.

대동법에 대한 논의가 다시 일어난 시기는 병자호란 직후인 1638년(인조 16) 9월이었다. 이때 대동법 논의 물꼬를 튼 사람은 충청감사 김육이었다. 그는 도내 전결수를 파악한 후 1결당 쌀 7두를 징수하면, 그 값으로 공물을 포함하여 지방재정을 충분히 충당할 수 있다고 주장하였다. 그러나 쌀 7두로는 공물 이외의 허다한 지방재정을 해결할 수 없다는 비변사의 반대로 무산되었다. 그렇지만 인조대 실패한 삼도대동법과 이후 논의된 공물변통논의는 향후 대동법이 실시될 수 있는 자양분이 되었다.

그리고 1651년(효종 2) 충청도에 대동법을 실시하자는 논의가 대두되었다. 이번에도 법안의 발의자는 김육이었다. 그는 이번에는 결당 수세량을 10두로 책정하였다. 그가 결당 수세량을 증액한 이유는 지방재정원이 부족하다는 비판을 불식시키기 위함이었다. 김육의 상소에 대해서 좌의정 조익, 이조판서 이시백은 동의했으나, 영돈녕부사 김상헌, 호조판서 이기양, 호군 정경세 등 관료들은 반론을 제시했다. 그러나 효종의 결단으로 충청도에 한하여 대동법이 실시되었다. 1651년(효종 2) 7월 호서대동법 실시가 결정되자 조정 안팎에서 격렬한 반대의견이 터져 나왔다. 그 가운데에서도 가장 강력한 반대자는 호남의 산림 안방준安邦俊이었다. 호서대동법과 이를 추진한 김육에 대한 격렬한 비판을 담은 안방준의 상소가 조정에 올라오자, 김육은 서둘러 왕의 결단을 촉구했다. 효종은 김육의 주장대로 대동법을 시행하도록 했다.

1651년 7월 호서대동법 실시 결정 이후 김육이 가장 먼저 취한 조치는 호

조판서직에서 원두표를 축출하고 대동법에 찬성하고 있던 이시방을 그 자리에 앉히는 일이었다. 김육의 인사문제에 대한 개입은 단순히 중앙의 고위관리직에 그치지 않았다. 더구나 대동법의 경우에는 법이 집행되는 현장인 지방의 실무를 총괄 처리하는 감사의 역할이 대단히 중요했다. 김육은 이 점을 잘 알고 있었기에 충청도 서산 출신으로 지역 사정에 밝은 김홍욱을 충청감사로 추천했다. 김홍욱은 호서대동법의 추진과정에서 감사로서 훌륭히 역할을 수행했다. 김육의 이러한 역할은 호남대동법을 추진하는 과정에서도 계속 되었다. 그는 같은 정책 노선을 걷고 있던 서필원을 전라감사로 추천하여 임명되도록 하였다. 호남대동법의 원활한 추진을 위함이었다.

　　호서대동법이 실시되자 곧 정책 효과를 나타냈다. 그러자 중앙관료들 중 대동법을 비판하던 인사들이 자신들의 견해를 바꾸기 시작했다. 이는 실제 의도한 대로 작동할지의 여부를 알 수 없었던 법이 큰 부작용 없이 정책 효과를 보였던 것에 따른 자연스런 현상이었다. 대동법의 효과가 드러나자 1656년(효종 7) 7월 호남지역 유생들이 자신들의 지역에 대동법을 시행하자는 상소를 연달아 올리기 시작했다. 이들은 충청도에만 대동법을 실시하고, 호남에 실시하지 않는 부당함을 호소하면서 전라도의 경우 감색과 토호들이 대동법 실시를 막고 있다고 보았다. 따라서 원하는 지역이라도 우선 대동법을 시행해 줄 것을 요청하였다.

전라도민의 요구가 빗발치자 김육은 전라도에도 대동법을 실시할 것을 다시 한번 요청했다. 그러나 이 시기에는 전국적으로 노비 추쇄가 진행되고 있어 대동법을 시행하기가 여의치 않았다. 게다가 연해지역은 대동법 실시에 찬성하지만, 산군지역은 반대하는 입장을 표명하였다. 이런 이유로 효종은 잠시 보류시켰다. 그러다 이듬해 1657년(효종 8) 6월 노비추쇄가 끝나자 효종 자신이 먼저 대동법의 실시 여부를 묻고 나섰다. 그리고 7월 하순 호남대동법 실시를 위한 논의가 조정에서 본격화되었고, 전라도의 여론에 따라 대동법을 원하는 연해지역에만 실시하기로 결정되었다. 이로써 1658년(효종 9)부터 전라도 연해지역에 대동법이 실시되었다.

그런데 공교롭게도 김육은 1658년(효종 9) 9월 4일 향년 79세의 일기로 사망한다. 그는 사망하기전까지도 전라도 연해지역 대동법의 실시 상황에 예의주시하고 있었다. 임종 직전에 효종에게 올린 상소문의 한 구절에는 대동법을 향한 그의 열망이 여실히 나타나 있다.

호남의 일에 대해서는 신이 이미 서필원徐必遠을 추천하여 맡겼는데, 이는 신이 만일 갑자기 죽게 되면 하루 아침에 돕는 자가 없어 일이 중도에서 폐지되고 말까 염려되어서입니다. 그가 사은하고 떠날 때 전하께서는 힘쓰도록 격려하여 보내시어 신이 계획한 바를 마치도록 하소서.

그렇다고 대동법을 김육 혼자만의 공으로 돌릴 수는 없다. 그 역시 자신이 쓴『호서대동사목』서문에서 '일을 시작하자는 처음의 말은 비록 내가 꺼냈지만, 제공諸公들이 알맞게 변통하지 않았다면 중간에 (개혁의 추진이) 막혀서 시행되지 못했을 것이다. 제공들도 비록 잘 변통하기는 했지만, 이는 실로 성상께서 홀로 결단을 내리고 뜻을 확고히 정해 끝내 성사시킨 데에서 말미암은 것'이라고 서술하고 있는 것으로 보아 효종, 대동법에 적극 찬성한 관료, 그리고 자신 등 삼박자가 두루 맞아 떨어진 것으로 보았다. 그럼에도 불구하고 후대 국왕을 비롯한 관료들이 대동법을 언급할 때 김육을 떠올리는 것을 보면 대동법 시행에 있어서 그의 활약이 매우 많았음을 알 수 있다.

김육의 여러 경제 정책과 영향

대동법 시행과 함께 김육의 경제정책으로는 화폐 유통을 들 수 있다. 고려는 996년에 철전鐵錢의 통용을, 1097년부터 동전의 통용을 추진하였으나 실패하였다. 조선초기에는 지폐라 할 수 있는 저화楮貨, 이어서 동전 통용책이 수차례 추진되었으나 모두 좌절되었다. 김육은 1627년(인조 5)「논양서사의소論兩西事宜疏」에서 처음으로 인민과 국가를 부유하게 하기 위해 동전 통용을 주장하였다. 1644년(인조 22) 9월 대사성 김육은 중국을 다녀온 직후에 점포를 설치하여 동전을 사용하고 동전을 국가에 지불하는 수단으로 사용하되 개성에 이미 동전이 유통되고 있으니 사람의 왕래가 많은 황해·평안도에 우선 시행해보자고 주장하였다. 1647년(인조 25) 개성유수 김육은 개성에 동전이 널리 사용되는 것을 보고 전국적 통용을 확신하여 다시 동전 통용을 주장하였다. 1650년(효종 1) 4월 김육은 진위진향사로 중국으로 가면서 의주에서 평안·황해도에서 동전 통용책을 건의하여 허락을 받고, 6월 돌아오면서 자신의 노자로 중국 동전 15만냥을 바꾸어 돌아오다가 이 동전을 평양과 안주의 도회지에 나누어 두고 먼저 시범적으로 사용하여 통용하였다. 이 시도는 성과를 거두지 못하였다. 1651년(효종 2) 영의정이 된 김육은 효종에게 10년간 기한을 얻어 평안도·황해도·서울에 대해 거센 반발을 무릅쓰고 동전 통용을 강인하게 추진하였으나, 서울 주민의 반발이 심해 1656년(효종 7) 효종은 그 중단을 결정하였다. 동전 유통이 중단된 직후 의주부윤 김휘와 평안감사 유심 등이 지역 주민이 동전 통용을 바란다고 전하자, 효종은 평안·황해도에 동전 사용을 허가하였다. 이후 동전 유통 구역이 점차 확대되어갔다. 그리고 충청도·전라도대동법은 서울 시장을 성장시켰다. 이런 요인이 작용하여 1678년(숙종 4) 영의정 허적이 "지금은 화폐가 잘 유통되지 않으므로 인정이 모두 동전의 통용을 원하고 있고, 대신과 여러 재신도 모두 편리하고 이롭다고 생각하는데, 이는 시행할 만한 시기인 까닭이니 단행하는 것이 마땅할 듯합니다."라고 건의하여 숙종의 허가를 얻어 추진하여 별 난관 없이 성공하였다. 이후 동전 유통책이 성공을 거둘 때 그 추진자들은 김육과 함께 정책 경험을 쌓은 인물들이었다. 이상으로 보건대 동전주화제도가 정착하는데 최대의 공로자는 김육이었다. 대동법과 동전 통용의 업적은 김육이 소신을 실천하는 신념과 추진력의 인물이었음을 보여준다.

김육은 1638년(인조 16) 충청도관찰사로서 각 읍에 명하여 중국의 기술을 도

김육 묘(가평군 소재)

입해서 수차, 즉 물레방아를 만들어 농사를 권장하고 가뭄에 대비하였으며, 또한 전국에 보급하도록 건의하였다. 1644년(인조 22) 9월 김육은 동전의 통용과 더불어 수레의 사용을 건의하였다. 「가장」에 의하면, 그는 솔선하여 수레를 타고 평안도 의주와 중국을 왕래하였다. 조선시대에 수레 사용을 주장한 인물은 많았으나, 그것을 실행한 인물은 드물었다.

한편 그는 경상도 영저읍에 사는 12읍의 세곡 운송 부담을 줄이기 위한 대책도 제시하였다. 영저읍은 통상 조령과 죽령 아래에 있는 군현으로 조령의 영저읍은 문경, 비안, 상주, 안동, 예천, 용궁, 함창 등 7읍, 죽령의 영저읍은 봉화, 순흥, 영천, 예안, 풍기 등 5읍 등 12읍이었다. 지역에 따라서는 '영저[조령] 7읍', '영저[죽령] 5읍' 등으로 지칭되기도 하였다. 영저읍은 도내 군현 중 세곡 거점 조창인 충주 가흥창까지의 거리가 상대적으로 가까워 중앙으로 쌀을 가장 용이하게 운송할 수 있는 지역이다. 이러한 지리적인 여건 때문에 임진왜란 직후 경상도 군현의 전세가 본도에 군사비용으로 유치되고 있을 때도 영저읍의 전세는 가흥창을 통해 중앙으로 상납되었다. 따라서 17세기 이후 영저읍은 계속 육로 운송과 수로 운송의 이중 부담을 감내해야만 하였다.

정부는 영저읍의 전세 운송 문제를 일찍부터 인지하고 있었다. 그래서 수재나 가뭄 등 자연재해로 구휼이 긴박할 때나 호조에서 무명재원作木이 부족할 경우 제한적으로 전세를 무명으로 대신 납부하였다. 이를 작목이라고 한다. 작목은 운송비의 부담이 줄어들기 때문에 일종의 진휼정책의 성격을 띠었다. 영저읍의 전세 작목이 간헐적으로 시행되자 이를 제도화하기 위한 주장이 제시되었다. 그 중심에는 대동법의 주역인 김육이 있었다. 효종 즉위년(1649) 그는 영저읍 운송의 어려움을 해결하기 위한 방안으로 무명 대납을 주장하였다. 전세곡을 무명으로 바꾸어 내면 그만큼 운송비의 절감과 함께 영저읍민이 운송과정에서 겪어야 하는 고통을 해결할 수 있었기 때문이다. 호조판서 이기조는 '영저읍민의 고통은 충분히 이해하나, 전세 작목은 어쩌다 한번 있는 일이요, 매년 시행할 일은 아니다'라는 반박으로 김육의 전세 작목 방안은 무산되고 말았다. 그러나 영조대 이르러 영저읍의 전세는 모두 동전으로 납부되기 시작했다.

또한 김육은 1654년(효종 5)에는 군포軍布 부담을 1필로 줄이면서 진사 · 생원도 되지 못한 사족까지 군포 부담을 확대하자고 제안함으로써, 이후 군역제도 개혁의 논의를 활성화시키고 1750년(영조 26) 균역법均役法의 시행에 이르도록 이바지하였다. 이상에서 알 수 있듯이, 김육은 누구보다도 훌륭한 경제 업적을 쌓았다.

경제적 업적 이외에도 김육은 부지런히 여러 정책을 마련하여 추진하였을 뿐만 아니라, 많은 서적을 간행하고 부지런히 저술하였다. 1642년-1643년간 백과사전인 『유원총보類苑叢寶』를 저술하였다. 그 전 이수광의 『지봉유설芝峯類說』보다 체계적인 유서였다. 1652년부터 편찬한 『해동명신록海東名臣錄』은 통일신라 이후 302명의 대학자, 명신, 충절의 무장, 그리고 종친의 행적과 업적을 다루어, 한국학의 중요한 성과였다. 충청도관찰사 김육은 1638년 기근에 대처하는 방법을 적은 구황촬요와 전염병 치료의 처방을 모아 엮은 『벽온방辟瘟方』이라는 한글로 번역된 두 책을 모아 거듭 손질을 하여 『구황촬요급벽온방救荒撮要及辟瘟方』을 간행하고, 조정에 올려 다른 도에 반포할 것을 청하였다. 이와 같이 그는 평생 백성의 입장에 서서 그들의 삶을 안정시키는데 일신을 바쳤던 것이다. 이러한 삶의 궤적에 많은 백성이 공감했기 때문에 그의 장례식에 앞다투어 부조를 하려고 했던 것은 아닐까 생각한다.

| 참고문헌 |

문광균, 「17~18세기 경상도 북부지역 전세 조달방식의 변화와 作錢制의 실시」, 『조선시대사학보』72, 2015
박병련 외, 『잠곡 김육 연구』, 태학사, 2007
송양섭, 「18세기 조선의 공공성과 민본이념 : 손상익하의 정치학, 그 이상과 현실』, 태학사, 2015
이정철, 『대동법, 조선 최고의 개혁』, 역사비평사, 2010
이헌창, 「김육과 조선왕조시대」, 『내일을 여는 역사』53, 2013

12
직언하는 소신의 경세 관료, 서필원

신하의 본분인 직언을 자임하던 실무관료

두 차례의 전란이 끝나 사회적으로 혼란하던 17세기 중엽, 조선왕조에서 자신이 맡은 바 직무에 최선을 다하며 권력의 눈치를 보지 않는 실무관료가 있었다. 그는 지방관에 나아가서는 지방에 누적된 폐단을 개선하고자 부단히 노력하였고, 중앙 정치인으로 활동 할 때는 소신의 정치를 추구하는 인물이었다. 『조선왕조실록』에 기록된 그의 졸기는 그의 생애를 같이 압축적으로 설명하고 있다.

> 병조판서 서필원이 죽었다. 사신은 논한다. 서필원은 사람됨이 기개를 좋아하고 기이함을 숭상하였으며, 집에서는 검약하고 벼슬살이에는 근신하였다. 그러나 성질이 거칠고 조급하며 또 고집하는 병통이 있어서 일할 때에 자기 뜻대로 결단하고 예법을 따르지 않아 명교名教에 어긋나는 점이 많았다. 이때 돌림병에 걸려 죽은 사대부가 손으로 꼽을 수 없이 많았고, 지난 겨울부터 죽은 재상이 또한 십여 명에 이르렀으니 현달한 관리들의 재앙이 극에 달했다.

그는 육곡六谷 서필원徐必遠이다. 그는 58세가 되던 1671년(현종 12) 6월에 사망했는데, 이는 당시 조선사회를 뒤흔든 경신대기근의 여파에 따른 전염병 때문이었다. 이 기록적인 재난으로 사망자가 거의 백만명에 이르렀는데, 당시 병조판서였던 서필원도 이때 운명을 달리했다.

서필원은 서인 중 한당漢黨계열 관료로서 민본과 변통을 중시하는 실천적 경세가였다. 효종 연간 김육과 함께 대동법을 적극 추진했던 인물로 김육 사후에는 붕당적인 활동보다는 개인의 신념과 사상에 의거하여 활동하였다. 조선시대 주요 당론서인 『당의통략黨議通略』, 『동소만록桐巢漫錄』에 그의 이름이 나오지 않는 이유이다. 현종 연간에는 병자호란 때 홍문관수찬 김만균이 자신의 조모가 병자호란 때 사망했다는 이유로 청 칙사 접대를 거절한 사건을 둘러싸고 서인의 영수였던 송시열과 복수의리復讎義利 논쟁을 벌이면서 공의론公義論 펴기도 했다. 강화유수로 재직할 때는 방어체계를 정비하는데 혼혈을 기울었다.

그럼에도 불구하고 역사학계에서는 아직 서필원에 대한 연구성과가 미진하다. 이런 이유로 일반 국민들이 그의 생애와 활동에 대해서는 알 길이 거의 없다. 이 글을 통해 그의 삶을 조금이나마 조명해보고자 한다.

서필원의 가계와 생애

서필원은 1613년(광해군 6) 서운기와 이택민의 딸 사이에서 태어났다. 본관은 부여이고, 자는 재이載邇, 호는 육곡이다. 부여서씨는 고려시대 병부상서를 지낸 서존徐存을 시조로 삼고 있다. 서존의 9세손인 서정수徐貞壽는 세조대 예산현감으로 재임하던 중 온양에 행차 온 임금에게 잘못한 일로 충청도 은진현(충청남도 논산시 가야곡면 두월리)에 유배되었고, 이후 부여서씨는 이곳에서 세거하였다.

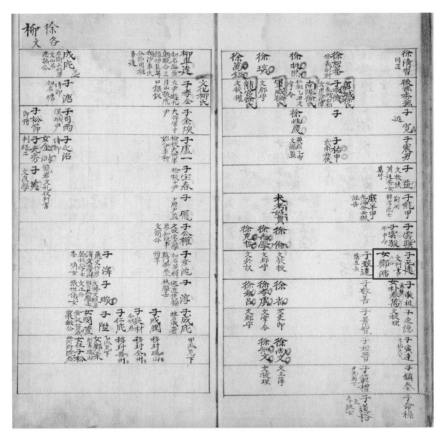

서필원 만가보(한국학중앙연구원)

　　부여서씨가 중앙정계에 진출하여 주목을 받은 것은 서정수의 5세손인 서
익徐益대였다. 그는 선조 연간 의주목사를 역임했는데, 이이李珥를 비방하는 정
여립을 배척하고, 성혼과 정철을 옹호함으로써 그 자신은 물론이고 후손까지 서
인의 당색을 띠게 하였다. 서필원의 증조부가 되는 서익은 서울지역에 일정한

근거를 마련하고 정치활동을 했다. 그에게는 서용갑, 서호갑과 세 명의 딸을 두었는데 서용갑은 김류, 조희일 등과 교류하고 문집을 남길 정도로 명망이 있었다. 그리고 광해군대 좌의정을 지낸 한효순의 사위가 되었고, 두 딸은 당대 명가이던 은진송씨와 수원백씨에게 출가함으로써 중앙에서 명문가문으로 성장하였다. 이렇게 본다며 서필원의 부여서씨 가문은 16세기 이래 지방 출신으로서 중앙 훈척집안과의 혼인을 통해 점차 명문으로 성장해 가는 경기 지방의 다른 가문과 비슷한 과정을 거치고 있었다.

그러나 서필원의 작은 할아버지가 되는 서양갑이 1613년^(광해군 5) 계축옥사의 수괴로 몰려 처형되면서 큰 시련을 겪게 된다. 집안의 인물들이 귀양가는 것은 물론 가산마저 적몰되어 서울의 기반이 완전히 붕괴되었다. 서필원이 조부인 서용갑과 부친 서운기가 귀양가있던 함경도 이산부에서 출생한 것도 이 때문이었다. 인조반정이 일어나 서인이 집권함으로써 그들의 신원은 풀렸지만, 생활터전을 잃은 서필원 가족은 원래의 고향인 은진으로 돌아갈 수밖에 없었다. 그럼에도 불구하고 서필원은 이후 서울을 왕래하였고, 효령대군의 후예인 이성간의 딸을 부인으로 맞으면서 처가가 있는 서울을 자주 출입하다가 27세가 되던해에 거주지를 서울로 옮겼다.

1633년^(인조 11) 진사시에 합격한 서필원은 1648년^(인조 26) 문과에 급제하였다. 이후 언관직을 두루 거치면서 직간直諫한다는 평판을 받았고, 충청도 관찰사로 나가서는 서원이 끼치는 민폐를 들어 도내 서원에 대한 철폐를 주장하다가 언관이던 민정중으로부터 공격을 받았다. 그러나 영의정 정태화와 좌의정 김육 등에게 시무를 아는 경세가로서 능력을 인정받아 후일 김육의 추천에 의해 전라도대동법 실시를 주관하였다. 김육 사후 현종 연간 송시열 등 서인 산당山

黨계열로부터 맹렬한 배척을 받아 벼슬에서 물러나기도 했으나, 한당계의 후원과 현종의 신임으로 총융사에 임명되고, 병조판서 등 요직을 지냈다. 그러나 1670~1671년(현종 11~12)에 발생한 대기근과 이로 인한 전염병으로 인해 59세의 나이로 병사하였다.

한당漢黨의 일원으로 안민익국安民益國을 위하다.

서필원이 본격적으로 활동하던 인조 말엽에는 서인의 주도 아래 국정이 운영되고 있었다. 그 중 서인은 낙당洛黨, 원당原黨, 산당山黨, 한당漢黨 이라는 4개의 분파가 있었다. 그 중 낙당과 원당은 상낙부원군 김자점과 원평부원군 원두표를 각기 영수로 했는데, 이들은 공신세력에서 갈라져 나온 것이었다. 반면 산당은 김집, 송준길, 송시열을 영수로 하되 모두 충청도 연산, 회덕의 산속 사람들이어서 산당이라 지목하였고, 한당은 김육과 신면을 중심으로 대개 서울과 그 인근에 사는 사람들이었으므로 세상에서 한당이라 불렀다.

한당은 인조 대 큰 힘을 발휘하지는 못했으나 효종 연간 김육이 정승에 제수되고, 대동법이 본격적으로 추진되면서 신임을 받기 시작했다. 게다가 1651년 (효종 2) 김육의 손녀가 세자빈에 간택되면서 김육의 지위는 한층 굳어졌다. 김육은 국정이란 한두 사람의 책임 아래 수행되어야 한다는 평소 지론대로, 자신의 주관 아래 '안민익국安民益國'을 위한 구체적 방안으로서 대동법의 실시와 화폐사용 등 개혁의 방안을 시행하였다. 그 사이 김자점의 역모가 발각되어 김자점은 물론, 그와 공모해 청을 끌어들여 산림을 제거하려 했다는 죄목으로 신면이 장살되는 파란이 있었으다. 그러나 김육의 지위는 별다른 영향을 받지 않았다. 그리하여 이시백, 한흥일, 조경, 민응형, 이시방 등 한당에 속하는 인사들 중심으로 대동법을 추진해 갔다. 서필원 역시 한당으로 이들과 같은 길을 걸었다.

김육 중심의 한당의 정권 주도는 1654년(효종 5) 효종이 부국강병책으로 선회하면서 마감된다. 북벌을 염두에 두었던 효종은 원두표를 병조판서로 삼아 강병의 효과를 거두게 하고, 김익희를 이조판서로 발탁하여 강병에 따르는 재원을 마련하도록 했다. 김육은 이러한 부국강병책이 결국 백성을 안정시키지 못한다고 끝가지 반대하였으나 효종의 마음을 돌리지는 못했다. 이후 김육은 판돈녕부사로 물러났고, 이후 한 두 차례 영의정에 임명되기는 했으나 자신의 지론과 다른 정책이 집행되는 속에서 결국 사퇴하였다. 그러나 자신의 염원인 대동법의 완결을 보기 위해 경세의 재주가 있다고 판단한 서필원을 특별히 뽑아 올려 전라감사로 추천하여 전라도대동법을 관장하게 하였다.

효종말 현종초 산당의 일방적 독주 속에 한당은 김육의 죽음에 따른 타격에서 벗어나지 못하고 실세한 채로 있었다. 그런데 이때 산당 역시 예송에서 남인으로부터 공격을 받아 송시열 등 산림의 입지가 손상된 상태였다. 1664년(현종 5) 김만균 사건으로 송시열과 서필원 사이에 큰 논쟁이 일어나고, 그 과정에서 일반 관료층으로부터 상당한 지지세력을 확보하게 되면서 한당은 김육의 장자인 김좌명과 서필원을 중심으로 세력을 만회하였다.

서필원은 김육에 의해 발탁된 인물인 만큼 정치적으로 김육의 노선을 충실히 계승하였고, 경제이념적으로도 김육의 안민익국론에 적극 동의하였다. 안민익국론은 수취제제의 개편을 통해 민생안정과 동시에 재정확보를 기하려는 주장이다. 어떻게 본다면 안민安民은 겉으로 드러난 표방일 뿐 익국益國이 보다 근본적인 테제일 수 있다. 적어도 국가경영을 책임진 집권자로서 국가재정 문제는 그만큼 절박할 것이기 때문이다. 바로 이점에서 그들은 양민養民을 우선하여 국가재정을 감축하는 방식을 취한 산당계와 이념을 달리하고 있었던 것이다. 이러한 국가운영에 대전제로 인한 차이 때문에 서필원은 정치활동 내내 산당과 갈등 양상을 보였다.

서원의 문제를 직시하고, 철폐를 주장하다

조선시대 서원이 도입되어 설치된 시기는 이미 잘 알려진 바와 같이 16세기 중엽 중종대였다. 1543년(중종 38) 풍기군수 주세붕이 경상도 순흥에 백운동서원을 창건했고, 몇 년 후 같은 지역에 군수로 부임한 퇴계 이황의 요구로 이것이 소수서원으로 사액되었다. 이후 이황과 그 문인들의 보급노력에 의해 명종 연간 점차 서원의 건립되면서 뿌리를 내리게 되었다. 이로부터 서원은 유생을 성리학으로 무장시키고 이를 실천하는 수기를 통해 유학적 인격의 완성된 형태인 군자적 존재로서의 사림을 양성하기 위해 강학講學 · 장수藏修 기관으로서 위상을 확립하였고, 나아가 바로 이들 사림이 17세기 사회를 주도하는 세력이 되면서 본래의 기능 외에도 사림활동의 근거지로서 정치 · 사회적 역할의 범위는 확대되었다.

서원이 정치 · 사회적으로 주목받으며 그 역할이 커진 것은 이른바 산림세력이 본격적으로 진출하는 17세기 중반 이후였다. 이 시기는 붕당정치가 성리학적 이념과 밀접하게 연관되는 명분과 의리 중심으로 전환되어 향촌사림의 여론이 중앙정치의 향방에 크게 영향을 미치게 되었다. 당시 향촌사림은 이러한 붕당정치의 전개과정 속에서 중앙정치세력과 연계하여 향촌에서 자신들의 지위를 공고히 하려 하였고, 중앙관료들은 지방의 서원조직을 통해 자파의 정치적 입장을 강화하려 하였다. 따라서 당시 향촌사림의 여론을 수렴하는 일차적 거점이었던 서원의 역할은 더욱 증대될 수밖에 없었다.

17세기 서원이 지나치게 많이 건립되면서 이에 대한 폐단도 늘어났다. 1644년(인조 22) 경상감사 이담의 서원폐단 상소를 계기로 서원건립을 정부에 알려야 한다는 규정이 생겼고, 이후부터 서원에 대한 간섭이 시작되었다. 그러나 효종 즉위 후 산당 중심의 산림세력이 권력을 잡자 기호학파 중심 인물을 배향하는 서원이 지나치게 늘어나고 있었다.

1657년(효종 8) 충청감사로 재직 중이던 서필원은 전란 이후 무너진 경제와 민생 복구에 힘써야 함에도 불구하고 서원이 무분별하게 건립되어 재원을 낭비하는 상황을 지적하였다. 그가 지적한 문제점은 서원에 적을 둔 사족들이 향교생을 노예처럼 대우하는 점, 서원이 양민과 천민을 모입하여 마음대로 사역시키는 점, 서원 내에서 붕당을 만들어 서로 헐뜯는 점, 서원에서 제물을 낭비하는 점 등이었다. 이어 서필원은 서원으로 명명하기에 부족한 것은 향사鄕祠로 강등하거나 철거할 것, 현재 제향하는 인물 중 합당치 않은 인물이 있으면 빼고, 한 도 안에서 중복하여 건립하는 첩설을 금지할 것, 서원 건립은 반드시 국가의 승인을 받을 것 등을 골자로 하는 장계를 올렸다. 이 상소는 예조판서 채유후의 지지를 받아 정책으로 결정되었다.

그러나 산림계 인사인 홍문관 응교 이정영과 부응교 민정중이 반대하면서 논란이 되었다. 결국 반대론이 우세하여 서원의 첩설과 남설에 대한 통제책은 무산되었다. 영의정 정태화와 영돈녕부사 김육의 건의로 인해 창건 시 국가의 승인을 받는다는 규정만 확정하게 되었다.

당시 상황은 서원을 자신들의 정치적, 사상적 기반으로 확장하려는 산당계의 권력이 더 컸기에 실무관료적 성향을 지닌 서필원의 대책이 제대로 반영되지 못했다. 그러나 정태화가 '만일 서필원이 아니면 이런 장계를 올리지 못했을 것이다'라고 말한 것과 김육이 '근래 서원의 창설이 날로 점점 늘어나고 있지만 그 다스림이 옛날을 따라가지 못한다'라고 서필원을 두둔한 것은 당시 관료들에게 그의 경세관이 현실적이었음을 보여준 것으로 이해된다. 이 시기 서원 정리와 철폐는 시행되지 못했지만, 영조대 서원 남설이 정책적으로 시행되고, 훗날 흥선대원군의 서원철폐령으로 이어졌다는 점에서 의미가 있다.

충청도와 전라도의 대동법을 추진하다.

1651년(효종 2) 충청도에 호서대동법이 실시되었다. 그러나 호서대동법 실시 초기 새로운 제도 운영에 대하여 많은 문제점이 노출되었다. 대동법은 백성이 토지 1결당 쌀 12두를 선혜청에 납부하면, 선혜청에 공인貢人이라는 업자를 지정하고, 그들에게 값을 주고 물품을 구매하는 제도였다. 그러나 공인이 선혜청으로부터 대가를 지급받았음에도 불구하고 공물을 마련하기 어려운 문제가 노출되었다. 지방군현에 새로운 경제제도를 정착시키는 것도 쉬운 일은 아니었다. 즉, 대동법은 백성을 위해 하는 것이란 위민爲民의 명분을 내걸었지만, 실제 운영은 별개의 것이었다. 호서대동사목이 대동법 시행이 내려진지 2년만인 1654년(효종 5)에 작성된 것도 이러한 상황을 반영한 것이었다. 따라서 호서대동법의 성패는 향후 대동법 전반에 영향을 미치는 중요한 문제였다.

서필원은 1656년(효종 7) 충청감사에 제수되었다. 당시 충청감사직은 전임 권우가 신병으로 인해 물러나면서 공석으로 있던 상태였다. 이조가 충청감사의 적임자를 찾기 어려워하고 있자, 효종은 직접 낭청을 승진시켜 임명하는 것이 좋겠다면서 직접 이조정랑 서필원을 지목하였다. 결국 이조가 효종의 의견대로 인사를 단행함으로써 서필원은 정랑에서 감사로 파격 승진하였다. 그만큼 서필원에 대한 효종의 신망이 두터웠음을 알 수 있다. 서필원은 충청감사로 약 1년을 재직했는데, 그 기간동안 호서대동법을 안정적으로 운영하는 한편 서원의 남설 금지, 충청병영의 산성 이전, 충청수군의 폐단 개혁 등 여러 정책을 제안하였다. 효종은 서필원의 개혁에 대하여 헤아림이 매우 상세하다라면서 '만약 조금 개혁 하면 조금 이익이 있고, 크게 변통하면 큰 이익이 있다'라며 칭찬했으나, 비변사 와 병조의 반대로 시행에 옮겨지지 못한 정책들이 많았다.

1658년(효종 9)에는 전라감사로 임명되었다. 호서대동법이 긍정적 효과를 보자 다시 전라도의 대동법 시행이 논의되었다. 전라도 내에서도 대동법 시행 에 찬반 논쟁이 많아 연해고을과 산간고을로 나누어 실시하기로 하였다. 산간 고을보다 연해고을에서 대동법이 추진되기를 원하는 이들이 많았기 때문에 연 해부터 먼저 실시하게 되었다. 그러나 당시 대동법을 총지휘하고 있던 김육은 고령으로 전라도 대동법 시행을 완수하기에 어려움이 있자 대동법 실시의 기반 을 다 갖춰놓은 이후 그 실무자로서 서필원을 추천하였다. 김육이 서필원을 발 탁한 이유는 같은 한당이면서도 충청감사로서 대동법을 시행해 본 실무 경험이 있었기 때문이었다.

전라감사로 부임한 서필원은 부임 직후 연해고을 대동법의 시행 상태를 살 피면서 '대동법은 호서에서 행하여 이미 효과를 본 법입니다. 그것이 백성을 편 히 함을 알았다면 그것을 들어서 행하면 그만이지, 어찌 사사로운 불편을 이유로 반은 행하고 반은 행하지 않아 국체를 손상시키겠습니까?'라면서 대동법을 산간 고을에도 확대 실시해야 한다는 보고서를 올렸다. 아울러 동시에 연해지역 대동 세 1결당 13두는 너무 과도하니 쌀 1두를 감하여 12두로 낮추자고 했다. 서필원 의 의견은 당시 수렴되지 못했다. 그러나 얼마 안되어 대동법은 전라도 산군고

서필원인정비(논산시 소재)

을로 확대 실시되었고, 그가 주장한 1결당 12두의 대동세도 1666년(현종 7)에 시행되었다. 1659년(효종 10) 전국적으로 흉년이 들었을 때 자신의 봉록을 내어 백성을 구휼하고, 소 전염병이 돌아 경작이 어려울 때에는 다른 도로부터 소를 얻어 나누어 주었다. 이를 기리기 위해 전라도민은 익산군 황화정에 인정비人政碑를 세우기도 했다. 이와 같이 그는 충청도와 전라도에 대동법이 시행될 때 각도의 감사를 역임하면서 대동법이 흔들리지 않고 추진될 수 있도록 혼혈의 힘을 기울이는 한편 백성 구휼에도 적극적이었다.

강화도 방어체계를 쇄신하다.

강화는 본래 종3품의 부사가 파견되던 곳이었다. 그러나 임진왜란과 병자호란을 겪으면서 조선정부는 도성방어체계에 관심을 갖게 되었고 그 대표적인 방어지가 된 것이 강화도였다. 강화도는 서울에 인접해 있으면서도 좁은 해협을 끼고 있어 천연의 요새를 이루는 곳이었다. 더욱이 수로를 통해 서울로 직접 통할 수 있어 군사적 요충지로 주목받을 수밖에 없는 곳이었다. 그러면서 강화는 종2품의 유수가 파견되는 유수부로 승격되었다.

강화의 유수부 승격이 제안된 것은 광해군대였다. 광해군은 신중한 태도를 보이면서 비변사에서 결정하도록 지시했다. 우의정 조정趙挺은 강화도가 군사 요새의 기능을 수행하기에 적절한 지역이라는 점을 강조하며 유수부 실시를 주장했지만 별다른 조치가 취해지지는 않았다. 그러다 정묘호란 당시 인조가 강화도로 피난한 이후 강화를 맺고 환도하기 직전에 행재소였던 이곳을 유수부로 승격시켰다. 강화의 유수부 승격에 따라 갑곶甲串에 창고를 짓고 읍성 서쪽에 화약고를 설치했으며, 남문 밖에 훈련청訓練廳을 건립했다. 그러나 병자호란 당시성이 함락되고 피난하고 있던 세자와 빈궁 등이 포로로 잡히게 된 사건을 계기로 우의정 이성구李聖求의 건의에 따라 강화유수를 다시 부사로 강등시켰다. 그러다 효종대를 전후하여 군비 강화 문제가 크게 제기되자 다시 유수부로 승격하여 운영했다.

서필원은 전라감사를 역임한 이후 함경감사와 황해감사 등 북부지역의 감사직도 두루 역임했다. 그리고 1665년(현종 6)에는 강화유수에 제수되었다. 그는 1668년(현종 9)에 호조참판으로 이직할 때까지 약 3년 넘게 유수로 있으면서 강화도 방어체계를 강화하는데 힘썼다.

먼저 서필원은 이원화되어 있던 강화도의 육군과 수군을 육군중심으로 일원화하고자 했다. 그는 '수·육군이 모두 잘 정비되어 있으면 어찌 좋지 않겠는가? 단지 군병 숫자가 적어 병력을 수·육군으로 나눌수 없으니, 오로지 육군으로만 방어해야 한다'라는 입장을 가지고 있는가 하면, '강화도는 수군을 사용할 곳이 못되고 만일 사변이 있게 되면 피난의 장소 밖에 못 된다'라고 인식하고 있었다. 이러한 그의 주장은 「강도사목江都事目」으로 구체화되었다. 조선정부는 강화 내부에 있던 초지·제물·월곶·용진진을 육군진으로 전환하였으며, 덕포·

철곶·정포진을 각각 통진·풍덕·교동으로 옮기게 했다. 또한 이 지역 수군 400명을 육군으로 바구어 강화부에 배치시켰으며, 옮겨진 덕포·철곶·정포진에 부방하는 군사들도 육군으로 충당하게 하였다. 1666년(현종 7) 덕포·철곶·정포진에 육군 315명이 배치되면서 강화도 수군진은 모두 철폐되었다.

그러나 이 조치는 다른 신료들의 반발을 야기했다. 지중추부사 이완李浣은 '적이 강가에 도달했을 때 수군으로 병력을 과시'할 수 있다면서 수군의 유용성을 강조하면서 수군의 전면 폐지를 반대하였다. 여기에 병조판서 홍중보洪重普와 좌의정 허적許積까지 반대의견을 피력하자 결국 현종은 어느 정도 이들의 의견을 수렴하지 않을 수 없었다. 결국 폐지된 수군진은 모두 월곶진을 중심으로 육군진관에 새롭게 편제하는 한편, 덕포진을 제외한 철곶·정포진은 서필원이 강화유수를 그만 둔 1669년(현종 10) 다시 강화도 내부로 이동했다.

다음으로 서필원은 섬 안에 있던 마니산성을 헐어버렸다. 얼핏 보면 마니산성은 군사요충지로 강화도 방어의 최후의 보루로 인식될 듯하다. 그러나 서필원은 산성은 적이 섬에 들어온 후에 도망가는 곳이라면서, 연해를 능히 방어하지 못하고 적이 연안을 장악하게 되면 마니산성은 외로운 성에 불과하다고 보았다. 그러면서 마니산성을 허물지 않으면 백성이 연해를 방어하는데 태만해질 것이니 산성을 허물어 해안경비체계를 강화하자고 했던 것이다. 비변사는 이러한 서필원의 강화도 방어책에 대해 곱지 않은 시선을 가지고 있었다. 그러나 현종이 결국 서필원의 손을 들어주었다. 당시 강화도민은 그를 가리켜 '만고의 일인'이라며 그를 칭송하였다고 한다. 이러한 서필원의 노력을 기리기 위해 강화도민은 애민선정비를 세웠다.

| 참고문헌 |

강정인, 「17세기 관료학자 서필원의 정치활동과 경세관」, 건국대 석사학위논문, 2013

송기중, 「17세기 수군방어체제의 개편」, 『조선시대사학보』53, 2010

송양섭, 「17세기 강화도 방어체제의 확립과 진무영의 창설」, 『한국사학보』13, 2002

정만조, 「17세기 중반 한당의 정치활동과 국정운영론」, 『한국문화』23, 1999

정만조, 「조선중후기 경기북부지역의 토지변천과 집성촌의 발달」, 『북악사론』8, 2001

13
새로운 조선왕조를 꿈꾼
경세론의 대가, 유형원

17세기 피폐해진 조선왕조와 유형원

17세기를 전후하여 임진왜란과 병자호란은 조선사회에 많은 영향을 주었다. 두 차례의 전란은 무수히 많은 생명을 앗아갔고, 백성들의 삶의 토대인 터전을 송두리째 무너뜨렸다. 여기에 급변하던 동아시아 사회로 인해 새로운 대외관계가 성립되었다. 따라서 17세기 조선사회는 조선전기에 정비된 국가제도로 운영하기에는 한계가 있었다. 새로운 제도 수립이 절실한 시기였다.

이 시기를 직접 경험하고 목도한 인물 중 한명이 바로 반계 유형원이다. 중등과정 교과서에 수록된 까닭에 국민 대다수가 그와 그의 저서인 『반계수록磻溪隨錄』에 대해서는 알고 있다. 그리고 경세론의 백미로 꼽히는 공전제公田制도 한번 쯤을 들어보았을 것이다. 관료에 나아가지도 않았고 더구나 산림도 아니었지만 그가 교과서에서 비중있게 다루어지는 것은 결코 우연이 아니다. 그의 경세론은 성호 이익, 순암 안정복, 다산 정약용 등 한 시대를 풍미한 남인 학자들로 이어졌다. 동시에 영조대 균역법을 추진한 홍계희 등 노론들도 그의 저서에 관심을 가지고 있었다. 특히, 영조가 『반계수록』을 간행하거나, 정조가 수원화성 축성과 관련하여 '그의 글을 보지 못했는데도 본 것과 같고 그의 말을 듣지 못했는데도 이미 쓰고 있으니, 나에게 있어서는 아침 저녁으로 만난 사람이라고 말할 수 있 겠다'라고 평가할 만큼 그의 경세론은 국왕을 비롯하여 조야의 관료들과 지식인 이 두루 공감하고 있었던 것이다.

따라서 그의 생애를 살펴보고, 『반계수록』에 담긴 개혁론과 사상을 살펴보 는 일은 조선후기 사회를 이해하는 중요한 일이라 할 수 있다.

불우한 삶의 연속과 전라도 부안 낙향

유형원은 본관이 문화로, 자는 덕보^{德甫}, 호는 반계이다. 1622년^(광해군 14) 서울 에서 유흠과 여주이씨의 사이에서 태어났다. 그는 선대는 조선전기 이래 대대로 사환에 성공하였고, 유흠 역시 광해군대 예문관 검열을 지냈다.

그러나 그가 태어난 이듬해 부친이 '유몽인의 역모'에 연루되어 옥사하는 사건이 발생했다. 유몽인은 문과에 장원급제하고 광해군대 도승지, 이조참판 등 의 요직을 지낸 인물로 당시 인목대비의 폐모론^{廢母論}에 가담하지 않았기 때문 에 인조반정 이후에도 화를 면할 수 있었다. 그러던 중 '유몽인이 광해군의 복 위를 꿈꾸고 있다'라는 서인세력들의 모함을 받게 되고, 이 사건으로 인하여 역 옥에 걸려 처형되었다. 유형원의 부친 유흠도 이 무고사건에 연루되어 화를 당 해야 했다.

유형원의 당색은 북인계 남인이었다. 그는 이원진과 김세렴에게서 학문을 배웠다. 그의 외숙부인 이원진은 제주목사, 평안감사 등을 지냈고, 고모부인 김

세렴은 호조판서를 지낸 인물이었다. 이들에게서 수학하던 유형원은 7세에『서
경書經』을, 9세에는『주역周易』을 읽었으며, 10세에는 경사학經史學 뿐만 아니라
제자백가諸子百家에 이르기까지 많은 서적을 읽었다. 선조의 딸인 정휘공주와 결
혼한 전창위全昌尉 유정량이 유형원을 만나고자 '우리 집에 중국 판본의 서적이
서가에 가득한데, 한번 와서 훑어보는 것이 어찌 해가 되겠는가?'라며 서신을 전
했으나 이를 거절한 일화가 전할만큼 그는 어릴적부터 박학하였다. 13세가 되
어서는 위기지학爲己之學에 힘쓰기 시작했다. 학문은 누구에게 보여주기 위해 하
는 것이 아니라 성현이 되기 위해서, 자기의 마음을 수양하기 위해서 하는 것이
라는 신념을 가지고 있었다.

　　1636년(인조 15)에 발생한 병자호란은 유형원의 삶에 지대한 영향을 끼쳤
다. 당시 15살이던 그는 모친과 조부모, 그리고 고모를 모시고 원주로 피난갔다.
그 사이 전쟁은 치욕스럽게 끝이 났다. 인조는 왕조유지의 마지막 보루保障處라
고 생각하던 남한산성에서 내려와 청 태종에게 삼배구고두례三拜九叩頭禮를 행하

고, 항복선언을 했다. 일명 삼전도의 굴욕이라 불리는 이 사건 이후 조선왕조는 종래 천자국으로 모시던 명을 대신하여 청나라에게 사대를 해야만 했다. 유형원은 병자호란 이후 친명배청親明排淸의 세계관을 갖게 되었다. 유형원은 병자호란이 끝난 후 여러 곳의 선영을 다니며 두루 살피고, 전쟁 직후에는 부안으로 이주한 조부를 뵙기 위해 전라도 부안 땅에 왕래했다. 훗날 부안으로 낙향하게 된 계기는 여기에서 비롯되었다.

1639년(인조 18)에는 우의정을 지낸 심수경의 증손녀이자, 철산부사였던 심항의 딸인 풍산심씨와 혼인하여 가정을 꾸렸다. 이후 경기도 지평 화곡리, 여주 백양동 등으로 거주지를 옮기며 생활했고, 20대 초반에는 함경도, 평안도, 경상도를 두루 유람하였다. 그가 지리학에 정통하고 지방군현 개편을 주장했던 것은 직접 답습하고 돌아다닌 경험에서 비롯되었다. 1644년(인조 23) 명나라가 멸망하던 해 조부모가 돌아가셨고, 1648년(인조 27)에는 모친마저 돌아가셨다. 그리고 30세가 되던 1651년(효종 2) 조부의 염원에 따라 과거에 응시하였으나 합격하지 못했다. 조부는 이때 돌아가셨다. 부친 없이 성장한 유형원에게 조부의 죽음은 큰 충격이었다.

조부의 복상기간이 끝나자 1653년(효종 4) 유형원은 귀거래사를 읊으며, 조부가 터를 잡고 살던 부안현 우반동으로 이거하였다. 그리고 이듬해인 1654년(효종 5) 진사시에 응시하여 2등 3위[100명 중 8번째]의 우수한 성적으로 합격하였다. 그러나 이후 대과에 응시하지 않고, 초야에 묻혀 『반계수록』이라는 명작을 집필하는데 몰두하였다. 그리고 1673년(현종 14) 3월 19일, 유형원은 우반동 정침에서 숨을 거두었다. 향년 52세였다. 그 해 5월 죽산 용천 정배산 선영 아래 안장되었다.

유형원묘 일원(용인시 소재)

『반계수록』의 편제에 담긴 유형원의 개혁구상

그는 평생 관직을 멀리하고 산수를 즐기고 학문을 좋아했다. 그는 나라의 근본인 농민들이 편안하게 살 수 있는 나라, 부국강병의 나라, 공적인 제도에 따라 운영되는 나라가 되기를 바랐다. 그의 이러한 이상국가는 『반계수록』에 고스란히 스며있다.

『반계수록』의 저술 시점에 대해서는 그 연대가 정확히 명시되어 있지 않아 학자들 사이에서 여러 가지로 논의가 진행되고 있다. 유형원이 1652년(효종 3)에 원고를 쓰기 시작하여 1670년(현종 11)에 완성하였다고 하는 주장이 있는가 하면, 그 시작을 이보다 훨씬 늦은 1660년(현종 1) 이루어진 것으로 보는 이도 있다. 하지만 표제인 『수록隨錄』이 '생각이 미치는 대로 그때그때 적은 글'에서 출발하였다고는 하나 이는 저자의 겸손함에서 나온 말이고, 실제 그 체계와 내용에서 고금의 서적을 널리 인용하여 열거한 점과 그 당시의 국정 전반을 아우르는 내용이 저서에서 실증적으로 논의되고 있다는 점 등을 미루어 볼 때 오랜 시일에 걸쳐 이루어진 역작임은 분명하다.

『반계수록』은 『수록隨錄』 26권과 『보유補遺』 1권으로 구성되어 있다. 그 중 26권은 전제, 교선지제, 임관지제, 직관지제, 녹제, 병제, 속편 등 7개 부문이며, 보유에는 군현제가 수록되어 있다. 분량 면에서 전제가 8권으로 가장 많고, 교선지제, 직관지제, 병제가 각 4권, 나머지 임관지제와 속편이 각 2권을 차지하고 있다.

유형원은 전제~병제까지 6개 범주는 본문과 후록 13권에 자신의 개혁안을 제시하고 여기에 해당하는 고설攷說을 각권에 동일한 권수로 편제하였다. 고설은 해당 분야와 관련된 중국과 우리나라의 역대 논의 중 중요하다고 판단한 역사적·철학적 전거를 채록·편집한 것으로 유형원이 자신의 개혁안에 실증성과 설득력을 불어 넣기 위한 장치로 생각된다.

:: [표 3] 『반계수록』의 편목과 내용

권수	편목	내용
1	전제(田制)	현행 토지제에 관한 저자의 개혁방안
2		
3	전제후록(田制後錄)	토지제도와 직간접적으로 관연이 있는 호적, 조운, 경상비, 화폐, 시장 등에 관한 저자의 개혁방안
4		
5	전제고설(田制攷說)	중국을 비롯한 본국의 각 왕조별 전제에 관한 역사적 고찰
6		
7	전제후록고설(田制後錄攷說)	전제후록에 앞서 언급된 항목에 관한 역사적 고찰
8		
9	교선지제(敎選之制)	교육(학교 및 과거제도)에 관한 저자의 개혁방안
10		
11	교선고설(敎選攷說)	교선지제의 내용에 관한 역사적 고찰
12		
13	임관지제(任官之制)	관리 임명과 그 상벌 등에 관한 개혁방안
14	임관고설(任官攷說)	관리 임명과 그 제도에 관한 역사적 고찰
15	직관지제(職官之制)	관제에 관한 개혁방안
16		

권수	편목	내용
17	직관고설(職官攷說)	관제에 관한 역사적 고찰
18		
19	녹제(祿制)	녹봉제도에 관한 개혁방안
20	녹제고설(祿制攷說)	녹봉제도에 관한 역사적 고찰
21	병제(兵制)	군대제도에 관한 개혁안
22	병제후록(兵制後錄)	병제와 직간접적으로 관련이 있는 축성, 전차, 군마, 우역 제도 등에 관한 개혁방안
23	병제고설(兵制攷說)	군대제도에 관한 역사적 고찰
24	병제후록고설(兵制後錄攷說)	병제후록에 앞서 언급된 사항에 관한 역사적 고찰
25	속편(續編)	예의, 제도, 풍속, 노비제 등에 관한 개혁방안
26		
보유	수록보유(隨錄補遺)	군현제에 관한 개혁방안

우선 가장 앞머리에 배치된 전제는 전체 27권 가운데 8권으로 분량 상 가장 많다. 유형원은 전제야말로 민산, 부역, 호구파악, 군대, 송사 등의 문제를 좌우하는 가장 핵심적인 제도로서 이를 바탕으로 사회적 분쟁이나 불법을 방지함으로써 국가와 사회의 공동체적 결속력을 높일 수 있는 중요한 부문이라고 하였다. '천하지대본'으로서 토지의 분배와 이를 통한 민의 생활 안정이야 말로 유형원이 구상한 국가의 토대였으며, 그 구체적인 방안이 공전제公田制였다. 토지사유를 폐지하고 이를 국가에 귀속시켜 시행하는 공전에야 말로 유형원이 구상한 공 이념의 물적 토대로서 '사사롭고 편벽된' 사전私田과 대비하여 공평하고 균일한 제도였다. 공전제는 당시 사회문제의 근원으로 인식한 토지사유제를 부정하고 전국의 토지를 국가에 귀속시킨 후 이를 공전이라는 형태로 재분배하여 민의 생활기반을 갖추어줌으로써 안정적인 국가와 사회 건설의 출발점으로 삼고자 한 것이다.

두 번째는 교선지제로 향촌사회 내부의 교화와 이를 바탕으로 한 관료의 선발방식을 규정한 부분이다. 그 내용은 향약, 향음주례 등 향촌 사회의 공동규약과 학제를 함께 편제하여 공동체적 화합과 도덕적 규율을 통해 교화를 일상화하고 이를 바탕으로 소정의 학제를 거쳐 관료를 선발하는 형태로 짜여 있다. 구성원의 사회화와 교육, 그리고 관료의 선발을 하나의 범주로 이해하고 이를 통일적으로 구성한 것은 매우 독특한 발상이었다.

　　세 번째, 임관지제~녹제는 별도로 편제되어 있으면서도 사실상 하나의 범주를 이룬다. 임관지제는 소정의 절차를 거쳐 선발된 관료들을 '능력에 따른 직무부여'라는 원칙을 통해 적재적소에 배치한 후 공정한 인사관리를 바탕으로 각자의 능력을 극대화하고 조직의 효율성을 높일 수 있는 취지의 내용으로 채워져 있다. 직관지제에는 불필요한 관직과 관서를 대폭 축소, 통합하는 관직체계 쇄신안이 담겨 있다. 관리의 녹봉, 각급기관의 수용 등을 규정한 녹제를 통해서 관리들의 부정이 적정한 보수가 없기 때문이라고 파악하고 관리의 녹봉과 기관의 수용을 정규재정에서 공식적으로 지급하도록 하였다. 이와 같이 유형원은 앞서 교선지제를 선발한 관료엘리트를 적절히 배치·운용하고 조직의 합리화와 적정한 보수지급을 바탕으로 공적 국가를 운영할 인력을 선발하고·운영하고자 했던 것이다.

　　네 번째, 병제는 국방·군사제도 개혁안을 담고 있다. 외적 방어와 정권 보위의 물리력으로서 국방·군사 문제는 처음부터 중요성을 가지고 있지만 청으로부터 위협, 일본의 재침 우려 등 당시 조선을 둘러싼 국제환경도 유형원이 병제를 구성하는데 크게 영향을 미쳤을 것이다. 하지만 국방체제와 군사제도를 지탱하고 운영하기 위해서는 막대한 비용이 필요했다. 이 때문에 병제에 제시된

반계수록(국립중앙박물관)

개혁안 처음부터 공전제와 표리관계를 이루고 있다. 즉, 공전제를 통한 민에 대한 경제적 기반의 제공이야말로 군제 운영의 가장 중요한 전제조건이라고 할 수 있다.

「속편」에는 의례·풍속 등에 관한 20개 정도의 항목들이 언급된 부분으로 원래 '수록'이라는 명칭에 걸맞게 여러 단편적인 주제들로 구성되어 있다. 이 중에서 특히 눈길을 끄는 주제는 '노예'조이다. 여기에서 그는 공사 노비에 대한 대우를 근본적으로 개선하고 노비 세습의 악법을 철폐하여야 한다고 주장하였다. 사족 출신인 유형원이 노비 제도의 개혁을 언급한 것을 의아하게 생각할 수도 있으나 이는 양반들의 형편에 맞춰 때에 따라 종부법과 종모법을 오가며 노비 제도 자체를 악법으로 고착시키려는 일부 양반들에 대항한 것으로, 비참한 신분 제도에 얽매이지 않고 노동에 대한 정당한 보수를 받을 수 있는 '노비제도'를 주장한 것으로도 풀이할 수 있다.

마지막으로 「수록보유」에서는 많은 모순과 문제점을 안고 있었던 지방제도를 자연지리적 공간 구성을 기본으로 제반 요소를 참작하여 새로 개편함으로써 정치나 윤리 등의 문제에 의해 쉽사리 변동되지 않는 항구적인 군현제도를 확정짓고자 했다. 이는 기존 7개의 군현 등급을 5개로 단순화하고, 영세한 군현을 대대적으로 통폐합함으로써 부세부담의 공평성을 기하는데 초점을 맞추었다.

유형원이 『반계수록』에서 구상한 국가는 단순히 양반이나 지주층의 이해를 대변하는 도구적 존재가 아니었다. 그는 성리학적인 이념을 바탕으로 고유한 통치이념과 운영원리를 가진 독자적 실체로서 국가를 상정하였으며 이는 '공公'의 이념으로 표상되었다. 이를 위해 유형원은 옛 성왕들의 저술이라는 경전의 원리와 그 역사적 전개의 내용들을 끝까지 정치학 간추려 내고 자신이 깨쳐 낸 바, 만백성의 일상생활을 기본으로 삼는다는 '이하위본'의 이념을 곡진하게 구체화함으로써 이전에 없는 독자적 국가개혁론을 저술할 수 있었다. 그것은 유사 이래 지배층이 집착해 온 문벌이라든가 토지와 노비의 소유관계 등과 같은 독점적 혹은 폐쇄적 특권을 해소하고, 무릇 인간이라면 누구나 독자적 존재로서 그들의 가치를 실현할 수 있도록 하는 것이었다. 그래서 『반계수록』은 유교 이념의 국가체제론 가운데에서도 가장 독자적이고 독창적인 내용을 갖춘 저술로 평가되고 있다.

경세론의 정수, 공전제公田制

조선후기에서 유형원이 가지는 위상으로 인해 그와 관련된 연구는 꾸준히 진행되어 왔다. 『반계수록』에 수록된 편목에서 서술하고 있는 내용이 모두 연구 주제로 인식되고 있다. 그 결과 전제田制 중에서도 조운漕運, 군제軍制 중에서도 역제驛

制, 수군水軍 등 세세한 분야까지 연구가 진행되고 있다. 그 결과 유형원과 관련된 연구논저만 하더라도 수백편이 넘는다. 그 만큼 유형원이 구상한 국가개혁론이 매우 구체적이고 치밀하게 기획했음을 알 수 있다.

그 수많은 제도개혁안 중에서 유형원이 가장 중요하게 생각한 것은 바로 전제, 즉 토지제도였다. 유형원은 당시 지주들의 대토지 겸병과 농민의 몰락으로 빈부격차가 극심해지는 현실에 대해 심각한 우려를 표명하고 그 근본적인 원인이 토지의 사적 소유에 있다고 보았다. 그리고 그에 대한 대안으로 정전제井田制를 모티브로 한 공전제公田制를 주장하였다. 그는 현실에 적용하기 어렵지만 정전제의 핵심 취지를 가져오고자 했다. 그가 이해한 정전제의 취지는 ① 토지를 중심으로 인간을 긴박시켜 병농일치의 이념을 구현하면서 안정적인 국역체제를 운영하는 것, ② 국가재정의 건실함과 민의 담세력 사이에 적절한 균형을 꾀한 1/10세제의 실현, ③ 수확표준의 결부제를 면적표준의 경묘법으로의 전환할 것 등으로 요약할 수 있다. 이러한 정전제의 취지와 장점을 살리면서 당시 현실에 맞게 고안한 것이 바로 공전제公田制였다.

영조대 『반계수록』을 극찬한 홍계희가,

> 그 책이 토지를 근본으로 삼아 정전井田의 형태를 구획하지 않았으나 다만 정전井田의 실實을 구한 연후에 선비양성敎士 · 인재선발選才 · 관료선발命官 · 관료제도分職 · 녹봉頒祿 · 군사제도制兵 · 군현제도設郡縣之法를 모두 이로부터 미루어 넓혔으니 규모와 절목이 광대하고 매우 자세하다.

라고 할 만큼 공전제야말로 정전제를 시행하지 않으면서도 정전의 장점을 잘 살린 것으로서 이를 바탕으로 국가와 사회 전반에 대한 제도개혁의 토대였다. 『반계수록』의 서문을 쓴 오광운이 공전제가 '전제로 기본을 삼아 정자형井字形을 구획하지 않고도 정전의 알맹이를 얻었고 양사·선현·임관·제군·예교·정법의 규모와 절목이 서로 막힘이 없이 구비되어 패연히 천리에 합치되었다'고 한 것도 마찬가지이다.

공전제는 토지를 전자형田字形으로 구획하고, 4명의 농부에게 각각 1개 구역을 땅을 지급하고, 여기에서 생산된 소출의 1/10을 세금을 받는 제도이다. 농민은 20세가 되면 가로 100보步, 세로 100보 되는 땅[이를 1경頃이라고 함]을 국가로부터 받을 수 있고, 국역에 종사해야 했다. 이때 경의 면적은 약 5,000평 조금 못 미치는 정도로 추산되는데, 40두락 정도였다. 유형원은 1경=40두락으로 절대면적으로 고정할 경우, 규모 자체가 1부夫=(5~8인 가족)의 생계로 충분하고, 농업경영 방식이나 풍흉의 따라 조세를 부과하기도 편리할 것으로 내다보았다.

한편, 공전제는 국역의 기축을 이루는 국역의 편성과 표리관계를 가지고 있었다. 토지를 매개로 국역에 편선된 사람을 경부頃夫라고 했는데, 이를 유형원은 표준적 소농의 기준이자 국역편성의 기본단위로 설정했던 것이다. 군호는 4경이 1전佃이 되어 1전에 소속된 4명의 경부 중 장성하고 튼튼한 자 1명을 선별하여 정병正兵이 되면, 나머지 3부는 보인保人이 되었다. 보인은 1부 당 연간 쌀 12말이나 무명 2필을 정병에게 지원함으로서 입역하는데 소요되는 비용에 충당하도록 하였다. 부대는 기병, 보병, 속오 등 병종별로 편제하고, 마을의 차례에 따라 편성하도록 하였다. 토지를 기준으로 병사를 징발하기 때문에 부대의 편제도 마을의 차례대로 하였는데, 이는 병사들 간의 높은 결속력을 통해 강한 전투력을 기대할 수 있었다.

이와 같이 공전제는 일차적으로 국가권력의 적극적인 개입 하에 국가와 사회구성원이 신분과 직역에 따라 적절한 수준의 토지를 받게 함으로써 안정적인 경제적 토대를 갖추도록 하는데 목적이 있었다. 이를 바탕으로 토지를 기준으로 사람을 편제하고 군역을 부과함으로써 군역부담과 토지수점이 표리를 이루면서 통일적으로 운영되도록 고안되었다. 유형원은 분급수조지제의 해체 이후 직역의 운영에 토지가 배제된 점을 심각하게 받아들이고, 모든 토지를 국가에 귀속시킨 후 공전公田과 공민公民의 정합적 결합을 통한 국가와 사회구조의 근본적인 재편을 이루고자 했다. 국가체제의 공공성과 소농보호의 이념을 구체화하여 균등한 경작지[均産]와 공평한 세금[均賦]을 실현하고자 한 유형원 국가론의 근저를 이루고 있었다는 점에서 공전제는 전체사회를 아우르는 종합적인 체제구상의 핵심이었다. 공전제는 경제와 사회·국가가 하나의 선순환 구조를 이루면서 작동될 수 있도록 정교하게 구상되었다.

유형원은 17세기 주요 경제지표를 토대로 공전제를 적용했을 때 자신이 가장 주안점을 두었던 재정과 군사 두 부문에서 나타나는 변화를 구체적인 데이터를 통해 제시하였다. 토지로부터 확보할 수 있는 세수는 평시 쌀 30여만 석에서 유형원 당대 19만 5천여석으로 크게 줄어들었던 것을 공전제에 수반한 수취제도 개혁을 통해 약 303만 6천석까지 확보 가능하다고 내다봤다. 이는 평시의 10배, 현재의 15배를 넉넉히 상회하는 엄청난 세수의 증대였다. 군사력의 경우, 정군수는 180,000명(평시) → 56,175명(현재) → 620,000명(개혁안)으로, 호보총수는 400,000명(평시) → 183,250명(현재) → 2480,000명(개혁안)으로 크게 늘어난다. 공전제를 통해 정군수는 평시의 3배, 현재의 7배 이상, 호보 총수는 평시의 6배, 현재의 약 8배 이상을 확보함으로써 대폭적인 군사력의 강화를 도모했던 것이다.

유형원은 국가체제의 쇄신을 통해 일차적으로 민생의 안정과 사회의 도덕화를 꾀하면서도 세수와 군사력의 획기적 제고라는 목표를 동시에 추구했던 것이다. 유형원의 공전제론은 공적 원리에 입각한 적극적인 재분배 정책이야말로 실질적인 부국강병을 실현할 수 있는 토대임을 체계적이고 실증적으로 증명한 거대한 기획이었다.

| 참고문헌 |

천관우, 『근세조선사연구』, 일조각, 1979
안재순, 『조선 후기 실학의 비조, 유형원』, 성균관대학교출판부, 2009
김태영, 『반계 유형원』, 민속원, 2011
송양섭, 「반계 유형원의 '公' 이념과 이상국가론」, 『조선시대사학보』64, 2013
송양섭, 「반계 유형원의 公田制論과 그 이념적 지향」, 『민족문화연구』58, 2013

14
탈주자학적 개혁가, 박세당

화려한 가문에서 태어나

박세당은 조선후기 유력한 가문에서 전통적인 주자학적 배경을 가지고 태어났다. 하지만 그는 당시 조선 사상계가 보였던 주자학 일변도의 풍조에서 벗어나 자신만의 관점을 제시하였다는 점에서 매우 독특한 인물이다. 그의 이러한 시도는 당대에 그에게 많은 고난과 좌절을 안겨주기도 했다. 하지만 오늘날 그는 주자학 세계에서 활동한 탈주자학적 사상가로 재평가되고 있다. 또한 박세당은 조부와 부친에 이어 문과에 급제한 엘리트로 중앙 정계에서 활동하였음에도 불구하고 현실의 문제와 백성들의 어려움에 공감하고 이를 해결하기 위해 고민한 개혁가였다.

박세당의 본관은 반남潘南이고, 자는 계긍季肯, 호는 서계西溪 또는 잠수潛 叟이며, 사후 문절文節이라는 시호를 받았다. 박남박씨들 중에서는 특히 박소朴紹 (1493~1534)의 후손들이 크게 성공하여, 조선후기에만 다수의 문과급제자와 관직자가 배출되는 등 조선후기 대표적인 벌열로 성장하였다.

박세당은 이조참판을 지낸 박정朴炡의 아들이며, 좌참찬에 올랐던 박동선朴東善의 손자이다. 조부인 박동선은 문과에 급제하였으며, 인조반정 이후 대사간이 되었고, 이조참판과 좌참찬에 올랐다가 호란胡亂에서 공을 세워 공신으로 봉작까지 받은 인물이다. 부친 역시 문과에 급제하였다가 인조반정에 협력하였으며, 훗날 관직자들만을 대상으로 하는 중시重試에 다시 급제하여 이조참판과 부제학까지 지냈다. 박세당은 이런 유력한 가문 배경 속에서 병조참판 윤안국尹安國의 딸 양주윤씨에게서 1629년인조7 8월 19일 태어났다.

하지만 일찍부터 불행이 찾아왔다. 박세당이 4세 때에 문과에 급제하고 전도유망한 관료였던 부친 박정이 사망하였던 것이다. 이로부터 3년 후엔 큰 형이 죽고, 이듬해인 1636년에는 병자호란이 일어나 조모, 모친과 함께 피난길에 올라야 했다. 화려한 가문에서 태어났지만 어려운 유년기를 보낸 그는 고향으로 돌아온 후 고모부인 정사무鄭思武에게 본격적으로 글을 배우기 시작했다. 17세에 의령남씨와 혼인한 후 가난 때문에 처가살이를 하게 되는데, 이때 시작된 처남 남구만南九萬, 처숙부 남이성南二星 등과의 교유는 그의 삶과 사상에 지대한 영향을 끼쳤다. 특히 박세당은 자신의 아들의 교육을 부탁할 정도로 남구만과 긴밀한 관계를 가졌다.

박세당은 1660년 32세의 나이에 생원시에 급제한 후, 바로 문과에서 장원으로 급제한 수재였다. 이후 정언, 지평, 병조정랑, 부교리 등을 거쳤으며, 1668년 40세에 파직되었다가 복직된 이후 정랑, 좌랑 등을 지냈다. 그리고 그 해 10월 이조좌랑으로 연행단의 서장관으로 선발되어 청의 수도인 연경燕京, 현재 베이징에 방문하게 되었고, 그 과정을 담은 연행록을 저술하였다. 하지만 사신단으로의 역할이 끝나자마자 탄핵을 받고 파직 되어 오랜 기간 중앙 정계에서 물러나 양주 수락산 아래 석천동에서 시간을 보냈다. 그의 능력을 필요로 했던 조선 조정은 지속적으로 관직을 제수하여 그를 불렀으나 그는 더 이상 관직에 뜻을 두지 않았다.

하지만 그의 불행은 계속되었다. 그가 58세 되던 해인 1686년 장남인 박태유朴泰維가 병으로 사망하였고, 61세 되던 1689년에는 숙종의 인현왕후仁顯王后 폐위에 반대하다가 국문을 받고 유배를 떠나던 둘째 아들 박태보(朴泰輔)의 사망 소식을 들었다. 문과에 급제하여 큰 기대를 받던 두 아들들의 사망은 그에게 충격이자 고통이었다. 이제 그는 완전히 초야에 묻혀 자신만의 사상을 정립하는 데 골몰하였다. 이에 그는 농서農書인『색경穡經』, 유교 경전들에 대한 해설서이자 주석서인『사변록思辨錄』등 주요 저작을 완성하였다. 또한 그는 문집『서계선생집西溪先生集』을 남겼다.

말년인 1702년에는 병자호란에서의 항복의 대가로 만든 삼전도의 비문을 지은 이경석을 비난하던 노론의 중심인물 송시열을 비판하였다. 하지만 이 사건으로 그는 이듬해 여러 방면에서의 집중적인 공격을 받아 관직을 박탈당하고削奪官職과 한양성 밖으로 쫓겨나는門外黜送 처분을 받아야 했다. 이에 그는 75세의 고령에도 불구하고 도성 밖으로 나가 처벌을 기다리다가待罪 고향으로 돌아 왔으나 몇 달 버티지 못하고 1703년 8월 21일에 사망하였다.

박세당은 생전에 남구만은 물론 소론의 핵심 인물인 윤증尹拯(1629~1714)을 비롯한 박세채朴世采(1631~1695), 최석정崔錫鼎(1646~1715), 조태억趙泰億(1675~1728) 등 주로 소론측 인사들과 교류하였다.

주자학 사회의 탈주자학적 사상가

주자학이 대세이자 국시國是였던 조선사회에서 박세당은 독특하게도 주자학에 대한 재해석을 시도하였고, 그 결과 오늘날 탈주자학적 사상가로 평가받는다. 그의 이러한 특징은 사변록을 비롯해 『신주도덕경新註道德經』이나 『남화경주해南華經註解』 등에서 확인된다. 그는 성리학에 도전하였을 뿐 아니라 유학자들이 경멸하거나 도외시하던 노자老子와 장자莊子의 도교 사상에까지 관심을 보였다. 그러나 이러한 그의 사상적 특징은 반대파에 의해 사문난적斯文亂賊이나 이단으로 공격받는 원인으로 작용하기도 하였다.

박세당은 성리학에 대한 재해석을 시도하였으나, 성리학 자체를 부정하지는 않았다. 다만 그는 성리학의 본뜻에 도달하는 것이 기존 유학자들의 관점이나 방법을 통해서만이 아니라 여러 가지 방법을 통해서 가능하다고 주장하였다. 박세당은 이처럼 경전에 대한 한 사람의 주장이나 학설이 절대적일 수는 없고, 여러 사람의 견해를 수용하여 조정하는 과정을 거쳐야 경전의 본 뜻을 온전히 파악할 수 있다고 주장하였다. 주자의 학설만을 주장하면서 이에서 조금이라도 벗어나는 것을 두려워하던 당대의 학문 풍토를 우회적으로 비판하고, 자기 나름의 주해서를 편찬하게 된 계기에 대해서 그는 다음과 같이 밝혔다.

> 육경六經에 실린 말은 그 큰 줄기는 비록 하나이지만 가닥은 천 만 갈래이니, 이것이 이른바 "이치는 하나이나 생각은 백 가지이며, 귀결처는 같으나 가는 길은 다르다"는 것이다.

이처럼 박세당은 비록 성리학 이론의 창시자이자, 조선 유학자들에게는 절대적인 존재였던 주자의 견해라고 하더라도 그것을 무조건적으로 추종하기보다는 비논리적이거나 일관성이 없는 부분에 대해서 이견을 제시하고 자신 나름의 해석을 주장하는 등 비판적인 태도를 보였다. 일례로 그는 주자가 만물의 대한 이해의 출발점이자 인식론으로 제시하여 성리학 사상의 핵심으로 여겨지던 격물치지格物致知의 방법에 대해서도 이견을 제시하였다.

　　박세당은 경직화된 주자학적 해석보다 자신의 해석이 더 합리적이라는 것을 입증하기 위해 자신만의 재해석 방법을 고안하였다. 그는 유교 경전의 편차를 재구성하거나, 각 편에 실린 장구들의 순서를 바꾸기도 했으며, 구절의 용어를 다르게 사용하는 등 다양한 시도를 통해 자신의 생각을 표현하고 그것의 정당성을 극대화하였다.

　　또한 그는 단순히 주자학의 경직성을 벗어나는 데서 그치지 않고 현실 세계와의 접점을 찾으려 하였다. 따라서 그의 책에는 관념적이고 사변적인 논쟁 뿐 아니라 실재성을 중시하고 더 나아가 실천성을 보여주는 실학적 특징이 드러나기도 한다. 그는 이러한 실천성의 핵심이 겉으로 드러나는 데에만 있지 않고, 내부의 실實이 그 근간이 되어야 한다고 주장했다. 그리고 이러한 그의 사상이 보여주는 실천적 특징은 문학과 사회에 대한 개혁안에서도 특징적으로 드러난다.

　　박세당의 사상이 가지는 또 다른 중요한 특징은 바로 주자학 이외의 사상이나 종교에 대한 개방성이다. 특히 그는 조선의 또 다른 사상적, 역사적 흐름인 도교와 불교의 가치를 인정하였고, 그에 대한 맹목적인 공격을 부정하였다. 그는 다른 사상들이 가지는 여러 가지 의미를 인정하면서 그에 대한 유학자들의 무조건적인 배격이 무의미한 일이라고 주장하였다.

이 입장과 같으면 저 입장과는 다르고, 이 입장과 다르면 저 입장과 같다. 이쪽에 속하는 입장과 저쪽에 속하는 입장이 서로 속하는 쪽이 다르기는 하지만 자기 입장을 고수하여 편을 가르기는 마찬가지이다.

그 결과 박세당은 다른 유학자들이 무시해왔던 노장老莊 사상, 즉 도교 사상에 대해서도 관심을 보였다. 하지만 이는 그가 주자학자로서의 정체성을 버리고 노장 사상에 더 동조했기 때문이 결코 아니다. 그가 도교에도 관심을 기울였던 목적은 노장 사상이 가지는 장점을 수용함으로써 당대의 성리학을 한층 더 발전시킬 수 있다고 생각했기 때문이었다. 물론 이러한 노력은 쉽게 다른 유학자들의 오해를 살 수 있는 행동이었고, 실제로 그에 대한 가장 큰 공격의 빌미를 제공했다.

불교에 대해서는 그 사상 자체가 기본적으로 잘못된 것이라는 유학자들의 기본 관점에서 벗어나지 않았다. 그러나 실제로 그는 승려나 불교 세력을 공격하거나 거리를 두기보다는 우호적인 관계를 유지하였다. 일례로 그는 조선 초의 학자이면서 승려이기도 했던 김시습金時習(1435~1493)을 위한 사당을 준비하면서 승려들과 적극적으로 협력하기도 했다.

주자학에 대한 재해석 노력이나 도교에 대한 관심 등에도 불구하고, 박세당은 자신이 기본적으로 주자학적인 입장에 서 있다는 사실을 부정하지 않았다. 다만 그가 가진 사상적 특징은 당대의 주자학이 절대적이고 완벽한 것이라기보다는 여러 가지 선택지 중 하나라는 사실을 인정하고 보완과 발전이 필요함을 인식하였다는 점에 있다.

현실적 역사 인식과 국제 관계 이해

서계유묵(문화재청)

현실적인 문제에 관심을 가지고 이에 대해 실용적인 방법으로 접근하는 박세
당의 성향은 역사에 대한 재평가로 이어졌다. 일례로 박세당은 이제신李濟臣
(1536~1584)에 대한 재평가를 시도했다. 이제신은 문과에 급제하여 울산, 진주,
강계 등의 주요 군사도시에서 지방관을 역임하고 함경북도 병마절도사를 지낸

인물이다. 하지만 여진족 니탕개尼湯介에게 경원부를 함락 당하여 그 책임을 지고 유배되었다가 사망하였다. 이에 박세당은 이제신을 탁월한 재주와 강직한 절개를 지녔지만, 세상에서 제대로 능력을 평가받지 못한 전형적인 인물이라 평가하였다. 그는 이제신이 오랑캐를 물리치는 공을 세웠는데도, 국왕의 명을 거역했다는 공격이 이어졌고 결국 이제신을 억울한 죽음으로 몰아갔다고 평가했다.

박세당은 임진왜란 중에 강화교섭을 위해 일본에 파견되었던 황신黃愼(1560~1617)에 대한 재평가도 시도했다. 그는 황신이 위험천만한 상황에 통신사로 가게 되었는데도 자신의 능력을 잘 발휘하였다고 높이 평가했다. 조선이 명나라의 눈치를 살피고 비위를 맞추어야 하는 상황에서, 황신의 적절한 대처가 나라의 안위와 자신의 생명을 보전하였다고 평가하였다. 이처럼 박세당은 여러 역사적 인물들의 행적과 사상 등에 대해 자신만의 기준에 따라 재평가를 시도하였다. 특히 그는 현실성과 실용성 등을 높이 평가하였다.

현실성을 중요시 여기는 박세당의 역사 인식은 현실적인 국제 관계 이해로 이어졌다. 그가 활동하던 시기는 이미 청나라의 중국 통일이 확고해져 그 존재를 마냥 부정할 수 없는 시점이었다. 하지만 조선은 병자호란을 겪었으면서도 사상적, 역사적 이유로 청나라에 대해서 이중적인 입장을 취하고, 이미 멸망한 명나라를 추종하는 입장에 있었다.

하지만 박세당은 대부분의 유학자들의 행동과 달리 조선이 이제는 청나라와 가깝게 지내야 한다고 주장하였다. 실제로 그는 명나라 마지막 황제가 사용하던 연호인 숭정崇禎이 아니라 중국의 실제 주인인 청의 연호, 강희康熙를 사용해야 한다고 주장하였다. 그는 이렇게 멸망한 나라의 연호를 쓰는 현상이 본토인 중국에서도 보기 힘든 것이라며 의미 없는 행동임을 꼬집었다. 이러한 주장은 여전히 명의 연호를 고집하던 많은 유학자들에게 충격적으로 받아들여졌다.

박세당은 고구려와 백제가 당나라에 의해 멸망당했던 역사를 예로 들어가며 강한 나라 앞에서는 때론 머리를 굽힐 줄도 알아야 한다고 주장하였다. 그는 한반도 뿐 아니라 중국 대륙에 인접한 많은 소국들의 역사를 통해 조선이 교훈을 얻어야 한다고 설명하였다. 이러한 주장은 당대 유학자들에게는 불의한 주장으로 인식되어 공격을 받았고, 근대 이후의 민족주의 역사학자들로부터는 사대주의적인 발상이라는 비판을 받아야 했다. 그의 관점을 통해 오늘날 우리가 확인할 수 있는 것은 그가 외교문제에서 철저하게 현실주의자였다는 점이다.

청나라에 대한 그의 생각은 사행 경험을 통해서도 엿볼 수 있다. 그는 1668년부터 이듬해까지 청나라에 서장관으로 다녀오면서 매일의 일정을 기록하였다. 이 기록에서 그는 막상 청나라 치하에서 살아가는 백성들의 어려움을 보면서 역사 속으로 사라져버린 명나라에 대한 안타까운 마음을 표현하기도 했다. 청나라와 그 백성들에 대한 이러한 서술은 어쩌면 이중적이고 모순적으로 보이기도 한다. 하지만 이러한 서술은 그가 기본적으로 명분을 중시하는 성리학자이면서, 백성들의 생존과 현실에 더 크게 가치를 두는 실천적 학자였다는 점을 기억한다면 충분히 이해할 수 있는 부분이다.

박세당의 국가 개혁안

박세당의 현실성은 그가 살던 조선후기 사회에 대한 문제의식과 그에 대한 개혁안에서도 잘 드러난다. 박세당은 당시의 개혁이라는 이름으로 제시되거나 시행되던 많은 제안들이 실제 백성들에게는 별 도움이 되지 않으며, 현실성이 없는 공허한 말에 불과하다고 보았다. 이와 다르게, 현실 문제에 대한 박세당의 인

식과 그에 따른 개혁 방안은 현종에게 제출한 「응구언소應求言疏」에 잘 나타나
있다.

고쳐야 할 폐단이 있는데도 고치지 않고 채택해야 할 말이 있는데도 채택하지
않으니, 이러므로 상심한다는 것은 머뭇거림일 뿐이고 재앙을 그치게 한다는
것은 헛된 글일 뿐입니다.

박세당이 제출한 개혁안은 크게 국왕 자신의 성실한 집정, 대신들의 충실한
직무 수행, 부정의 방지와 조세의 균등화, 병역 제도의 일원화, 궁중 재화의 낭
비방지 등이었다. 여기에서 알 수 있듯이, 박세당에게 이상적인 국가 운영을 위
한 핵심적인 방법은 인정仁政의 실현이었다. 그리고 인정이란 방법은 국왕이 스
스로 모범을 보임으로써 백성들을 교화시키는 것에서부터 실현될 수 있다고 믿
었다. 다시 말해 그는 국왕이 백성들과 동고동락同苦同樂함으로써 백성들에게 반
향을 일으키고, 이를 통해 백성들의 삶이 교화되어 이상적인 사회로 변할 수 있
다고 생각했다.

대개 정치를 덕德으로 한다는 것은 먼저 자기를 다스린다는 것이다. 자기를 먼
저 바로잡음으로써 남을 바로 잡아서 바로 천하를 복종시키는 것이니, 북극성
이 제자리에 있다는 것은, 즉 자기를 다스림을 이른 것이다.

박세당은 백성들의 삶을 변화시키기 위해서는 국왕의 모범, 즉 친정親政의
강화가 필요하다고 생각했다. 또한 폐단을 일으키는 여러 제도들을 개혁함으로

써 민생의 안정과 사회기강의 회복을 실현하려 노력할 필요가 있다고 주장하였다. 더 나아가 국왕은 국가를 부유하게 만들기 위해 궁중의 재원을 낭비하지 않아야 한다고 설명하였다. 국왕이 따로 개인의 금고를 만들어 국부를 낭비하는 행동을 그만두어야 한다고 하였다. 특히 그는 조정에서 오랫동안 논란이 되어온 내수사 등의 왕실 재정 기구에 대해 의문을 제기했다. 또한 그는 국왕이 대신들의 직무수행을 독려함으로써 일 처리의 효율성을 제고할 것을 건의하였다. 대신들은 국왕이 국정을 주도할 수 있도록 보필해야 한다고 주장하였다. 더 나아가 그는 신하들의 언론이 살아있어야 국왕이 정확히 상황을 이해할 수 있다고 언급하였다.

박세당은 백성들의 삶의 질을 실질적으로 향상시킬 수 있는 방법에 대해서도 고민하였다. 그는 정부가 백성들의 상황을 고려하지 않은 채 과도하게 징세하지 못하도록 막는 것을 백성들을 위한 개혁의 목표로 제시하였다.

그는 폐지되어야 할 주요한 폐단 중 하나로 족징族徵을 지적하였다. 족징이란 세금을 부담해야 하는 자가 도망하거나 다른 이유로 인해 부담하지 못하게 되었을 때, 이를 친척들에게 대신 부담하게끔 하는 제도였다. 이는 백성들의 세금 부담을 크게 증가시키는 행위로 인식되었다. 또한 부역과 세금 부과에서 빠져나가는 사람이 없게 하여 공평히 거두어 억울한 사람이 없도록 할 것을 주장하였다. 그는 병역의 부담 역시 백성들의 어려움을 가중시키고 있다고 생각하였다. 병역에서 문제가 되는 부분 역시 불균등한 수취였다. 이를 해결하기 위해서 그는 중첩적인 병역 수취와 그로 인한 백성들의 군역 부담 증강, 행정의 혼란을 줄여야 한다고 주장하였다.

탈주자학적 사상가이자, 현실적 개혁가였던 박세당이 보여준 사상의 유연성, 정책의 현실성은 현대 사회를 살아가는 우리들에게 크게 어색하지 않다. 하지만 그가 살던 조선후기 사회의 유학자들에게서는 쉽게 찾아보기 어려운 특징이었다. 박세당의 이러한 특징들은 당대 유학자들로부터 무수한 공격을 받았다. 하지만 그가 틀에 박힌 사고를 거부함으로써 경직된 성리학 질서에 새로운 관점을 제시하여 변화와 발전을 요구하고, 현실 문제의 해결을 고민하였다는 점은 오늘날 우리에게 긍정적인 의미로 해석될 수 있는 여지가 크다.

| 참고문헌 |

윤사순 외, 『서계 박세당 연구』, 집문당, 2007
이희재, 「박세당 사상연구 : 탈주자학적 입장에서」, 원광대학교 박사학위논문, 1995
주영아, 「박세당의 사유체계와 작품세계」, 한양대학교 박사학위논문, 2011

15
북벌을 반대하며
민심 수습을 우선한 학자, 허목

가학의 연원은

허목의 증조는 허자許磁(1496~1551)이다. 허자는 태종의 첫 번째 대군인 양녕대군讓寧大君의 증손녀 사위로서 모재慕齋 김안국金安國의 문인이 되며 사림의 반열에 서게 된 그는 문과를 거쳐 명종초에는 찬성贊成의 지위에까지 올랐다. 김안국은 조광조趙光祖, 기준奇遵 등과 함께 김굉필金宏弼의 문인으로 도학에 통달하여 사림 세력의 선도자가 되었다. 1503년 문과 급제 이후 승문원承文院 관원을 거쳐 박사 · 부수찬 · 부교리 및 대사간과 공조판서, 경상도관찰사 등을 역임하였다. 특히 그는 향촌 교화에 주력하여 각 향교에 『소학』을 권하고, 『농서언해農書諺解』와 『잠서언해蠶書諺解』 · 『이륜행실도언해二倫行實圖諺解』 · 『여씨향약언해呂氏鄕約諺解』 등의 언해서를 보급하여 교화사업에 주력하였다.

　　허자는 명종 초반 을사사화 직후에 위사공신衛社功臣 3등에 제수되었다. 당시 명종 초 윤원형尹元衡과 이기李芑 등이 문정왕후文定王后의 밀지密旨를 앞세워

윤임을 비롯한 이른바 대윤大尹 세력을 제거하는 을사사화가 일어났는데, 허자는 윤원형을 중심으로 한 소윤小尹에 가담하였던 것이다. 그러나 이를 곧 후회하여 사화를 확대시켜 가는 이기와 대립하다가 문정왕후의 눈에 나서 공신호를 박탈당하고 홍원洪原에 유배되어 죽었다.

이처럼 사림계 인사와 교유를 넓혀가던 허씨는, 선조의 즉위 후 사림의 집권으로 사림정치가 본격화하는 속에 학문적 계통으로는 화담 서경덕徐敬德 · 남명南冥 조식曺植 계열의 학자들과 혼인 및 사승관계를 맺는 가운데 동서분당 초기에는 동인으로서, 그리고 뒤에는 북인의 색목을 지니고서 기호사림의 일원으로 자리하게 된다. 선조 연간 조정에 포진된 허씨 집안을 대표하던 허엽許曄과 허성 · 허봉 · 허균의 4부자가 화담의 고제로서 동인의 영수요 북인의 선봉으로 활약한 예를 비롯해 허목의 아버지로서 광해군~인조 연간 7읍을 두루 거쳤던 허교許喬(1567~1635)가 서경덕의 문인인 박지화朴枝華의 제자였고, 또한 그의 장인인 정랑 임제林悌가 남명 조식의 가장 가까운 지기인 처사處士 성운成運의 문인이면서 북인에 속하였던 예가 이를 말해준다. 이처럼 선조대 이후 학통 전수의 과정을 통해 북인계로 활동한 허씨는 허교가 52세 되던 해인 1618년(광해군 10) 발발한 허균의 역모사건에 휘말린 일족을 구제하는 데서 보듯 정쟁의 여파를 겪기도 하였다. 허균의 역모 사건 당시 허교는 거창현감에 재직하고 있었는데, 허교는 당시 "공은 전대의 옛 의리를 생각하여 도하都下로 가서 화를 당한 것에 대해 위문"한 바 있다.

아래는 허교의 죽음에 대해 당대의 명재상 이원익이 곡한 내용이다.

　　종족을 어루만져 보살피기를 / 撫恤宗族

지성으로 하여 게을리하지 않았으니 / 至誠不怠

아 진정한 어짊이로다 / 吁其仁也

일곱 고을을 두루 다스렸지만 / 歷典七邑

장례가 소박하니 / 棺殮無物

아 진정한 청빈이로다 / 吁其貧也

광해군대를 거치면서 허엽 가문이 몰락한 대신 한동안 부진하던 허자許磁 ·
허잠許潛의 후손들이 남인의 색목을 지니고서 인조 이후 부상하는데, 남인계의
산림山林이자 기호남인계의 종장宗匠으로 추앙받게 되는 양천 허씨 허목許穆 가
문의 학문적 연원은 이미 여기에서 보여 진다고 하겠다.

허목초상(국립춘천박물관)

백성을 보호하는 자는 번성한다

허목(1595~1682)은 서울에서 출생하고 경
기 연천에서 만년을 보냈다. 젊은 시절에
는 부친을 따라 양성이나 포천 등 경기 지
역과 산음이나 창녕, 의령 등 경상 우도에
거처한 바 있다. 1617년(광해군 9) 아버지가
거창현감에 제수되자 아버지를 따라서 거
창에 내려가 문위文緯를 사사하였으며, 그
의 소개를 받아 정구鄭逑를 찾아가 학문을
배웠다. 허목은 이밖에도 1636년(인조 14)
병자호란 당시에는 강원도로 피난했다가

1638년에는 의령에서 거처하였다. 이후에도 경상 우도에서 생활하다가 1646년에 연천으로 돌아왔다.

　허목이 관직에 나아간 것은 56세 때인 1650년^(효종 1) 1월 천거로 정릉참봉^{靖陵參奉}에 제수되면서 부터였다. 당시 부인 이씨는 출사에 대해 부정적이었으나, 허목은 "벼슬하지 않음은 의리가 없는 짓이다"라며 입장을 설명하였다. 그러나 재직 기간은 1개월에 그쳤다. 이후 조지서 별좌, 공조좌랑, 용궁현감 등에 제수되었으나 모두 부임하지 않고 사직하였다. 이어 1657년^(효종 8) 7월에 다시 공조좌랑에 제수되었다가 8월에 사헌부 지평에 제수되었다. 지평 재직시에는 국왕과 면대한 자리에서 "군주가 위에서 덕을 닦으면 안으로는 내치^{內治}가 바르게 되고 궁금^{宮禁}이 엄해지며 밖으로는 백관이 법을 지키고 조정이 엄숙해지며 백성들이 두려워하고 조심할 줄 알게 됩니다. 인심과 풍속을 변화시키는 일은 여기에 달렸습니다"라며 군주의 수신을 강조하는 발언을 한 바 있다.

　물론 허목의 지평 생활은 오래 가지 못하고 결국 사직하였으며, 이후에도 사복시 주부와 지평, 부사직 등에 계속 제수되었으며, 1659년^(효종 10)에는 1월과 4월 장령에 제수되었으나 출사하지 않았다. 이 때 국왕에게 옥궤명^{玉几銘}을 올렸는데, 그 내용은 다음과 같다. 일부를 옮겨보면 아래와 같다.

경계하소서 / 戒之哉

군주는 원수이니 / 君惟元首

백성의 부모입니다 / 作民父母

백성은 불변의 친애함이 없고 / 小民無親

어진 사람을 따르는 법입니다 / 懷于有仁

백성을 보호하는 자는 창성하고 / 保民者昌

백성을 억압하는 자는 망합니다 / 勝民者亡

현종 즉위 후 부호군, 장악원정, 장령 등이 계속 제수되었으나 나아가지 않다가 1659년(현종 즉위년) 12월 상의원정에 제수되자 출사하였고, 1660년(현종 1) 장령에 제수된 뒤인 3월에는 효종의 국상과 관련한 의례 문제를 상소하였다. 기해예송이라 하며 혹은 제1차 예송이라는 불리는 논쟁을 불러온 주목되는 상소이다. 그러나 결국 허목은 논쟁에서 패배하였고 같은 해 9월에 삼척부사로 좌천되었다.

삼척부사에 재직하면서는 삼척의 지리지인 『척주지』를 찬술하는 한편 유명한 동해송東海頌을 지었다. 그는 또한 향약을 실시하거나 이사里社를 설치하였다. 허목은 1661년(현종 2) 1월에는 향약을 실시하였다. 당시 허목이 실시한 향약의 구체적인 조목은 현재 알 수 없으나 이때 향약을 실시하면서 부민들에게 내린 글이 전하고 있다.

지금 『여씨향약呂氏鄕約』은 주자朱子가 보태고 빼서 모두 47가지의 일이니, 이것은 틀림없이 옛날 성인이 남겨 준 가르침이다. 조정에서 백성을 근심하고 걱정하여 중외에 널리 고하고, 향약의 법을 반포하여 정치와 교화를 도와 이루었으니, 매우 성대한 일이다. 부사는 삼가 성명聖明의 뜻을 공손히 받들되, 백성이 향약의 법을 게을리하거나 폐지해 버릴까 염려되어 삼가 향약의 요령을 조목조목 나열하고 나라의 제도와 금령을 드러내 밝혔으니, 모두 103가지의 일이다. 여기에 또 도산陶山의 약조約條를 첨부하였다. 부로와 약정約正에게 거듭

고하니, 부로와 약정들은 모두 힘써 신칙하여 향당의 자제들을 통솔할 것을 생각하라. 풍속이 어지럽지 않게 되는 것은 또한 부로와 약정의 책임이다.(『기언』 권37, 척주기사, 「유향약문」)

당시 허목의 향약 실시는 중앙의 정책 추진과도 맥락을 같이한 것으로, 조정에서 반포한 향약법에 의거하였다. 조정에서 반포한 향약법은 주자가 증손한 여씨 향약을 기초로 시의時宜를 참작해서 제정하였던 것으로 추정되며, 여기에 이유태李惟泰가 제출한 향약 조목이 근간이 되었다. 이에 더해 허목은 이황이 1556년 예안에서 실시한 향약입조鄕約立條를 첨입하였다. 이를 통해 허목은 삼척의 지방민들이 노인을 공경하고 나이 어린 고아들을 보살피게 하고 아울러 토호의 금단을 기대하였다.

허목은 향약의 실시와 함께 이사제里社制을 시행하였다. 이사란 중국에서 유래한 전통적인 마을 제사로서, 이미 조선 초부터 종래의 음사적淫祀的인 제의를 유교적인 제의로 대체하고 향촌 사회에 성리학 이념을 보급시키기 위해 시행되던 것이었다. 물론 조정의 이사제 정착 노력이 큰 성과를 거두지 못했지만, 허목은 삼척부사로 재직하면서 삼척 지방의 음사를 유교적인 제의로 전환하기 위해 이사제를 시행한 것이다.

1662년(현종 3) 가을에 삼척부사를 그만두고 연천으로 돌아왔다. 한 동안 저술활동과 유력遊歷 등으로 시간을 보내다가 숙종이 즉위하면서 대사헌을 시작으로 이조판서를 거쳐 우의정에 올랐다. 집권 남인 내에서 대립이 심해지는 속에 영의정 허적許積과의 불화가 생겨 향리인 연천으로 물러났고, 1680년(숙종 6) 경신환국으로 남인이 대거 축출되며 허적·윤휴 등이 역으로 몰려 처형되었음에도 불구하고 그 자신은 버슬이 삭탈되는 선에서 와석종신臥席終身하였다. 이후 허목이 세거하고 있던 연천의 거소居所는 그의 나이 84세숙종 4년에 왕으로부터 특별히 전택田宅을 하사받음으로써 허씨가의 기반으로 자리하게 되었다.

왕실 예법 적용의 차별성을 주장하다

기해예송은 효종 승하 뒤 인조의 계비 조대비의 상복 문제를 두고 시작되었으나, 그것이 효종의 정통성 문제와 연관되어 정쟁으로 비화되었다. 효종은 왕위에 오르기 전에 형인 소현세자가 갑자기 죽자 세자로 책봉되었다. 소현세자에게는 이미 10세가 된 큰 아들 석철石鐵이 원손으로 있었기 때문에 종통으로 보아 당연히 원손이 왕세손으로 책봉되어야 했지만 그 원칙은 지켜지지 않았다. 이러한 왕위 계승상의 문제를 안고 있던 효종이 갑자기 승하하자 인조의 계비인 조대비의 상복 기간을 몇 년으로 해야 하는가하는 문제가 발생되었다.

당시의 주장은 크게 두 가지로 나뉜다. 먼저 삼년복을 입어야 한다는 주장으로, 제왕가는 일반 사서인士庶人과 달라 왕위계승자에게 종통을 주게 되므로 효종이 큰 아들의 지위에 있기에 모후인 조대비는 삼년복을 입어야 한다는 주장이었다. 다른 견해는 1년복, 즉 기년복을 입어야 한다는 주장으로, 효종이 왕위에 올랐더라도 둘째 아들의 지위에는 변함이 없으므로 복제도 기년복을 입어야 한다는 것이다. 전자의 입장은 허목, 윤휴 등의 남인 학자들이, 후자는 송시열, 송준길 등의 서인 학자들이 주로 주장하였다.

허목은 서인의 영수인 송시열의 입장을 정면 반박하여 논쟁에 불을 붙였다. 송시열은 비록 왕통을 계승했다고 하여도 아버지가 아들을 위해 3년복을 입을 수 없는 4가지 경우, 이른바 사종지설四種之說을 내세우면서 1년복인 기년복을 주장하였다. 송시열의 사종지설은 비롯 왕통을 계승했다고 하더라도 아버지가 아들을 위하여 3년복을 입을 수 없는 경우를 말하는데, ① 정이불체正而不體(맏손자가 승중(承重)한 것), ② 체이부정體而不正(서자(庶子)가 후사가 된 것), ③ 정체부득전중正體不得傳重(맏아들이 폐질(廢疾:불치병)에 걸린 것), ④ 전중비정체傳重非正體(서손(庶孫)이 후계자가 된 것) 등이다. 이 가운데 송시열은 효종의 경우 ②인 체이부정에 해당되고, 소현세자의 아들은 ①인 정이불체에 해당된다고 하였다. 이 같은 송시열의 의견에 대해 허목은 위의 상소에서 첫째 아들이 죽었을 경우 적처의 소생을 세운다면 그가 장자長子가 된다는 점, 송시열이 언급하는 체이부정에서 서자는 중자衆子가 아니라 첩자妾子로 보아야 한다는 것으로, 3년복설을 주장하였다.

복제 문제를 두고 학문적 논쟁이었던 기해예송은 윤선도의 상소로 정치적으로 비화되었다. 즉 1660년(현종 1) 4월에 있었던 윤선도의 상소가 직접적인 계기가 되었다. 윤선도는 상소에서 송시열을 중심으로 한 서인측의 기년설을 조목 조목 논박했다. 그런데 문제는 윤선도가 상소에서 송시열 등이 종통宗統과 적통嫡統을 분리하여 적통은 소현세자의 아들에게, 종통은 효종에게 이어지는 것으로 주장하므로 대통을 위태롭게 한 것이라는 내용이다. 이로써 예학 논쟁은 정쟁으로 돌변했다. 이 상소에서 윤선도는 예론과 관계없는 송시열의 과오와 실책들을 원색적으로 성토하는 인신공격도 서슴지 않았다.

윤선도의 상소가 제출되자 서인들의 집중적인 공격이 시작되었고 상소문은 대신들의 회람 후 소각되었으며 윤선도는 삼수로 귀양을 가게 되었다. 그리고 조정에서 앞서 공식적으로 채용한 『경국대전』을 기반으로 한 기년복을 다시 확정했다. 기년복설은 사실 양측의 예론을 다 배제하고 장자인가 중자衆子인가를 구분하지 않은 점에서 절충적 성격을 띠었으나 일단 서인 측의 승리로 간주

되었다. 삼년설이 패퇴하자 남인세력은 정계에서 축출되었다. 비록 『경국대전』에 근거했다고는 하지만 결국 허목은 논쟁에서 패배하였고 같은 해 9월에 삼척 부사로 좌천되기에 이르렀다.

군비의 축소와 민생 회복을 주장하다

허목수고본(국립중앙박물관)

허목의 학문은 정구에게서 크게 영향을 받았다. 이밖에도 선대에서 관계를 가진 북인 계통의 남명 조식이나 화담 서경덕의 영향도 적지 않으며, 외할아버지 임제林悌로부터도 도가 사상 측면에서 영향을 받았다. 그런 때문인지 허목의 학문은 당시 서인들이 주자서나 사서四書에 비중을 둔 것과는 달리 원시 유학인 육경학六經學에 중심을 두었다. 허목 스스로 자신의 글이 육경으로 근본을 삼고 예악을 참고하고 백가의 변을 통하여 분발하였음을 밝히고 있다. 주자서에 얽매이지 않는 학문적 태도로 인해 제자백가 학문이나 천문, 지리, 노장학 등 다양한 범위에 학문에 대해서도 스스로 연구할 수 있었다. 또한 역사 인식의 측면에서도 한국사의 개별성을 강조하며 토풍土風, 즉 고유문화를 존중하는 자세를 보였다.

허목은 현실에 있어서 북벌을 반대하였다. 조선은 국력이 약하고, 자연 조건이 공격에 불리하다는 점과 함께 북벌론이 국가 기강을 무너뜨리고 백성을 괴롭히는 것이며 집권층의 치부 수단으로 전락할 가능성이 있다는 이유 때문이었다. 그는 북벌보다는 민심을 수습하고 백성을 편안하게 하는 것安民이 급선무라고 하였다.

그러나 크게 우려되는 점은 왕자王者의 군사는 만전의 계책에서 나와야 하는 것이니, 우리 백성들을 가르쳐서 영재와 준걸들이 막강한 적을 이기고 굴복시킬 수 있게 된 뒤라야 해 볼 만한 것입니다. 시험 삼아 오늘날의 일을 보건대, 우리의 병력은 미약하고 인심은 이산되었으며, 국가의 형세는 걱정스럽고 위태로우며 가지가지 천재天災가 나타나고 있습니다. 지금 힘써야 할 일은 안팎이 힘을 모아 인심을 수습하고 장수를 선발하여 요해처를 지키고 병기를 정비함으로써 뜻밖에 발생할 수 있는 우리의 환란을 대비하되 오히려 미치지 못할까 두려워해야 하는 것입니다.

이런 전제하에 군비 확장을 반대하면서 군영을 혁파하여 병력을 감축해야 한다고 하였다. 허목은 병사 그 자체만으로도 많은 문제점과 부작용을 일으킨다고 지적하였다. 군영의 증설로 군비가 비대화되고 이것이 권신세가들의 사병화私兵化 길을 터놓았으며, 상무의식尙武意識을 조장해서 문치文治를 위축시킴으로써 사회질서의 안정을 저해한다고 생각하였으며, 군비의 증가는 백성을 고통에 빠트린다고 하였다. 따라서 허목은 군비를 축소하고 군영을 혁파하며 병력을 감축함으로서 국가 재정과 민생을 회복하는데 주력해야 한다고 주장하였다. 군둔전이나 호포론의 반대 등도 이와 같은 연장선상에서 제기한 것이다. 군둔전의 설치가 필요하다는 당위성은 인정하면서 군둔전의 설치로 권세가들이 범법 행위를 일삼는다고 하였으며, 반대로 양민들은 과중한 부세에 시달린다고 하였다. 한편 호포론을 시행함으로써 모든 사람들이 역을 담당하게 되는데, 이로 인해 의리가 훼손될 것이라고 하며 반대하였다.

17세기 조선은 대내외적으로 복잡다단한 시기였다. 대외적으로는 명청교체기라는 국제 정세의 변화 속에서 정묘호란과 병자호란이라는 두 차례 전란을 경험하였다. 대내적으로 서인과 남인의 정권 경쟁이 가속화되는 가운데 현종대에는 의례 문제를 둘러싸고 두 차례 예송이 발생하였고, 그 결과로 숙종 초에는 서인에서 남인으로 정권이 교체되는 상황이었다. 허목은 이런 대내외적인 상황을 몸소 경험하여 국가 재건의 방향을 제시한 것이다. 왕실 예법 적용의 특수성을 강조하거나 북벌을 반대하며 철저하게 민생을 안정시켜야 한다고 하였다.

| 참고문헌 |

한영우, 「허목의 고학과 역사인식: 《동사》를 중심으로」, 『한국학보』40, 일지사, 1985
김준석, 『조선후기 정치사상사 연구』, 지식산업사, 2003
신병주, 「남명학파와 화담학파의 학풍 계승에 관한 연구」, 『역사와 현실』53, 2004
배재홍, 「삼척부사 허목과 『척주지』」, 『조선사연구』9, 2000
정만조 편, 『조선시대 경기북부지역 집성촌과 사족』, 국민대 출판부, 2004

16
"국사를 위해" 몸을 바친 외척, 김석주

왕실의 외척 가문, 청풍김씨

김석주(1634~1684)의 본관은 청풍으로 자는 사백斯百이고 호는 식암息庵이다. 김석주가 속한 청풍 김씨는 중종대 정암 조광조趙光祖와 함께 사림 세력의 핵심에서 활동하던 김식金湜의 후손들이다. 김식은 기묘사화 때 조광조와 함께 붕당을 결성했다는 이유로 화를 당하였으나, 후일 이른바 기묘명현己卯名賢으로 추숭되면서 청풍 김씨에게는 정치적 후광이 되었다. 기묘명현이란 기묘사화 때 화를 당한 인물들을 높이는 호칭이다.

청풍 김씨의 본격적인 정치적 진출은 인조대 김육金堉(1580~1658) 때에 이르러서이다. 김육은 인조~효종대에 대표적인 경세관료로 평가되는 인물로, 광해군 재위 시절 대북 세력 주도의 정국에 염증을 느끼고 출사를 포기하고는 가평으로 물러나 생활하였다. 1623년(인조 1) 인조반정 이후 출사하면서 1624년(인조 2)에 과거에 급제하였고, 이후 주요 관직을 두루 역임하였다. 특히 김육은 관직 시절 공물貢物 제도의 개혁을 자임, 대동법大同法 시행에 주력하였다. 이 과정에서 효종 초반 영의정에 재직하였을 때는 김집金集과 불화를 일으키기도 하였다.

인조반정 이후 정권을 장악한 서인 내부에서 시간이 지나며 분화가 생겼다. 주로 충청도 지역 출신의 산당山黨 세력과 경기와 서울 지역 출신의 한당漢黨의 분화가 그것이다. 김집은 효종 즉위 이후 국왕이 정국의 일신을 위해 조정에 불러들인 산당을 대표하던 인물이었으며, 김육은 한당을 대표하던 인물이었다. 김집과 김육의 불화는 대동법 실시와 인재 등용 문제를 둘러싼 대립으로, 이는 두 사람의 개인적인 대립 차원을 넘어서 산당과 한당의 국가 경영 방략을 둘러싼 대립이었다. 예를 들어 대동법은 종전의 공물 제도와는 달리 토지 소유자에게 세금을 물리자는 것인데, 충청도 지역의 지주들이 대부분인 사족들을 정치적 기반으로 하는 산당의 입장에서 이 제도를 쉽게 받아들일 수는 없었다. 이에 비해 한당의 김육과 같은 경우는 서울과 경기 지역에 세거하면서 관료적인 성향을 보이던 인물로, 더 이상 공물 제도를 방치했다가는 국가 재정이나 민생 경제가 더욱 파탄날 수 있는 상황을 직면하고 토지소유자에게 세금을 물려 이를 타개하고자 한 것이었다. 그러나 양자의 대립은 결국 1651년(효종 2) 충청도에 대동법이 시행되면서 김육의 판정승으로 끝났다. 물론 김육과 함께 정국을 운영하려는 효종의 의도가 개입된 것이기는 하지만...

효종의 김육에 대한 절대적인 신임은 1651년 김육의 둘째아들인 김우명金佑明의 딸을 왕세자(후일의 현종)의 빈으로 간택하는 것을 통해서도 확인된다. 이로써 청풍 김씨는 왕실의 외척 가문이 되었다. 왕실의 외척이 되면 흔히 국왕의 장인은 국구國舅라 하며 최고의 명예를 부여하지만 현직에 나아가 정치에 참여하는 것은 제한되었다. 물론 방계는 예외이다.

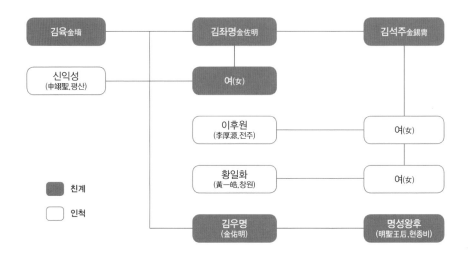

김석주는 세자빈의 사촌 오빠이다. 김석주는 1662년(현종 3) 3월 과거에 급제, 관직에 진출하여 성균관 전적이나 사간원 정언 등 주요 관직을 역임하였다. 그럼에도 김석주는 문신의 인사를 주관하는 이조의 관직에는 쉽게 임명되지 못하였다. 그가 이조의 관직에 나가게 된 것은 이후에도 한 동안 조정의 문한文翰을 담당하는 홍문관의 부교리 등을 수차례 역임한 뒤인 1670년(현종 11)으로, 이때 비로소 이조의 6품

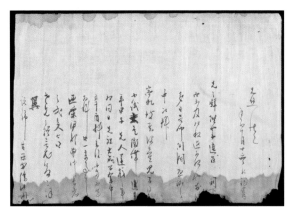

김석주 간찰(국립민속박물관)

직인 좌랑에 나아갈 수 있었다. 이조 관직에 나오는데 약 8년 정도가 소요되었다. 그가 외척이라는 이유 때문이었다. 비슷한 시기에 같이 활동했던 김수항金壽恒(1629~1689)이 1651년(효종 2) 과거에 급제한 뒤에 약 3년 정도가 지난 1654년(효종 5)에 이조 좌랑에 제수된 것을 보면 오랜 시간이 걸린 것이다.

송시열과 정면 승부에 나서다

김석주의 이조 관직 진출이 제한된 것은 표면적으로는 외척이라는 이유에 있었지만 동시에 당시의 정치 구도와도 관련된다. 즉 당시에 정치를 주도하던 송시열을 중심으로 한 이른바 산당들과의 대립도 주요한 이유였다. 효종 초년 국왕과 국정 운영 방략을 둘러싸고 이견을 보이자 정계에서 물러나 재야에서 활동하던 산당의 송시열은 효종 말년 경 정치 쇄신이라는 명분을 내걸고 다시 정계로 나왔다. 송시열이 정계에 재진입한 뒤에 정치 주도 세력은 그와 그를 추종하는 세력들이었다.

효종이 승하하고 그 뒤를 이어 현종이 즉위하였다. 즉위 직후에, 효종의 국상 때 생존해 있던 인조의 계비인 장렬왕후 조씨의 상복을 두고 논란이 있었던 제1차 예송(기해예송이라고도 함)이 발생하였다. 예송 과정에서 송시열은 남인인 허목許穆이나 윤휴尹鑴, 그리고 윤선도尹善道 등으로부터 공격을 받기도 했으나 윤선도가 유배되는 사실로 볼 때 송시열의 정치적 입지는 확고했던 것으로 보인다. 상복의 문제는 비단 몇 년 몇 개월 상복을 입는 문제에 그치는 것이 아니다. 바로 효종의 정통성과도 관련되는 문제이다. 즉 송시열과 추종세력들은 효종이 왕통을 계승하기는 했으나 종법宗法 상 그 계통은 소현세자의 아들로 이어지는 것이 타당하다는 입장에서 1년복을 주장했다. 이런 주장은 사실 현재의 국왕인 현종의 입지를 훼손시키는 것이었다. 문제는 당시 1년복으로 정한 장렬왕후의 상복 기간은 이후 논란의 소지가 있었다는 점이다.

한편 송시열의 정치적 영향력이 막강한 상황에서 김석주는 그와 개인적인 사감이 있었다. 그 하나의 예가 김석주의 조부인 김육 사후에 장례를 치르면서 묘에 수도隧道를 만들었다는 이유로 산당으로부터 비난을 받았다는 사실이다. 수도란 묘를 조성하면서 관이 있는 곳까지 굴을 뚫고 문을 달아서 출입하게 하는 길을 말하는데, 신하의 무덤에 만들 수 없는 것이었다. 이에 송시열 등은 이를 참람되는 것이라 하며 김육의 무덤을 개장改葬하라고 요구하는 동시에 이를 주도한 김우명과 김좌명 등을 공격하였다. 현종의 비호로 일단 개장까지는 이루어지지는 않았지만 양 세력이 앙금을 갖게 되는 주요 계기가 되었다.

이들 양 세력간의 갈등은 이 뿐만이 아니었다. 1673년(현종 14) 5월 종친 중 한 명인 영림부령 이익수가 상소에서 효종의 능인 영릉寧陵의 석물이 훼손되어 빗물이 스며들 염려가 있고 능의 봉분 제도가 소홀하였다고 하였다. 현종의 입장에서 부왕인 효종릉에 대한 이같은 지적은 듣기 좋은 부분은 아니다. 현종은 신하들을 불러 능의 이전을 지시하였다. 그런데 이때 송시열이 세종의 능인 영릉英陵을 모범으로 해서 새로 이전하는 효종의 능에 표석表石을 세우는 문제를 제기하였다. 이에 대해 현종비의 부친인 김우명이 문제 제기를 하고 나왔다. 김우명은 이 뿐만 아니라 송시열 등이 자문을 해서 치른 민신閔愼의 상례 문제가 잘못되었음도 함께 지적하였다.

이런 갈등이 내재된 상태에서 1674년(현종 15) 이른바 제2차 예송(갑인예송이라고 함)이 발생하였다. 2차 예송은 효종비 인선왕후의 국상 때 앞서 1차 예송과 마찬가지로 인조의 계비인 장렬왕후 조씨의 상복을 두고 일어난 논쟁이다. 국상이 발생하자 조정에서는 처음에는 장렬왕후의 상복으로 1년복이 옳다는 의견을 제시했다가 이를 다시 급하게 변경하여 9개월복이 옳다는 의견을 국왕에게 보고하였다. 국왕이 상복 기간의 갑작스런 변화에 의구심을 갖고 있던 차에 남인 계열의 대구 유생 도신징都慎徵이 이에 대해 문제 제기를 하는 상소를 올렸다. 도신징은 상소에서 1년복에서 9개월복으로 변경한 근거가 무엇인가를 따지면서, 『경국대전』에 따르면 어머니가 큰 아들이나 큰 며느리를 위해 입는 복은 모두 1년복이며, 앞서 1차 예송 때 장렬왕후의 상복을 1년복을 정한 것도 이에 준한 것인데 갑작스럽게 9개월복을 주장한 것은 논리적으로 맞지 않음을 조목조목 따졌다. 그러면서 이러한 부당한 결정에 대해 "누구 하나 전하를 위해 입을 열어 말하는 사람이 없다"며 조정의 공론이 없어지고 재야의 사기士氣가 땅에 떨어지고 말았다고 하였다. 도신징의 상소는 복제 문제를 공개적으로 표명하면서 당시 조정의 송시열과 그의 추종세력들을 비난 한 것이었다.

도신징의 상소를 계기로 9개월복을 놓고 타당성에 대해 논란이 있었다. 도신징이 제기한 문제는 비단 2차 예송에만 한정된 것은 아니다. 앞서 제1차 예송 때 상복을 1년복으로 결정한 것에 대한 문제제기이기도 하였다. 현종은 신하들에게 1년복에서 9개월복으로 바뀐 이유에 대해서 추궁했고, 김수흥 등 제1차 예송 때의 결정은 시제時制 즉『경국대전』의 규정에 따른 것이고 지금의 결정은 고례古禮를 따른 것이라고 설명하였다. 현종은 기준의 혼란스러움에 대해서 추궁했고 일을 주관하는 예조禮曹의 장관도 질책하였다. 이렇게 논란이 일던 상황에서 김석주가 제1차 예송 때 1년복을 정한 것은 송시열에게 문의한 결과로, 당시 송시열은 '효종대왕은 인조대왕의 서자로 보아도 괜찮다'라고 했다고 발언하였다. 여기서 서자는 논란의 여지가 있는 단어로, 남인 측 윤선도가 송시열이 효종의 첩의 아들로 몰아간다고 비난하였다. 이에 비해 송시열은 서자라는 의미를 장자가 아닌 다른 여러 아들(중자(衆子))라는 의미로 사용했던 것이다. 그런데 이때 다시 김석주가 '서자'라는 단어를 들어 이전에 윤선도가 주장했던 것 처럼 송시열의 주장이 부당하다며 직격탄을 날린 것이다. 결국 이 때의 논의는 1년복으로 다시 정해져서 시행되었는데, 이 과정에서 김석주의 역할이 중요했다. 김석주는 당시 진출해 있던 남인 세력과 결합하면서 결국 서인에서 남인으로 정권을 교체하는 결과를 가져왔다.

환국정치의 포문을 열다

현종 말년 정권 교체의 신호탄은 남인 허적을 영의정에 임명하는 것으로 시작되었다. 허적이 임명될 때 서인의 김수항이 좌의정에, 정지화가 우의정에 임명되기는 하였으나 남인들의 진출이 본격화되는 계기가 되었다. 이런 양상은 숙종 즉위 직후에까지 이어지면서 허적과 함께 남인의 또 다른 핵심 인물인 허목이 특별히 사헌부 대사헌의 자리에 임명되는 등 남인들의 진출은 가속화되었다. 그러나 남인 정권은 한계가 있었다. 남인이 정권을 주도하기는 하였지만 그것은 사실상 김석주의 주도에 의한 것이기에 권력의 핵심에는 김석주가 위치하였다. 김석주는 숙종의 모후인 명성왕후의 사촌 오빠라는 특수성으로 인해 더욱 입지가 공고해졌다. 특히 정확한 내용은 알 수 없으나 선왕인 현종의 특별한 유지遺旨는 김석주의 정치적 위치를 공고하게 하였다.

이를 반영이나 하듯이 김석주는 숙종이 즉위한 직후에 오늘날의 청와대 비서실장에 해당되는 승정원 도승지에 임명되는 한편 중앙 군영의 하나인 수어청의 장관인 수어사를 비롯해 군사 행정을 책임지는 병조판서와 역시 중앙 군영인

훈련도감과 어영청의 제조직을 겸하였다. 제조란 겸직의 하나로, 2품에 해당되는 관직이다. 숙종의 경우는 권력 운영 과정에서 특히 군권은 모후의 사촌 오빠인 김석주를 중심으로 운영하면서 동시에 장인인 김만기에게도 호위대장의 직책을 주어 자신의 신변 호위를 맡겼다. 권력 운영에서 군사력의 문제는 정권 안정의 물리적 기반으로 중요한 요소이다. 이렇게 본다면 군사력 장악이라는 측면에서 볼 때 남인 정권은 왠지 불안한 측면이 있었다. 군사력을 두고 각축이 예상되는 대목이다.

이 점과 관련해서 남인측에서는 도체찰사부, 약칭으로 체부를 주목했다. 체부는 지방의 군사를 관장하는 기관이었다. 1675년(숙종 1) 남인 세력을 대표하던 인물 중 한 명인 윤휴가 체부를 다시 설치할 것을 주장하면서 논의가 시작되었다. 윤휴는 중국 정세의 불안 등을 이유로 체부 설치를 주장했던 것이지만 남인의 물리적 군사력 확보라는 측면이 내재한 것이었다. 윤휴의 주장이 제기되자 이에 대해 일부 남인들이 반대하는 경우도 있기는 했지만 대부분은 전폭적인 지지와 함께 숙종을 압박하여 이를 제도화하였다. 심지어 남인 측에서는 중앙의 군사인 어영군과 훈련도감 군사들까지도 유사시는 물론이고 평상시에도 체부에서 관장하게 하자고 주장하였다. 남인 측의 이 같은 의도를 모를 리 없는 김석주의 반대는 불 보듯 뻔한 일이었다. 김석주는 자칫 군권의 집중으로 남인의 권력이 비대화되는 것은 원치 않았던 것이다.

사실 김석주의 지지 기반은 서인 세력이었다. 그러나 앞서 언급한 바와 같이 개인적인 사감으로 현종 말년 이들을 정권에서 축출하였던 것이지, 남인 정권의 영구화를 의도했던 것은 아니다. 아래의 기록은 이같은 김석주의 정치적 입장을 잘 표현한 것이다.

대개 현종조 때에 청풍국구淸風國舅인 김우명金佑明이 산인山人(즉 송시열)을 공격하였는데, 그 후 얼마 되지 않아 현종이 돌아가고 지금 임금(즉 숙종)께서 어린 나이에 왕위에 오르자, 김석주가 이 기회를 틈타서 산인 일파를 물리치고 서인 중에서 송시열의 의논에 붙지 아니하는 사람들과 남인 중에 자기에게 붙는 사람들을 모아서 스스로 조정의 정사를 마음대로 하려고 계획을 하였다. 그리하여 서인을 물리치고 남인을 끌어들였다가 남인 세력이 도로 성하므로 부득이 또 스스로 산인에 붙으려고 하였다. 지금 자기가 지은 소본을 꼭 쓰려고 하는 것은 산인에게 공을 세워 스스로 속죄하려고 하는 계책에서 나온 것이다. 이세백과 두 김씨 형제는 이 소에 대하여 방해할 사람이 아닌데, 이세백은 김석주의 명을 받은 것 같고, 두 형제는 김석주에게 반드시 큰 화가 있을 것이라고 공갈을 받았기 때문에 자기의 어그러진 행동을 돌아보지 아니하고 이런 짓을 한 것이다.(『연려실기술』권32, 숙종조고사본말)

위에서 언급한 "자기가 지은 소본"이라는 숙종초 남인 측이 제기한 송시열의 고묘론과 관련된 것이다. 고묘론이란 종묘에 고한다는 것인데, 송시열의 죄를 종묘에 고한다는 것으로, 송시열을 종묘사직의 죄인으로 만들려는 것이었다. 남인측의 이같은 고묘론에 대해서 서인측에서는 당연히 반발하며 그 부당성을 논하였는데, 이때 서인측의 선비 약 700여명이 상소를 하려고 했으나 아직 누구의 상소를 대표로 할 것인가 결정되지 않았는데 김석주가 다른 사람을 시켜 이를 전달하여 자신의 것을 대표로 하려고 했었다. 물론 선비들이 이를 배척하여 성사되지는 않았으나 김석주의 의중을 알 수는 있는 부분이다.

김석주는 자신의 심복인 정원로와 신범화 등을 시켜 남인 세력의 핵심인 3

복과 남인 세력의 영수 한 명인 허적의 아들 허견 등을 감시하도록 하였다. 3복이란 인평대군이 아들인 복창군 · 복선군 · 복평군을 말하는데, 당시 남인 세력의 실질적인 맹주이었다. 그러던 차에 허견이 쓴 글 중에 "여수麗水신녀辛女를 없애야 한다"는 구절이 적힌 글을 확보했다. 신녀란 중궁인 인원왕후 김씨를 지칭하는 것으로 그녀가 여수에서 신축년에 태어났기 때문이었다. 김석주는 이에 대한 소문이 국왕인 숙종의 귀에 자연스럽게 들어가도록 조치하였다. 이런 소식을 접한 국왕 숙종은 무인인 이입신과 남두북 등을 보내어 3복 등을 감시하도록 하였는데, 김석주는 이미 앞서서 이입신 등에게 막대한 금은을 주어 이 자금으로 종들을 포섭하게 하였다. 그리고 마침 복창군의 종 가운데 한 명이 손가락을 앓고 있는 자가 있었는데, 이입신이 그 이유를 물어본 즉 "전복戰服을 하도 많이 지어서 바늘 쥔 손가락이 상했다"라는 진술을 확보했다. 전복은 전투복이니 그 소용처가 의심되었던 것이다.

이렇게 남인 측의 의심스러운 일들에 대한 정보가 차곡차곡 확보된 상황에서 1680년(숙종 6) 마침 허적의 조부인 허잠許潛에게 시호가 내려졌고, 허적의 집에서는 이를 기념하는 잔치가 열렸다. 허적은 이 잔치에 서인측 김석주를 비롯해 숙종비인 인경왕후 김씨의 부친인 광성부원군 김만기 등을 초청했다. 이때 "허견이 그 날 복병을 매복해두었다가 잔치에 간 사람들을 죽이려는게 아닌가" 하고 의심하여, 김석주는 잔치에 참석하지 않았고, 잔치에 참석한 김만기도 술잔에 독이 들었을 것을 의심해서 자기에게 술잔이 돌아오기 전에 미리 다른 술잔을 마시는 등으로 행동하였다.

잔치 당일에 마침 비가 왔다. 이에 국왕은 영의정 허적의 집 잔치에 궁중에서 사용하는 기름먹인 천막을 보내주도록 하였다. 그러나 이미 허적이 천막을 가지고 간 상태였다. 국왕은 노하여 "한명회도 감히 이런 짓은 하지 못했는데…"라며 잔치에 참석한 군영 대장인 유혁연과 신여철 등을 소환하여, 남인 세력인 유혁연을 파직하고 대신 김만기로 임명하는 등 군영 대장직에 대한 교체작업을 추진하였다. 그리고는 이어서 남인들을 쫓아내고 서인들로 정국을 구성하였다. 이것이 이른바 경신환국이다. 정권 교체의 직접적인 계기는 천막 문제이지만 이미 충분히 사전 작업이 진행된 상황에서 이루어진 것이고 그 같은 배경에는 김석주가 있었던 것이다.

서인으로 정권 교체가 진행되는 와중에 정원로와 강만철 등이 고변하였다. 그 내용은 허견이 "주상의 춘추가 젊으신데 몸이 자주 편찮으시고 또 세자도 없으니 만약 불행한 일이 있으면 대감이 임금 자리를 면하려고 해도 될 수 없을 것입니다"라고 했다는 것이다. 여기서 대감은 복창군을 말한다. 이밖에도 복창군과 허견 등의 사이에서 왕복한 서한 등이 함께 제출했다. 이들에 대한 조사 과정에서 허견 등이 군사를 모아 훈련을 시켰다는 등 남인측의 구체적인 동태들이 속속 들어났다. 물론 현재로써 사실의 진위를 알 수는 없지만 결과적으로 복선군과 복창군을 비롯해 허견 등이 사형당하면서 남인 정권은 몰락하였다.

남인에서 서인으로 정권이 교체된 뒤에도 김석주는 남인 계열의 잔여 세력을 소탕하기 위해 김환金煥 등으로 이용해 정탐을 시켰다. 김환은 서인이지만 남인 집권하에 벼슬길에 나아갔기에 남인측과 관련되기도 한 인물이었는데, 당초 김석주의 요구에 응하지 않자 김석주가 그를 불러 "명령을 따르지 않으면 너를 베어 죽이리라"협박하자 굴복하고 협조하였다. 김석주는 김환에게 남인 측 허새許璽와 허영許瑛에게 접근해서 역모를 부추기도록 하고는 이를 고변하도록 하였다. 김석주는 또한 김환으로 하여금 남인 측 명사인 유명견을 감시하도록 하는 등 남인 세력에 대한 견제를 늦추지 않았다.

이같은 김석주의 정치 행위에 대해 일부에서는 비판적인 견해도 있었다. 아래는 소론 측에서 주도한 『숙종실록보궐정오』에 수록된 김석주에 대한 졸기의 일부이다.

> 또 김석주가 처음에는 비록 흉당(즉 남인)을 제거하는 데 급급하여 한결같이 정도正道로 나가지 못하였다 하나, 성공한 뒤에는 오로지 옛자취를 일변一變시키고 물러가서 본분本分을 지켰어야 마땅한데, 도리어 자기의 공을 과대夸大하여 조정의 권한을 장악하고, 비밀히 일을 추진하는 길과 밀고密告하는 문을 만들어 농간을 부리는 것이 이미 익숙해졌고, 수단이 더욱 교활해져 은연중에 한편을 제거할 뜻이 있었다. 그러나 덕망이 높은 구신舊臣 송시열宋時烈·김수항金壽恒과 같은 여러 사람도 바야흐로 인진引進한 것을 이롭게 여겨 농락을 받으면서도 걸핏하면 그 사직社稷의 공을 칭도하였고, 오로지 목청도 우러러 감히 한 마디의 말조차 서로 어기지 못하였다. 산을 옮기고 바다도 메우는 힘은 세상에서 겨룰 자가 없으니, 이 일대一隊의 청의淸議가 화복禍福을 헤아리지 아니하고 그 공을 인정하면서도 그 죄를 공격하였다.

(『숙종실록보궐정오』권15, 10년 9월 20일(계미)

『숙종실록보궐정오』를 찬술한 소론 측에서는 김석주가 남인을 축출하면서 했던 행위에 대해 정도正道가 아니었다고 비판하고 있었던 것이다. 그러나 숙종의 입장에서는 달랐다. 숙종은 김석주가 사망하였을 때 교지를 내려 위태로웠던 종사를 다시 편안하게 하였고 세상을 덮는 공과 해를 꿰뚫는 충정은 옛사람에게도 부끄러울 것이 없다고 하며 왕실을 협찬하는 공을 높이 평가하며 애도하면서 1등 예법으로 장사지내고 3년 동안 그대로 녹봉을 주도록 하였다. 숙종의 입장에서 볼 때 김석주는 악역을 자초하며 국사를 위해 몸을 바친 "국궁진췌鞠躬盡瘁(국사를 위해 몸을 바침)한 인물이었던 것이다.

| 참고문헌 |

이상식, 「숙종 초기의 왕권안정책과 경신환국」, 『한국사학보』20, 2005
이희환, 『조선정치사』, 혜안, 2015
조성을, 「17세기 후반 노론 훈척의 사상」, 『역사와현실』13, 1994

17
소용돌이 정국 속에서
안민安民을 생각한 경세론가, 홍우원

역사 속에 감춰진 경세론가

17세기 중엽은 조선왕조 정치사에 있어서 변곡의 시기였다. 효종대 발생한 두 차례의 예송논쟁禮訟論爭으로 서인과 남인은 돌아올 수 없는 길을 걷기 시작했다. 예송논쟁이란 효종과 효종비 인선왕후가 사망했을 때 효종의 계모인 장렬왕후 조씨의 상례喪禮 문제를 둘러싸고 발생한 사건이다. 이 논쟁은 왕권을 어떻게 위치지을 것인가에 대한 서인과 남인의 정치적 입장 사이에서 일어났다. 1차 예송논쟁에서는 서인이 의견이 수렴되었으나, 2차 예송논쟁에서 남인이 승리함으로써 숙종대 초반 정국은 남인이 주도하는 형세가 되었다. 그러나 숙종 초반 남인의 영수이자 영의정을 역임하던 허적의 유악사건帷幄事件과 그의 서자인 허견의 옥사를 계기로 정국의 주도권은 서인으로 넘어갔다. 그리고 숙종대 서인과 남인의 정치 보복은 계속 되었는데, 이를 역사서에서는 환국換局이라고 한다.

이와 같이 현종, 숙종대는 정치적으로 매우 혼란한 시기였다. 역사학자들은 이 시기 발생한 각각의 사건을 주목하면서 조선왕조의 역사를 복원하고자 노력하였다. 그 과정에서 우암 송시열, 고산 윤산도, 백호 윤휴 등 많은 인물들에 대한 연구가 진행되었다. 남파 홍우원 역시 이들과 동시대를 산 인물로 정치적 역정을 같이 경험했던 인물이다. 그에 대하여 서인이 '간악한 당의 영수奸黨領袖'라고 평가를 내리고 있었던 만큼 격동의 중앙정치 무대에서 남인을 대표하였고, 남인들이 '청명직절淸名直節' 또는 '청소강과淸素剛果'라며 칭송할 만큼 당대 영향력 있는 인물이었다. 사후에는 이익, 안정복 등의 사상에 영향을 끼치기도 했다. 그럼에도 불구하고 다른 인물들과 달리 홍우원은 역사가들에게 관심의 대상이 되지 못했다.

그는 남인을 대표하는 정치인이면서 동시에 문학적 기질을 가지고 있었고, 특히 당대 조선왕조가 봉착한 여러 사회경제적 문제를 해결하고자 하는 경세가의 면모도 지니고 있었다. 그의 문집인 『남파집南坡集』에서 경제현안과 관련된 상소가 다수 수록된 점, 『예안읍지』에 '정사가 청렴·검소하였고, 학문 부흥에 힘썼으며 또한 상소를 올려 폐단을 제거하였던 까닭에 백성이 지금도 그를 칭송하고 있다'라고 기록된 점은 이를 방증한다고 할 수 있다. 즉, 홍우원은 남인으로서 정치활동에 활발하게 참여하고 있으면서도 백성들의 삶을 안정시키기 위해 부단히 노력했던 인물이었던 것이다. 그러므로 정치의 일선에 있으면서도 안민安民을 위해 경세론을 제시한 그의 삶도 조명하여 대중에게 드러낼 필요가 있다고 생각한다.

홍우원의 사환과 정치활동

홍우원의 본관은 남양으로 조부는 이몽학의 난을 진압한 공로로 청난공신에 책

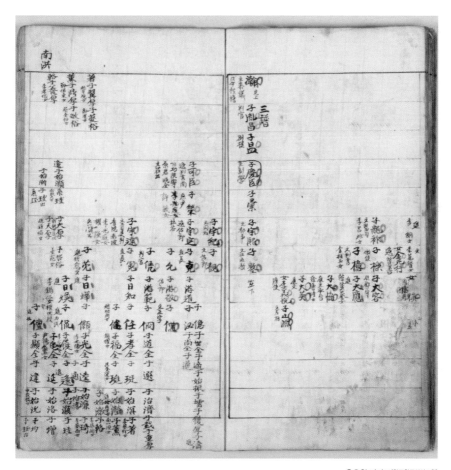

홍우원 만가보(한국학중앙연구원)

훈된 홍가신이다. 1605년(선조38) 허영과 양천허씨 허잠의 딸 사이에서 태어났다. 홍우원의 선대는 고려말 조선 초 이래로 남양의 홍법리(현재 경기도 화성시 서신면 홍법리) 일대에 정착해서 생활하였다. 그러다가 16세기 이래로 계파별로 거주지가 분화되어 남양과 과천, 아산, 그리고 인근의 한산이나 임천 등에서 세거하였다. 17세기 양란을 거치면서 홍우원 세대의 거주지에도 변화가 생겼다. 홍우원의 형인 홍우정은 병자호란 이후 봉화에 정착하였고, 홍우원은 경기 안성에 정착하였다. 홍우원이 안성에 정착하게 된 배경이 무엇인가에 대해서는 사료의 한계상 알 수 없지만, 처가와 관련이 있던 것으로 추정된다.

홍우원의 학맥은 현재 명확히 밝혀진 바는 없다. 숭정처사崇禎處士로 불리던 홍우정의 경우도 예외는 아니다. 그런 점에서 일단은 가학家學의 영향을 생각해볼 수 있겠다. 다만, 그의 조부 홍가신이 서경덕의 문인인 허엽과 민순에게 수학했다는 사실을 통해 서경덕의 학문이 가학의 전통에 자리잡았고, 한편 홍우원의 조카들이 허목의 문인인 것으로 보아 허목과의 연관성도 배제할 수 없다.

홍우원이 중앙정계에 진출한 것은 1645년(인조 23) 과거에 급제한 이후이다. 1646년(인조 24) 승문원에 분관되어 활동하다가 홍문관 정자, 승정원 주서 등을 역임하였다. 그리고 이듬해 세자를 위해 설치한 세자시강원 설서에 제수되었고, 얼마 뒤 사관직인 예문관 검열을 지냈다. 이후 인조 말까지 사관직을 두루 거쳤으며, 1649년(인조 27) 3월 병조좌랑과 사간원 정언을 지냈다.

그가 중앙무대에서 본격적인 정치활동을 시작한 것은 효종대였다. 효종은 형인 소현세자를 대신해 왕위에 오른 뒤 북벌을 표방, 호란으로 인해 형성된 사림들의 반청 감정을 흡수하며 동조 세력을 규합하였다. 이 과정에서 서인 계열의 김집을 비롯해 송시열 등 이른바 산당山黨세력을 대거 불러들였으나, 이들은 효종과의 정국 운영 방식에 대한 이견으로 결국 낙향하게 되었다. 이에 비해 효종을 적극적으로 지원하던 김육을 중심으로 한 한당세력들은 남인 계열의 허적, 민응형 등과 연대하여 정국을 주도하던 상황이었다.

이런 상황에서 홍우원은 효종 즉위 직후인 1649년 6월 11일 병조좌랑에 제수되었다가 10여일 뒤 예안현감에 제수되었다. 예안현감에 재직하던 홍우원은 1650년(효종 1) 예안 지역의 민폐 해소를 위한 상소를 올려 해결해줌으로써 상당한 신망을 받게 되었다. 3년 동안의 현감과 이후 모친상을 마치고 1654년(효종 5) 부수찬에 제수되면서 조정에 들어왔다. 그가 이후 정치 현장에서 내세운 것은 소신과 원칙이었다.

효종 연간에 제출하여 파장을 불러일으킨 상소 역시 그 일환이라고 하겠다. 그는 상소에서 귀인 조씨와 소현세자의 아들들을 사면해달라는 상소를 올렸다. 귀인조씨는 인조의 후궁으로 총애를 받으며 강빈의 옥사를 주도한 인물로 효종이 즉위 이후 김자점의 옥사에 연루되어 사사된 인물이었다. 특히 귀인조씨의 아들 문제는 충분히 논란이 예상되는 사안이었음에도 불구하고 제기하였다. 그러나 홍우원의 상소는 당색을 떠나 공격의 대상이 되었고, 결국 관직에서 물러났다. 홍우원은 현종 연간 이후부터는 정치적으로 남인계의 입장을 드러내면서 제1차 예송 결과로 유배 생활을 한 윤선도를 옹호하면서 당시 정치를 주도하던 서인계의 영수인 송시열의 예의 잘못된 적용을 문제 삼기도 하였다. 그 탓에 현종 연간에는 중용되지 못했다.

남인 세력이 현종 후반 이후 서서히 정국에 참여하고, 숙종 즉위 이후 정국을 주도하게 되면서 홍우원은 지도자급 위치에서 활동하였다. 그는 숙종 즉위 초 '삼복의 변'과 관련해서 명성왕후의 정치 개입을 극렬 비판한 바 있다. 이는 남인 집권 초기 정치 기반의 구축 차원에서 시급한 사안으로, 당시 남인의 맹주인 삼복의 처벌을 차단하려는 의도도 포함되어 있었다. 이 상소 이후 홍우원은 사헌부대사헌, 예조판서, 이조판서 등 요직을 지내면서 윤휴와 허목 등에 비교

될 정도의 남인 내에서 정치적 비중을 가지고 각종 정책을 추진하는 등 남인 집권기 핵심적인 인물로 활동하였다. 그러나 경신환국으로 남인이 실각하자 함경도 명천부에 유배되었다가 다시 문천군으로 이배되었고, 1687년(숙종 13) 83세의 나이로 유배지에서 사망하였다. 기사환국으로 신원이 복구되었으나, 갑술환국으로 관작이 다시 추탈되는 등 사후에도 정치상황에 따라 평가의 부침을 받다가 1795년(정조 19) 최종적으로 복권되었다.

손상익하損上益下와 안민安民

손상익하는 '위를 덜어내어 아래를 보탠다'라는 의미로서, 나라에서 창출되는 부를 국가가 독점하거나 재정을 확장하지 않고, 이를 민에게 적극적으로 재분배하는 행위이다. 이때의 재분배란 부를 민에게 직접 나누어주는 것이 아니라 자의성이 개입할 여지가 없는 공적인 제도에 입각하여 재원을 수취하는 것이다. 즉, 왕을 중심으로 한 국가의 운영기반이 백성인 만큼 원칙에 입각한 수취를 통해 국가재정을 최대한 절약하고, 부를 가급적 민간으로 돌리는 것이야말로 조선왕조의 중요한 지향점이었다.

홍우원이 살다간 17세기는 특히 손상익하가 절실했던 시기였다. 17세기를 전후하여 일어난 두 차례의 전쟁은 국가재정의 근간을 흔들어 놓았다. 재원확보의 물적 토대라 할 수 있는 호구와 전결이 제대로 파악되지 않아 지방재정에 대한 통제력이 약화되었다. 전란이라는 특수한 상황에서 정부는 군사재정 위주로 예산을 편성하는가 하면 결포結布, 삼수미三手米, 서량미(西糧米등 세로운 세금 명목을 창설하여 국가재정에 충당하였다. 이러한 세금의 신설은 기본적으로 민의 부담을 증가시키는 한편, 물류체계를 복잡다단하게 하여 재원 조달과정에서 발생하는 물류비를 증가시켰다. 지방의 감·병·수영을 비롯한 군현도 독자적인 재원을 확보하기 위하여 분주히 움직였다. 그 사이백성은 과외 징수에 노출되었다.

이와 같은 상황에서 '손상摠上'의 모범을 보여야 할 내수사와 궁방 등 왕실기관은 오히려 재원확보에 열을 올리고 있었다. 내수사는 조선시대 왕실의 재무를 관리하기 위하여 설치된 관서이다. 이 기구는 왕실에서 사용하는 곡물, 포목, 잡화 및 노비, 토지 등을 비롯한 왕실재정 업무를 담당하였다. 여기에 왕의 사적인 재산을 관리하는 업무도 담당하고 있었기 때문에 조선전기부터 논란의 대상이었다. 내수사는 정5품의 관서였지만,국왕의 비호아래 운영되었기 때문에 그 위세가 엄청났다. 17세기 왕실재정과 관련된 문제는 주로 내수사의 사적인 운영, 통제가 미비한 상태로 운영되는 막대한 규모의 어공과 진상이 가져온 폐해, 그리고 수조지분급제의 해체 이후 궁방전 등 별도의 토지재원을 확보하는 것에서 비롯된 난맥상들이었다. 공적인 통제 밖에 놓인 내수사와 궁방 등의 사적인 재원확보와 그 운영은 민생을 위협하는 한편 국가재정을 축소시키는 요인으로 인식되었다. 이는 비단 양란 이후의 문제가 아니었던 까닭에 조선시대 내내 '내수사폐지론'이 등장하였고, 한편으로는 '궁부일체'를 통해 내수사를 공적인 영역에서 운영하려는 시도도 있었다. 그러나 17세기 이후 내수사와 궁방의 침탈이 가속화되자, 조야를 막론하고 이에 대한 통제와 개선 등 여러 대책들이 논의기 시작하였다.

홍우원 역시 다른 관료나 학자들과 마찬가지로 내수사의 행태에 대하여 매우 비판적이었다. 1651년(효종 2) 예안현감 재직시 올린 상소에는 백성을 안정시키기 위한 그의 고심이 잘 표현되어 있다.

내수사가 백성을 병들게 함은 그 유래가 이미 오래되었습니다. 사천으로 그 주인을 배반하고 투속하려는 자가 근래에 매우 많습니다. 그러므로 군현의 사송 중에 내수사의 송사가 열에 네다섯입니다. 이 어찌 성세에 아름다운 일이겠습니까? 아! 사사로운 정이 방자하게 행해지면, 공도公道는 땅에 쓸 듯이 없어집니다. … 무릇 내수사라는 것은 전하의 사사로운 관서이고, 내수사의 사람은 전하의 사사로운 사람입니다. 간교한 저 소인들이 성상의 옆에 붙어 간사한 짓을 하여 백성들을 해롭게 합니다.

그는 내수사가 국왕의 권위를 이용하여 천민들을 유인하여 투속시키고 있는 사실을 지적하였다. 이로 인하여 노비주인들이 내수사와 송사를 벌이지만, 담당 관료가 불법임을 알고 있음에도 불구하고 국왕의 위세 때문에 결국 내수사의 손을 들어주고 있다고 보았다.

홍우원은 내수사와 궁방의 재원확보를 강력히 비판하였다. 이념적으로는 왕의 사고私庫인 내수사의 재정운영이 공도公道를 훼손하는 일이었고, 현실적으로는 제도적으로 용인된 절수와 불법적으로 자행한 사천 투속이 백성의 생계를 위협한다고 인식했기 때문이었다. 그에게는 '나라는 백성에게 의지하고, 백성은 먹는 것에 의지한다. 백성이 아니고서는 나라가 될 수 없고, 먹는 것이 아니고서는 백성을 보존할 수 없다'라는 생각이 깊이 자리하고 있었다. 그가 '안민安民', '보민保民'을 위한 핵심 요건으로 '밥食'을 제시하고, '먹는 것을 하늘로 삼는다以食爲天'을 자주 표현한 것도 이 때문이었다.

홍우원은 내수사와 궁방 이외에도 중앙아문의 둔전 확대에 대해서도 매우 비판적이었다.

지금 나라를 좀먹고 백성을 병들게 하는 큰 것은 각 아문의 둔전屯田만한 것이 없습니다. 근년 이래 여러 사람들이 모두 마땅히 혁파하기를 말하나, 아문은 각자 붙들어 아끼어 토지를 분할하고, 민호를 불러 모아 스스로 별장別將을 두어 둔전을 경영합니다. 둔전의 소출은 태반이 별장의 몰래 먹는 것으로 들어가고, 아문에 들어가는 것은 단지 약간일 뿐입니다. 아문이 비록 이것으로 군병과 군기를 마련하는데 쓴다고 하나 또한 중간에 소비되는 것이 없지 않습니다. 한갓 군현의 땅만 날로 줄고, 호조의 세입만 축날 뿐입니다. … 엎드려 바라건대 즉시 대신에게 명하여 아문의 각 둔전을 모두 혁파하고, 토지와 민호는 본읍으로 환속시켜 부세를 호조로 귀속시키면, 백성에게는 균역의 편리함이 있을 것이고, 나라에는 수입의 증대가 있을 것입니다.

둔전은 국방상의 요충지에 주둔하고 있는 군사로 하여금 황무지와 진전을 경작하게 하여 군사재원으로 충당하기 위하여 경작하는 토지이다. 둔전설치는 임란을 겪으면서 본격적으로 대두되었고, 17세기 이후 왕실을 비롯한 중앙군문은 재원확보책의 하나로 둔전 경영에 박차를 가했다. 그러나 전후복구가 진행되면서 꾸준한 인구증가와 농지개간으로 절수의 방식이 그 본래의 취지와 다르게 민전의 모입과 침탈로 변화하면서 많은 문제점이 나타나고 있었다. 그 문제점으로 홍우원은 ①민전을 침탈하고 별장을 파견하여 둔전을 경영하므로 백성의 불만이 많다는 점, ②둔전 경영의 목적에서 벗어나 소출의 상당부분이 별장의 '사적인 비용'이 되는 점, ③호조 수입이 날로 감소하는 점 등을 꼽았다. 둔전이 국가재정에 보탬이 되지 않을 뿐만 아니라 백성의 생계를 위협한다고 판단한 그는 둔전을 혁파해야 한다고 주장하였던 것이다. 비록 그의 주장은 채택되지는 않았지만, 당시 남구만 등관료들과 함께 궁방과 군문의 무절제한 둔전 확대 현상에 일침을 가하여 1688년(숙종 14) 둔전 절수제가 폐지되는데 기여하였다.

현실적인 안민책, 감세와 기민구제

조선왕조에서 백성을 안집시킬 수 있는 근본적인 방법은 토지소유구조의 불균형을 개선하는 것이다. 앞서 본 유형원이 민의 항산을 보장하고자, 정전제井田制에 입각하여 전면적인 토지재분배 즉, 공전제公田制를 주장한 것도 이러한 이유였다. 그러나 공전제와 같은 균평한 토지재분배는 현실에서 실시되기 어려웠다. 이에 대하여 홍우원은 균전이 백성에게 항산을 보장하는 수단이면서 동시에 대민통치의 기반이 되는 제도임에도 불구하고, 그 제도가 실시되지 못한 까닭에 백성들이 고통을 받고 있다고 생각하였다.

그가 현행 부세제도 아래에서 피폐해진 백성을 위해 정부가 실시해야 할 정책, 즉 안민책으로 제시한 것은 감세減稅 즉 세금감면과 기민구제였다. 조선시대 부세제도는 조용조체제에 기반하고 있었다. 조선왕조는 전결과 호구를 담세 대상으로 지정하고, 전세, 군역, 공납 등 주요 부세를 징수하였다. 그러나 자연재해나 전란 등을 계기로 정상적인 부세수취가 어려울 경우 세금 또는 역을 감면해주는 조치를 취하여 백성의 생계기반을 유지해주고자 했다. 또한 한 지역에 세금과 역이 편중되어 있는 곳에 대해서도 '균세均稅'와 '균역均役'의 징세 원리를 주장하면서 감세와 견역을 요구하였다. 감세와 견역은 재원의 수취, 운송, 보관과 국역 차정 등 다양한 층위에서 이루어질 수 있었다.

홍우원은 백성에게 직접적 혜택이 될 수취상의 감세를 특히 강조하였다. 이러한 그의 모습은 지방관으로 재직할 때 추진했던 정사에서 찾아 볼 수 있다. 홍우원은 1649년(효종 즉위) 예안현감에 제수되었는데, 부임 직후 예안현의 부세를 줄이기 위한 여러 노력을 기울였다. 임진왜란이 끝난 직후 정부는 국가재정 정상화를 위해 양전(토지조사)을 실시하였다. 그러나 정부는 수세량을 늘리기 위하여 전품(토지의 등급)을 올렸는데, 예안현도 그 대상에 포함되었다. 홍우원은 이러한 중앙정부의 정책으로 국가재정은 전에 비해 나아졌지만, 예안현민의 전세부담은 대폭 늘어나게 되었음을 지적하였다. 그리고는 '백성이 하고자 하는 바는 함께 하고, 백성이 싫어하는 바는 하지 말라'는 성현의 말을 인용하면서 호조가 억지로 증가시킨 가짜 전결을 삭감하는 동시에 토지의 등급을 하중下中에서 하하下下로 변경시켜 줄 것을 강력히 요구하였다. 그의 상소는 국가재정의 감소를 우려하던 호조 관원의 반대로 시행되지 못했다. 그러자 이듬해인 1651년(효종 2) 재차 상소를 올려 예안현의 전결 문제를 해결해줄 것을 거듭 요청하였으나, 역시 수렴되지 못했다. 이외에도 적상산사고 운영과 포쇄 부담에 따른 무주민의 부역 부담을 줄이고자 금산, 옥천, 영동의 일부를 무주로 포함시키자는 주장, 1674년(현종 15) 고성군수로 있을 때 강원감영에 상납할 호랑이 가죽을을 마련하지 못한 것에 따른 징벌적 조처로 상납하던 호속목虎贖木의 납부 연기 요청, 1677년숙종 3 충청도에 콩 농사가 흉년이 들자 전세로 납부할 콩을 쌀로 대납하자는 제안 등은 그가 주장했던 대표적인 감세책 들이다. 안민을 위한 홍우원의 집념이 얼마나 강했는지를 가늠하게 해준다.

홍우원은 시를 통해서도 감세의 중요성을 설파했다.

세금은 참으로 우선 힘써야 하니	治地誠先務
지금 적합한 때를 잃을까 두렵다	如今恐失便

백성들은 집안이 기울까 걱정하는데	黎元愁罄室
조정에서는 풍년을 점치네	廊廟占豐年
호령하는 소리에 바람이 급하게 불고	號令風驚急
채찍과 매에 피가 흘러 선연하다	鞭笞血濺鮮
당당히 직임을 다하니	堂堂盡職事
사군 같은 어진이 누가 있을까	誰似使君賢

　이 시는 그의 문집 속에 수록된 「균전유감均田有感」이라는 시이다. 홍우원은 토지를 고르게 하는 즉, 세금을 고르게 매기는 법에 대한 유감을 표명하고 있다. 즉, 백성들은 세금으로 인해 가세가 기울까봐 걱정하고 있지만, 정부는 풍년을 점쳐 세금을 과도하게 거두고 있는 상황을 비판하고 있었다. 즉, 세금에 대한 감세가 제대로 이루어지지 않은 것이다. 이로 인해 피해받는 백성들의 고통을 시에 고스란이 투영하면서 어진 사람, 즉 흉년에 세금을 줄여주는 현인이 필요함을 역설하였다.

　홍우원이 감세와 함께 중요하게 여겼던 것은 기민 구제였다. 특히 그가 살다간 17세기 중엽은 자연재해가 자주 발생하던 시기였다. 특히 1670~1671년(현종 11~12)에 발생한 '경신대기근'은 엄청난 인명과 재산피해를 가져왔다. 그 해 재해정도를 기록한 보고서에 따르면 피해가 막심한 군현이 무려 103곳이나 되었다. 이로 인해 중앙으로 상납할 전세는 평년의 10%에 불과했고, 백성은 굶주림에 시달려야 했다. 재앙은 여기서 끝나지 않았다. 북부지방에서 발생한 우역은 천연두와 홍역을 동반하면서 점차 삼남지방으로 퍼지기 시작했다. '기근과 전염병으로 죽은 토착농민을 온 나라를 합하여 계산하면 그 수가 거의 백만 명에 이르고, 심지어 한 마을이 모두 죽은 경우도 비일비재하다'라는 실록의 기사는 경신대기근으로 인한 참상이 얼마나 심각했는지를 여실히 보여준다.

　대기근의 참상을 겪은 이후 홍우원은 국가가 시행해야 할 핵심 진휼책으로 오래되어 징수할 수 없는 환곡 즉, 포흠환곡逋欠還穀 탕감을 주장하게 된다. 환곡은 춘궁기에 빈민에게 곡식을 대여하고, 추수기에 환수하는 일종의 농민안정책이다. 정부는 환곡의 대여와 환수과정에서 줄어든 원곡 손실분을 보충하기 위하여 모곡耗穀 혹은 모조耗條라는 명목으로 원곡의 1/10을 추가로 징수하였다. 그런데 농황이 좋지 못하면 관으로부터 빌린 환곡을 갚지 못하는 이른바 포흠이 필연적으로 발생한다. 이 포흠문제는 자연재해가 심한 17세기 중엽 이후 본격적으로 대두되었다.

　1674년(현종 15) 홍우원은 '지금 조정에서 할 수 있는 것은 오직 관아의 환곡을 연기하여 받는 것이고, 포흠된 곡식을 탕감하는 것도 생민에게 혜택이 될 것이라'라는 발언도 시대상황을 반영한 의견이었다. 당시 조정은 경신년 이전의 포흠 환곡 중에서 거둘 방도가 없는指徵無處 환곡에 한해서 탕감조치를 내렸다. 그렇지만 홍우원은 거둘 방도가 있다指徵有處 하더라도 그것은 백성이 우마, 땅, 집을 팔아 납부하는 것인데, 그럼에도 다 받지는 못할 것이라면서 경신년 이전의 포흠곡을 모두 탕감하도록 건의하였다. 그러나 나라의 곡식을 하루아침에 탕감하는 것은 부당할 뿐만 아니라 환곡이 줄어든다는 반대 여론에 밀려 시행되지 못했다.

　그럼에도 불구하고 홍우원은 무려 3차례의 상소를 통해 지속적으로 포흠곡의 탕감을 요청하였다. 결국 숙종은 경신년 이전의 포흠환곡을 모두 탕감하였다. 이때 탕감된 환곡은 무려 17만석이었다. 이 조치로 조야에서는 '홍우원이 포흠곡을 탕감했다'는 소문이 파다하게 퍼졌는데, 그만큼 이 정책에 홍우원이 끼친 영향이 지대했음을 알 수 있다.

| 참고문헌 |

문광균, 「남파 홍우원의 경세론–안민책을 중심으로」, 『한국사학보』67, 2017
박영민, 「남파 홍우원의 정치현실과 한시 연구」, 『한국사학보』67, 2017
송양섭, 『18세기 조선의 공공성과 민본이념–損上益下의 정치학, 그 이상과 실현』, 태학사, 2015
이근호, 「인조 말~숙종 초 홍우원의 정치 활동」, 『한국사학보』67, 2017

18
풍부한 경험의 개혁적 역사가, 남구만

남구만의 가족과 인맥

남구만의 자는 운로雲路, 호는 약천藥泉 또는 미재美齋였다. 그의 본관은 의령남씨로 조선 개국공신이자 영의정을 지낸 남재南在가 그의 10대조, 세종대에 좌의정을 지낸 남지南智가 8대조가 된다. 그러나 이 선조들 이후 그의 선대에는 문과 급제자나 현달한 인물이 배출되지 못한 채, 음직을 통해 겨우 관직을 이어가면서 가문을 이어갔던 것으로 보인다. 남구만의 조부 남식南烒은 평강현감, 부친 남일성南一星은 금성현령을 역임하였다. 어머니는 강릉부사를 지낸 권엽權曄의 딸로 1629년 남구만을 낳았다. 아내는 정수鄭脩의 딸이었다.

비록 유명한 가문 출신은 아니었지만, 그는 좋은 인맥을 가지고 있었다. 그는 4살 밖에 차이가 나지 않는 숙부 남이성南二星과 함께 자라면서 서로 좋은 영향을 주고받아 둘 다 문과에 급제하는 쾌거를 이루었다. 또한 그의 고모부는 청나라에 끝까지 저항하다가 처형되어 충절의 상징으로 여겨지는 삼학사三學士 중한 명인 오달제吳達濟였다. 그는 고모부를 추모하고 존경하는 분위기 속에서 자라났다. 또 한 명의 중요한 인물은 그에게 자형姉兄이 되는 박세당朴世堂으로, 둘은 깊은 학문적으로 깊은 영향을 주고받았다.

　　과거공부를 위해 상경한 뒤로는 김장생의 손자로 당시 유력 정치인이었던 김익희金益熙의 집에 의탁하였다. 진사시에 합격하면서 교유하게 된 이민서李敏叙, 이민적李敏迪 형제는 당시 영의정이었던 이경여李敬輿의 아들들이었으며, 훗날 그는 이민서의 딸을 며느리로 맞이하여 더 깊은 관계를 이어가게 되었다. 이후 관직에 오른 후에는 그가 배치 받아 일하던 세자시강원의 상관이었던 송준길宋浚吉에게 학문을 인정받아 사제 관계를 맺었다. 이후 서인의 주요 학자이자 정치가였던 송준길은 남구만의 정치활동을 지원하는 후견인 역할을 하였다.

남구만 초상(국립중앙박물관)

정치적 성공과 고난

남구만은 실용적 사상가이면서 관료로도 성공하여 영의정에 오른 인물이다. 하지만 그가 활동하던 17세기 후반은 치열한 당쟁이 전개되던 시기였기에, 그는 이러한 정치적 상황의 당사자이면서도 피해자이기도 했다. 이러한 상황은 그의 사망 후 사관史官의 당색에 따라 그의 삶에 대한 평가가 크게 달라지는 것을 통해서도 알 수 있다.

젊어서는 자못 청렴 간결하여 사심이 없는 것으로써 스스로 평가하더니 관작이 높아지면서

부터는 모든 것이 거꾸로 되었다.

(『숙종실록』 37년 3월 17일 병오)

사신史臣은 말한다. (중략) 세상이 바야흐로 당파를 짜고 서로가 모함과 알력을 일삼는데도 남구만은 마음가짐과 주장하는 의논이 항상 공평하고 옳았기 때문에 그에 대해 원망하고 미워하는 말이 일어나지 않았다.

(『숙종실록보궐정오』 37년 3월 17일 병오)

남구만은 1651년 진사시에 합격하였고, 1656년 효종 7년에는 28세의 나이로 별시 문과에 급제하여 본격적인 관직생활을 시작하였다. 가문의 배경이 화려하지는 않았기 때문에 그의 관직생활은 그의 노력과 실력을 보여주는 지표라 할 수 있다. 급제 후 그는 문신文臣 정시庭試에 다시 합격하여 효종에게 실력을 인정받고 정언과 홍문관 교리, 이조정랑 등 주요 관직 루트를 거치며 점차 정치적 역량을 키워갔다. 이후 그는 승지, 대사간, 이조참의, 대사성, 형조판서 등을 거치며 중앙 정계의 주요 인물로 성장했다. 또한 그는 안변부사와 청주목사, 전라관찰사, 함경관찰사를 지내 지방관으로서의 경험도 쌓았다.

왕실 가족들이 상복喪服을 어떻게 입을 것인지를 놓고 벌어진 예송禮訟 논쟁을 비롯한 정치적 사건들이 발생하고, 남인과 서인의 갈등이 본격화되면서 그의 관직 생활 역시 영향을 받게 되었다. 특히 숙종이 즉위하면서, 그의 고난이 시작되었다. 당시 권력을 잡고 있던 남인들은 숙종 즉위년부터 서인의 우두머리인 송시열宋時烈을 탄핵하기 시작했다. 숙종 1년에는 남구만이 스승으로 삼았던 송준길에 대한 공격도 전개되었다. 이에 남구만은 1675년 1월 6일 「인혐사직겸진 소회소引嫌辭職兼陳所懷疏」를 지어 송준길을 변호한다는 의미에서 사직을 청하였다. 이는 남구만이 본격적으로 정쟁에 뛰어든다는 것을 의미했으며, 이후에 닥칠 여러 고난의 시작점이었다. 그는 숙종 5년인 1679년, 한성부 좌윤이었던 그는 남인의 우두머리인 윤휴尹鑴와 허견許堅을 탄핵하였다. 그 결과 남구만은 남인들의 전면적인 공격을 받고 결국 거제도로 유배되었다.

서인측에서는 허적의 서자 허견許堅과 윤휴, 그리고 동복오씨 일파가 왕족인 복선군福善君을 옹립해 역모를 꾸민다는 내용의 고변을 받아내 경신환국庚申換局을 일으켜 남인들을 몰아내고 정권을 잡았다. 이때서야 남구만은 도승지가 되어 숙종의 최측근으로 복귀하며, 한 달 뒤에는 서인정권의 대제학이 되어 남인들의 역모를 토벌한 것을 널리 알리는 반교문頒教文을 지어 올리고 보사원종공신保社原從功臣 1등에 녹훈되었다. 이후 그는 다시 탄탄대로를 달려 두 차례 더 대제학을 지내고 1684년에는 우의정을 시작으로 좌의정, 그리고 1687년에는 영의정에 올랐다.

하지만 복잡한 정치 상황은 그를 가만히 두지 않았다. 당시 서인은 내부에서 노론과 소론으로 분화를 겪고 있었고, 그는 젊은 관료들의 의견을 지지하여 소론으로 활동하였다. 그 결과 노론의 핵심인 송시열, 김수항金壽恒 등과 갈등하게 되었고, 남인의 재집권 등의 연속되는 사건들 속에서 유배를 당하게 되었다. 1694년 갑술환국甲戌換局으로 다시 서인이 집권하자 숙종은 그를 영의정으로 불러 올렸다. 하지만 이후 계속되는 노론과의 갈등 속에 그는 1696년 영의정에서 물러났고, 1698년에는 70세가 되어 국가 원로들의 기구인 기로소耆老所에 들어가면서 모든 관직에서 물러나 낙향하였다. 그러나 이후에도 74세의 나이에 아산으로 유배를 당하는 등, 어려운 시절을 보내다가 1711년 83세의 나이로 사망하였다.

　남구만은 사후 숙종의 충신으로 평가되어 종묘宗廟의 숙종 묘정廟庭에 배향되었으며, 문충공文忠公이라는 시호를 받았다. 저서로는 문집인 『약천집藥泉集』이 있다.

철저한 고증에 입각한 역사 연구

남구만은 영의정까지 오른 노련한 정치가이자 주요 관직을 거친 유능한 행정가였을 뿐 아니라 한반도 역사에 대한 많은 고증을 남긴 역사가이기도 했다. 그가 활동하던 조선후기에는 한반도의 역사와 영토에 대한 관심이 증가하고 있었다. 당시 조선에서 유행하던 역사지리학은 연속된 전란들에 영향을 받아 역사상 한반도 국가들의 영토에 대한 관심과 고증 시도 등의 특징을 보이고 있었다. 또한 이러한 관심은 조선의 국방에 대한 관심으로도 이어졌다.

　한반도 역사에 대한 관심은 한백겸韓百謙(1552~1615)으로부터 본격적으로 시작되어 그에게까지 영향을 주었다. 사실 남구만이 역사와 지리학에 관심을 가지게 된 배경에는 지방 행정관을 지낸 경험이 있었다. 이 경험은 그에게 조선의 국경과 국방에 대한 관심을 불러 일으켰고, 이에 중국으로부터 수입된 여러 가지 역사서와 지리서들을 활용한 고증을 시도하였다.

　남구만은 안변부사와 함경관찰사를 역임하면서 조선과 중국의 국경에 대한 중요성과 현실을 인식할 수 있는 기회를 가지게 되었다. 함경관찰사 재임 시절인 1673년, 그는 함경도의 지도를 작성하여 숙종에게 바치고 조선의 국방을 강화할 것을 주장하였다. 이러한 북방의 국경과 국방에 대한 관심은 북방 영토가 가진 역사성에 대한 관심과 관계가 깊었다.

북방 영토에 대한 남구만의 생각은 기본적으로 이러했다. 그는 자신이 관찰사로 있던 함경도를 비롯한 조선의 북방 영토가 한때 우리의 옛 국가였던 고구려의 영토였으나, 이후 고구려의 멸망 이후 고려시대까지도 버려졌다가 조선이 들어서면서 다시 영토로 편입되었다고 정리하였다. 이 지역은 4군 6진 등을 설치하면서 조선의 영토로 편입되었다가 이후 폐지되는 등 여러 문제를 겪었지만, 역사적으로 명백한 조선의 영토라는 것이었다.

더 나아가 남구만은 한반도의 경계를 넘어 두만강 이북 지역에 대해서도 관심을 보였다. 그는 이 지역이 역사적으로는 옛 고구려의 땅이며, 조선을 건국한 이성계의 근거지였고, 이성계의 선조인 목조穆祖와 익조翼祖의 땅이었던 만큼 한반도와 관계가 깊은 땅이라고 주장하였다. 그는 비록 이곳이 역사적으로 조선의 땅이지만 이제는 현실적으로 되찾을 수 없는 상황임을 안타까워하였다. 결국 그가 국왕에게 건의할 수 있었던 주장은 역사적으로나 관념적으로 두만강 이북의 땅도 우리의 것이나, 현실적으로 우리의 땅인 압록강과 두만강 이남의 조선 현 영토라도 잘 방비하자는 정도에 불과할 수밖에 없었다.

남구만은 여러 역사 저술들을 남겼는데, 주요 저서로는 그의 문집인『약천집』에도 포함된「동사변증東史辨證」을 들 수 있다. 이 책은 단군, 기자, 패수浿水, 진번眞蕃, 수양산首陽山 등 한국사에 등장하는 여러 인물과 지명에 대하여 진위와 그 위치를 고증하고 있다. 그는 이를 고증하기 위해 다양한 삼국사기, 삼국유사는 물론 중국 역사 기록들을 비교하는 등 충실한 고증을 통해 사실을 변증하였다.

이 주제들에 대한 남구만의 주장을 몇 가지만 살펴보자. 우선 그는 단군에 대해서 몇 가지 의문을 제시하였다. 단군은 이미 조선 초부터 한반도 국가들의 시조로 인정되고 있었으나 남구만 당시까지도 고증되거나 구체적으로 연구된 바가 없었다. 이러한 상황에서 남구만이 단군에 대한 본격적인 고증을 벌인 것이다. 단군에 대한 그의 주된 의문들은 설화에서 언급된 태백산으로 내려왔다는 이가 과연 단군이 맞는지, 그리고 단군이 1908세까지 생존하여 1500년 동안 나라를 다스린 것이 맞는지, 그의 치세가 중국 상商나라 때까지 이어진 것인지 아니면 기자가 한반도로 건너와서 왕위를 넘겨받았다고 하는 주周무왕武王 때까지였는지 등이다.

다음으로 기자에 대해서 그는 기자가 과연 주나라 무왕에 의해서 조선왕으로 봉해진 것이 사실인지, 그리고 평양성 밖에 남아 있는 경작지 터가 기자가 만들었다고 전해지는 정전井田의 증거인지, 기자가 데리고 도망쳐온 무리가 얼마나 되었으며 이들이 당시 조선을 교화할 수 있는 정도의 상황이었는지 등에 대한 질문들을 제기하였다.

또한 그는 역사책에 등장하는 패수가 과연 어떤 강인지에 대해서도 고증을 시도하였다. 그는 요하에서부터 압록강, 청천강, 대동강, 심지어 한강에 이르기까지 여러 하천들을 고증하면서도 여러 가능성이 있음을 지적하면서 패수를 확정하지 않고, 후대에 이를 밝혀줄 자를 기다린다는 열린 결론을 내렸다. 그는 역사 속 진번과 수양산의 위치에 대해서도 다양한 문헌들을 토대로 한 고증을 통해 기존의 견해들에 의문을 제기하고 자신의 견해를 제시하였다.

이와 같은 남구만의 역사 연구는 당시까지 알려져 있던 가능한 많은 서적과 정보들을 이용하여 종합하는 철저한 고증을 따랐다. 그는 때로 평양의 기자전 등을 직접 답사하여 확인하는 등의 적극적인 고증 방식을 취하기도 하였다. 그 결과 그는 당시까지 알려지지 않았던 사실들을 밝혀내거나 잘못 이해되어 온 사실들에 대해 문제를 제기할 수 있었고, 후대의 역사 이해에 긍정적인 영향을 끼칠 수 있었다. 이러한 그의 노력은 중국측의 사료를 무비판적으로 받아들여온 유학자들의 연구 방법을 넘어서려 했다는 의미에서 중요하다. 또한 그의 연구는 한반도 역사에 대한 실증적이고 주체적인 이해의 필요성을 제기하였다는 점에서도 의의가 있다.

한반도의 역사적 사실마저도 중국의 자료와 관점을 무조건적으로 추종하던 기존 학자들의 방식에서 벗어나, 민족주의적인 색채를 보이거나 조선의 역사와 영토에 대한 소중화 사상을 나타낸 것 역시 남구만의 역사 인식이 가지는 중요한 특징이다. 일례로 그는 중국이 아닌 조선의 한자음이 오히려 정음正音, 즉 바른 소리라고 주장하였다. 중국의 한자음이 오랜 세월 이민족과 그들의 문화에 영향을 받아 변화하였던 것과 달리, 조선은 처음부터 말과 글이 달라 섞이지 않았기 때문에 한자음이 변형되지 않았다는 것이 그의 주장이었다. 이러한 그의 생각은 조선의 민요와 시조 등의 가치를 인정하고 한역漢譯하려는 노력으로 이어졌다.

문학에 대한 남다른 관점

남구만은 "문文은 예藝이다"라는 말로 문학에 대한 자신의 관점을 정리했다. 그는 문장 자체의 기예에 집중하기보다는 필자의 내적인 수양이 밖으로 드러나도록 글쓰기를 해야 한다고 생각하였다. 그는 한 사람의 글이나 시가 그 사람의 인심人心을 그대로 드러낸다고 보았다. 심지어 그는 시를 짓는 행위를 사물과 생각이 일치하는 경지로까지 간주하였다. 더 나아가 그는 이러한 수양의 모습이 실제 실천으로까지 이어져야 한다고 주장하면서, 유교적 수행이 좋은 글을 쓰기 위한 조건이라고 보았다.

이러한 관점에서 남구만은 시를 통한 교화에 관심을 기울였다. 그리고 이를 위해서는 개인의 정서가 진솔하게 표현될 필요가 있다고 생각하였다. 따라서 그는 중국의 유명한 시를 모방하거나 답습하는 풍조를 따르기보다는 차라리 조선 백성들이 감정을 그대로 드러내어 지은 시가 더 가치 있다고 평가하였다. 이러한 그의 생각은 당대 많은 학자들과는 그 궤가 크게 달랐다. 당시 대부분의 양반들은 평시조는 양반들의 문학이지만, 사설시조는 평민들의 것이라고 이분법적으로 이해하고 있었기 때문이다.

조선의 시조와 민요를 한역漢譯, 즉 한문으로 번역하려는 그의 시도는 이러한 맥락 위에서 이해될 수 있다. 이러한 시도의 결과로, 그는 자형인 박세당과 함께 「번방곡飜方曲 11수」와 「연속언演俗言 4수」 등의 독특한 작품들을 남겼다. 번방곡 중에는 임금에 대한 충성忠君을 읊은, 유교적 작품도 있으나, 남녀 간의 애정이나 이별, 탄식, 한가로운 삶閑居 등 다양한 제재의 작품들이 담겨 있다. 특히 남녀의 애정을 노래한 작품들은 여러 면에서 서민적인 감성을 잘 표현하여 한시임에도 민요를 떠올리게 한다.

남구만의 이러한 생각의 배경에는 사회 변화로 인해 백성들에 대한 의식 변화가 있었을 수 있다. 또한 17세기 이후 중국 고대 문학에 대한 동경과 그것을 재해석하여 민요풍의 한시를 쓰는 당대의 문학 풍조도 영향을 주었으리라 생각한다. 또한 여기에는 무엇이 '진실한 것'인가에 대한 학문적, 당파적 고민도 반영되었다. 당시 남인과 서인은 물론, 서인 내에서도 노론과 소론이 갈라져 서로 자신들의 의리義理가 진짜임을 주장하는 상황이었고, 이들은 작품에서도 자신들의 정통성을 어떻게 표현할 것인지에 대한 고민을 담으려 했기 때문이다. 더구나 남구만은 영의정에까지 올라가며 17~18세기 복잡한 정치의 현장에서 살아남았던 인물이기에 이러한 고민의 한 가운데에 있었다.

하지만 남구만이 보여준 국문國文과 백성들의 감정에 대한 관심은 단순히 문학적, 사상적 이유에서만 찾을 수는 없다. 그의 독특한 문학관을 형성하게 한 중요한 가장 중요한 지점 중 하나는 바로 앞에서도 살펴본, 조선과 한반도의 역사성에 대한 남다른 그의 인식에 있었다.

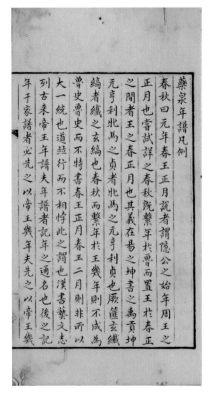

약천연보(한국학자료센터)

현실 개혁가로서 남구만의 노력들

남구만이 비록 당파 간의 경쟁에 깊이 관계되어 있었으나, 그는 나름 자유롭고 다양한 학문적, 사상적 배경을 가지고 있었다. 그리고 그가 가졌던 자유로운 학문관은 조선사회가 처한 상황에 대해서 보여준 그의 현실적인 개혁의 의지와 노력의 기반이 되었다.

앞에서도 언급했듯이, 남구만은 당시 서인 최고의 학자이자 정치가이기도 했던 송준길의 문하에서 배운 경험이 있었다. 하지만 그의 가문은 양명학을 적극적으로 수용한 남언경南彦經 등을 배출할 정도로 학문적으로 열려 있었다. 반면 청나라에 항복을 끝까지 거부한 삼학사 중 한 명인 오달제가 그의 고모부였다는 점도 그가 가진 또 다른 사상적 배경이다. 또한 남구만은 성리학에 대한 재해석을 시도하여, 탈주자학자로까지 이해되어 많은 비판을 받았던 박세당과 누이의 혼인을 통해 엮여 있었다. 특히 박세당의 관계는 일찍부터 시작되어, 그리고 오랫동안 지속되었기 때문에 상호 상당한 영향을 주고받았다. 그리고 남구만과 박세당과의 사상적 유대는 그가 박세당의 아들인 박태보를 제자로 두었다는 사실을 통해서도 잘 드러난다.

남구만은 관념적인 사상가로 머물지 않고, 현실 문제에 대한 관찰과 이에 대한 해결책을 제시하는 것에 관심을 가지고 있었다. 상대적으로 자유로운 사상적 배경과 함께, 오랜 관료 생활을 통해 축적한 풍부한 실무 경험, 그리고 실증적이고 객관적인 그의 사고방식은 현실 사회 문제에 대한 자신만의 해답을 찾는 노력으로 이어졌다.

그의 철저한 역사 고증 노력에서도 알 수 있듯이, "정밀해야 천하의 일을 이룰 수 있다"는 그의 생각은 구체적이고 실용적인 개혁안의 제시로 이어졌다. 그는 주요 지방 행정도시에서의 목민관, 관찰사 경험을 통해 지방 행정도 잘 이해하고 있었다. 또한 1661년과 1662년에는 진휼어사로 발탁되어 호남과 영남을 두루 다니면서 재해와 그로 인한 기근으로 힘들어 하는 백성들의 현실을 조사하여 정부에 더 효과적인 진휼정책을 제시하였다. 더 나아가 남구만은 백성들을 가장 힘들게 만드는 문제가 세금이라는 사실을 이해하고, 백성들의 부담을 덜어주기 위해 부역을 균등하게 지게 하자는 파격적인 주장을 하였다.

앞에서도 언급했듯이, 북방에서의 관직 생활은 그에게 북방 영토에 대한 역사적 관심을 불러 일으켰을 뿐 아니라 국방의 중요성을 인식하도록 만들었다.

그는 함경도에서 관찰사로 있으면서, 국경을 강화하는 정책을 시행하였고, 함흥성을 개축하면서도 직접 작업을 지시하는 적극성을 보였다. 또한 그는 임금에게 북방지역의 지도를 바치면서 내륙에 있는 필요 없는 진보鎭堡는 폐지하고, 전방인 무산과 회령 사이에 새로이 진보를 설치하여 국경을 효율적으로 관리할 것을 주장하였다. 신속한 군사 이동을 위해 그는 갑산과 길주 사이에 새로운 길을 닦을 것을 주장하기도 했다. 국방과 북방지역에 대한 그의 관심은 명백한 조선의 영토인 4군 지역과 6진을 어떻게 지키고, 이용할 것인지에 대한 의견을 적극적으로 개진한 모습에서도 확인할 수 있다.

남구만은 개혁의 원동력이 인재에서 나온다는 사실에 주목하여, 개혁을 위한 인재 선발에서도 자신의 의견을 적극 피력하였다. 우선 그는 당시 시행되고 있던 과거제에 문제를 제기하였다. 그는 당시 과거시험에서 시행되던 명경과明經科가 유교 경전經典에 대한 이해를 시험한다는 기존의 의도를 잃었다고 판단하였다. 따라서 그는 경전을 외우는 것에서 그치지 말고 그 의미를 해석하게 하여 평가할 필요가 있다고 주장하였다. 그리고 인재를 구하는 데에 있어서 가장 중요한 문제는 선발이 아니라 교육에 있다고 생각하여 학제學制를 개편하고 학풍學風을 바로 잡아 올바른 인재를 육성해야 한다고 주장하였다.

남구만은 현실 정치에 깊숙이 관여하여 영의정에까지 오른 정치가이면서도 다양한 관직과 북방에서의 경험을 통해 사회에 대한 정확한 이해를 가지고 있었다. 그리고 이 기반 위에서 부세, 진휼, 국방, 교육 등 다양한 부분에 대한 실용적인 개혁안을 제시하였다. 또한 그는 한반도의 역사와 영토, 그리고 한반도에 사는 사람들의 감정과 그들의 문학에 관심을 가졌다는 점에서도 독특한 역사가이자 문학가였다.

| 참고문헌 |

김영주, 「약천 남구만의 문학론 연구」, 『퇴계학과 유교문화』33, 2008
박인호, 「남구만과 이세구의 역사지리 연구」, 『역사학보』138, 1993
이규철, 「약천 남구만의 북변 상소와 폐사군·후주진 설치 논의」, 『한국인물사연구』26, 2016

19

폭넓은 학문을 바탕으로
경장更張 주장, 이익

세상에 나아가는 것을 포기하다

이익李瀷(1681~1763)의 자는 자신子新, 호는 성호星湖이며, 본관은 여주驪州이다. 여주 이씨는 고려 중기 이후 하급관리직이나 무관직을 역임해오다가 8세조인 이계손李繼孫에 이르러 형조와 병조 판서를 지내며 가문 성장의 기반을 마련하였다.

　　이익의 부친인 이하진李夏鎭은 숙종 초 남인 정권 아래에서 허적許積 · 윤휴尹鑴 등과 함께 정국을 주도하면서 대사헌 등의 주요 요직을 역임하였다. 이하진의 부인은 용인 이씨의 이후산의 딸과, 안동 권씨 권대후의 딸로, 숙종초 남인 정권 하에서 영의정을 역임한 권대운權大運은 8촌간이다. 이익은 신숙주의 후손인 정언 신필청의 딸 및 당시 남인 명문가인 사천 목씨 목천건의 딸을 부인으로 맞아들이는데, 목천건은 남인 정권 하에서 우의정을 역임한 목내선睦來善의 손자이다.

이익은 1681년(숙종 7) 부친의 유배지인 운산에서 출생하였다. 그러나 이듬해 부친이 별세하면서 편모슬하에서 성장, 중형인 이잠李潛 등에게 학문을 배웠다. 이익은 25세 때인 1705년(숙종 31) 숙종의 즉위 30년을 기념하여 시행한 증광문과 시험에 응시하였다. 문과 시험의 첫 단계인 초시에는 합격하였으나, 녹명錄名이 어긋났다는 이유로 다음 단계인 회시會試에는 참여하지 못하였다. 녹명이란 자신의 신분을 증명하기 위해 녹명단자錄名單子를 제출하고, 이를 바탕으로 심사한 뒤 응시 자격 여부를 확인하는 과정을 말한다. 처음 응시한 시험에서 좌절의 쓴맛을 본 것이다.

이익의 주변 환경도 만만치 않았다. 형이자 스승이었던 이잠은 1706년(숙종 32) 왕세자를 해치려는 세력을 제거해야 한다는 강경한 상소를 올렸다가 장살杖殺 당하였다. 당시의 집권 세력을 정면으로 공격한 것이다. 이후 집권 세력은 이잠을 '흉잠'凶潛(흉악한 이잠)으로 칭하였으며, 이로 인한 정치적 견제는 불을 보듯 뻔한 일이다. 결국 이익은 형의 죽음을 계기로 세상에 뜻을 접고 과거 공부를 포기할 수밖에 없었다. 이후 이익은 중형인 이서李漵와 종형인 이진 등으로부터 학문을 배우는 한편 스스로 학문에 정진하였다.

> 개연히 도를 구하는 뜻이 있어 집에서 태부인을 모시면서 조석으로 혼정신성昏定晨省(저녁에는 잠자리를 보아 드리고, 아침에는 문안을 드림)하는 것 외에는 방에 바르게 앉아서 성현의 경전 및 송宋나라 정주程朱의 책과 우리나라 퇴계退溪의 글을 펴 놓고 되풀이하여 읽고 사색하며 반복하여 상호 고증하였으니, 그 슬기가 드러나고 정신이 미친 곳은 아무리 심오한 것도 드러나고 아무리 은미한 것도 해석되지 않는 것이 없었다.(가장(家狀, 이병휴 찬))

이익묘(안산시 소재)

　　이익은 첨성리瞻星里(지금의 안산시) 성호장星湖莊에 머물면서 학문에만 몰두
하였다. 47세 때인 1727년(영조 3) 국가에서 선공감가감역繕工監假監役에 제수하
였다. 이 시기 이익에게 관직을 제수한 것은 일종의 정치적 의도가 있었던 것으
로 말해진다. 즉 바로 앞서 정치 세력이 급격하게 교체된 정미환국丁未換局으로,
노론→소론의 정국 주도 세력이 교체된 상태였다. 이때 정권을 장악한 소론으로
이조판서를 맡은 오명항吳命恒이 남인 세력을 끌어들이기 위해 이익에게 관직을
제수했다는 것이다. 83세 때인 1763년(영조 39)에 첨지중추부사로 임명되었다가
같은 해 별세하였다.

말년 이익의 모습에 대해 채제공蔡濟恭은 다음과 같이 기록하였다.

"나 채제공이 일찍이 경기감사로 있을 때에, 길을 둘러서 첨성리선생瞻星里先生의 향저로 찾아뵈었다. 선생의 나이 81세였다. 처마가 낮은 왜소한 헌 집에 단좌하여 계신 선생은 안광이 형형하여 사람을 꿰뚫었다. 성근 수염은 허리띠에까지 드리웠으며, 절을 하지 않았는데도 숙연히 존경하는 마음이 생겼다. 대좌한 즉 자연스럽고 부드럽고 너그럽고 깊은 인품을 알 수 있었다. 경전을 이야기하는데 고금을 꿰뚫고, 그전에 듣지 못하던 바를 들을 수 있었다."

(『성호선생문집』)

삼두회, 검소한 생활

이익의 평소 생활은 검소함 그 자체였다. 끼니는 배를 채우는데 목적을 두었고, 의복은 몸을 가리는데 목적을 두어 화려함을 금하였다. 제사상의 음식은 향기롭고 깨끗한 것을 취하되 풍요로움을 구하지는 않았다. 식사 때의 반찬도 가짓수를 정해서 먹었는데, 이는 손님이 왔을 때도 예외가 아니었다고 한다. 아들 이맹휴李孟休가 남쪽의 지방관으로 내려가서는 부친을 생각해 고을에서 나는 음식물을 보낸 적이 있었다. 이익은 자식의 마음을 몰라주고 모두 물리쳤다. 백성에게 거두는 것은 모두 옳지 못한 것인데 이것으로 어버이를 봉양하는 것은 옳지 못한 행동이라고 따끔하게 지적하기도 하였다.

이익은 잡기雜技를 경계하였다. 장기나 바둑에 빠지면 정신을 소모하고 정신을 헷갈리게 하여 방탕한데 흐른다고 하였다. 당시에 많이 확산되어 있던 담배도 경계하기를 "날마다 독한 연기로 신명神明이 깃든 곳을 쬐는 것은 옳지 않으니 단연코 끊어야 한다"고 하였다. 이익의 이런 지론 때문인지 문하생들 중 장기나 바둑을 두거나 담배를 피우는 자가 없었다.

　이익의 검소하고 절제된 삶을 보여주는 대표적인 예가 삼두회三豆會이다. 평소 이익은 "굶주림을 구제하는 데는 콩 만한 것이 없다"며 흉년 때에는 콩을 삶아 죽을 만들어서 부족한 식량을 보충하였다. 그리하여 하루는 콩죽 한 그릇과 된장 한 종지, 콩기름에 버무린 겉절이 한 접시를 차려놓고 친족들과 밤새워 환담하였다. 그리고는 모임 이름을 삼두회라고 한 것이다. 이익의 콩 사랑은 지극하여 쌀과 콩을 절반씩 섞어서 지은 밥을 칭하는 반숙가半菽歌라는 가사를 짓기도 하였다. 일부를 옮기면 아래와 같다.

　　　하늘이 낸 오곡 중에 콩이 거기 끼었는데 / 天生五穀菽居一
　　　그 가운데 붉은색 콩이 더욱이 좋다 하네 / 就中赤色尤稱嘉
　　　화기 왕성할 때 자라서 수기 왕성할 때 소멸하고 / 火旺方生水旺死
　　　달콤하고 부드러운 맛이 더욱 사치스러워라 / 甛滑輕輭味更奢
　　　가난한 집이라 없는 재물에 방도를 잘 세워서 / 貧家乏財善方便
　　　싼 가격에 쉽게 마련하니 이 또한 많을시고 / 賤價易辦此亦多
　　　이 콩을 쌀과 함께 고르게 잘 섞어서 / 與米相和得均劑
　　　가마솥에 푹 찌면 김이 솟아 안개가 되네 / 錡釜爛蒸騰成霞
　　　그릇에 담았다가 뚜껑 열면 향기가 엄습하니 / 盈杆啓會氣燻人
　　　수정 화제 다채롭게 이리저리 더해진 듯 / 水晶火齊交相加
　　　봄바람에 온갖 꽃들이 첩첩이 피어날 제 / 春風雜花開複疊
　　　복숭아꽃 오얏꽃이 붉고 희게 뒤섞인 듯 / 桃紅李白色盪磨

어른 아이 나뉘어서 다투어 숟가락 들고 / 長少分行爭擧匙

한 번에 씹어 먹으니 입 안에 향기 가득하다 / 一時咀嚼芬齒牙

그 이후로 고기 맛을 잊은 지 오래거니 / 爾來肉味忘已久

황하 잉어 송강 농어 자랑치 말지니라 / 河鯉松鱸莫相誇

앞마을에 연기가 오르지 않는 것 보아하니 / 請看前村煙未起

이 음식도 나에게는 과분한 것이 아니겠나 / 此物於我非泰耶

(이익, 『성호전집』 권5, 반숙가)

씹으니 입안에 향기 가득하다거나 고기 맛을 잊은 지 오래되었다는 등으로 반숙을 칭송하고 있다. 이익은 오히려 부자들이 "가슴을 채우고 배를 채워도 먹기를 쉬지 않는다"며 야유를 보내고 있다. 이익은 반숙가를 지어 집안에 전시하기도 하였다. 콩에 대한 이익의 찬사는 끊이지 않았다. "그 후에 검은 점이 박힌 것, 푸른 것, 희면서 살짝 누른 것들을 얻었는데, 씨알의 굵기가 다 보통 것과 달라서 전자의 붉은 것과 흡사하며, 흰 것은 더욱 나아서 껍질이 엷어 익으면 쩍쩍 벌어지곤 한다. 그래서 항아리의 곡식이 이를 힘입어 자못 절약됨을 알 수 있게 되었다."라고 하였다.

사私가 횡행하는 세상을 경계하다.

이익은 새로운 왕조가 들어서면 일대一代의 법을 세우지만, 그 법도 오래되면 폐단이 생기고 폐단이 생기면 경장更張하게 되는 것이 필연적인 '세勢'라고 생각하였다. 조선왕조에서도 『경국대전』이 제정되고 『대명률』이 채용되어 왔으나 300여 년이 경과하는 동안에 모두 해이해져 현실에 맞지 않고 그 의의가 상실되어 왔으므로 이제 개혁할 기회가 되었다는 것이다. 이익은 경장을 주장하는 글에서 사람들이 경장이 잘못되면 도리어 우환을 재촉할 수도 있으므로 개혁보다는 오히려 예전 법을 그대로 따라 안일하게 현상을 유지하는 것이 상책이라고 한 주장에 대해서도 비판하였다. 이어서 앞서 나라의 폐정을 고치기 위한 이이李珥의 경장론이 묻혀 버리고 시행되지 않았으며, 또 전제田制를 위시한 제반 제도를 개혁해야 한다는 유형원柳馨遠의 주장도 비록 그 모두가 합당한 것이 아니더라도 당시에 단 한 가지도 시행되지 못한 것을 애석하게 여겼다. 이익은 변법을 법의 폐단이 극단에 이르렀으므로 말하게 되는 것이라고 하였다.

단, 이익은 기존 법제 자체를 무조건 부정하지는 않았다. 이익은 조선 초 이래 법제의 가치를 소중한 것이라 인정하였다. 문제는 건국 초의 법제가 시간이 흐름에 따라 해이해졌고, 그 결과 반드시 지켜야 할 제도가 아닌 변질된 규정이 통용되는 데 있다고 하였다. 대동법大同法의 개선 방안을 설명하면서 비록 대동법에 폐단이 있더라도 법이 잘못된 것이 아니라고 하였다. 여기서 이익의 사고 방식이 급격한 제도 변화보다는 운영의 문제에 주목하였음을 알 수 있다. 이익에게서 개혁한다는 것은 일시에 모두 헐어 무너뜨리는 것이 아니고 이정하지 않으면 안 될 것만을 경장하여 변통하는 것을 의미하였다.

이러한 경장 의식을 전제로 당대 사회를 진단하였는데, 특히 '사私'의 횡행을 우려했다. 이익은 문벌을 숭상하는 폐해를 지적하며 과거 급제자들을 문벌을 기준으로 등급을 매기는 것을 비판하면서, "이는 국초에 제정된 법이나 규정이 아니라 중간에 제 뜻에 따라 사정私情을 행사하는 무리가 한 짓인데, 그대로 그릇된 규례가 된 것이다"라고 했다.

토지제도의 문란을 지적하면서도

"대개 토지는 본래 국가의 소유인만큼 개인으로는 자기의 것이라고 감히 단정할 수 없으니 예나 지금이나 미워하고 싫어하는 것은 사전私田에 대한 폐단이다. 사의 반대가 공公이라면 어느 것인들 공전公田이 아니겠는가? 전주田主란 공전을 빌려서 경작하여 나라에 세금을 바치는 데 지나지 않는 것이다"

라고 했다. 이익은 소수에게 토지가 집중되는 현실을 비판하며 가구당 최소한 필요한 토지를 정하고, 그 이하의 토지를 매매하는 것을 금지하는 안을 구상했다.

대신 '공公' 이념을 국가체제 개혁의 이념으로 삼았다. 이익은 군신君臣 관계에 대해서 "대개 천하란 천하의 공물公物이고 한 개인의 사유가 아니다"라고 했다. 이는 국가가 임금의 사물私物이 아니라 만백성의 공물公物이라는 의미다. 비록 이러한 이념을 강제하는 제도적 장치를 마련하지는 못했으나 '공' 이념을 바탕으로 임금의 무소불위 전제권력을 제한하고자 했다. 그의 토지개혁론인 균전론 역시 기본적으로 토지는 공공재라는 인식을 바탕으로 한다. 이익은 공공의 이익을 중시하고 이익의 원천을 독점하는 행위를 강력히 규제하고자 했다. 그리고 이것은 궁극적으로 균부均賦와 균산均産 같은 '균均'을 위한 것이었다. 이익은 군졸軍卒 등 다섯 가지 불균등함을 설명하면서 다음과 같이 역설했다.

"백성의 부모가 되어서 모든 사람을 아들처럼 기르는 데 있어, 어찌 경중과 원근의 구별을 용납할 수 있으랴? 그러므로 백성 부리기를 마땅히 고르게 하여야 한다. 진실로 한쪽은 수고롭고 한쪽은 편하다면, 아버지가 자식들에 대하여서라도 그 원망을 금할 수 없는 것이거든, 하물며 나라의 많은 백성에 있어서랴? 고르게 하려면 먼저 명목名目이 번다하지 않아야 한다. 명목이 같으면 역사役使가 고르게 되고 역사가 고르게 된 뒤라야 원망이 없어진다."

〔『성호사설』권7 인사문 오불균五不均〕

균등함의 가치를 역설한 부분이다. 백성을 균등하게 사역할 뿐만 아니라 조세를 고르게 하고 생산수단까지 고르게 하려는 의도가 담겨 있다.

이밖에도 이익은 과거 문제에 대해서도 그 대책을 제시하였다. 이익은 과거 시험을 보아 인재를 선발하는 것과 함께 추천을 통해 인재를 등용하는 공거제貢擧制의 병행을 주장, 공정한 인사 선발을 주장하였다.

일문一門을 이루다

이익의 학문 탐구는 일단 주자학에 대한 검토로부터 시작되었다. 이익은 "주자朱子의 집주集註(여러 사람의 주석을 모은 책)를 통

성호선생책판(개인 소장)

해 육경六經의 뜻을 탐구"하였다. 다만, 이 과정에서 이익은 경전을 공부하면서 비판적으로 검토하였다. "학문을 할 적에 반드시 의심을 해야 한다"고 하였다. 이러한 공부 방법으로 그는 앞선 유자儒者가 미처 발견하지 못한 것들을 발견하였다. 통상 유학적 독서법은 이렇게 경서로부터 시작하여 사서史書로 이어졌다. 이

익은 사서를 통해서 역대의 치란治亂을 살폈으며 득실을 조망하였다.

이익의 학문은 전통적인 것에 그치지 않았다. 이익은 당시 중국을 통해 수입된 서양의 지식도 접하였는데, 그 폭은 넓었다. 서양의 과학 기술이나 세계지리, 지도를 비롯해 천주교의 교리에 이르렀다. 『천문략天問略』과 『곤여도설坤輿圖說』, 『간평의설簡平儀說』 등 한문으로 번역된 서학서를 접하였다. 이를 통해 중국 중심의 세계관에서 탈피할 수 있었다. 이익은 또한 각종의 과학 서적을 접하며 실증적이고 합리적인 사고를 갖게 되었다. 이렇게 서양의 과학 기술이나 학문 등에 대해서 인정했지만 천주교 교리에 대해서는 비판하였다. "그 학문은 오로지 천주天主를 지존至尊으로 삼는데, 천주란 곧 유가의 상제上帝와 같지만 공경히 섬기고 두려워하며 믿는 것으로 말하자면 불가佛家의 석가釋迦와 같다."며, 천주교의 천주를 불교의 석가라 하며 전면적으로 부정하였다.

이익의 폭넓은 학문 세계는 문인들을 통해서 다양한 분과로 나뉘어 계승되었다. 이익의 학문 계승에 대해서 정약용丁若鏞은 다음과 같이 기록하였다.

> 우리 성호 선생은 하늘이 내신 빼어난 호걸로서 도덕과 학문이 고금古今을 통하여 견줄 만한 사람이 없고, 교육을 받은 제자들도 모두 대유大儒가 되었다. 정산貞山 병휴秉休는 『역경易經』과 삼례三禮(예기(禮記) · 의례(儀禮) · 주례(周禮))를 전공하고, 만경萬頃 맹휴孟休는 경제經濟와 실용實用을 전공하고, 혜환惠寰 용휴用休는 문장을 전공하고 장천長川 철환嚞煥은 박흡博洽함이 장화張華 · 간보干寶와 같았고, 목재木齋 삼환森煥은 예례에 익숙함이 숭의崇義와 계공繼公 같았고, 염촌剡村 구환九煥도 조부祖父의 뒤를 이어 무武로 이름이 났으니, 한 집안에 유학儒學의 성함이 이와 같았다.
>
> (정약용, 『다산시문집』 정헌묘지명)

정약용이 지적한 내용은 이익의 후손들 사이에 학문 계승을 말한 것이다. 그러나 그 폭은 굉장히 넓었다. 이익의 제자로 안정복을 비롯해 윤동규, 신후담, 권철신 등이 있으며, 이들을 중심으로 일문이 형성된 것이다. 단, 경전의 이해 방법이나 서학 문제 등을 중심으로 문인 내에 분기가 있었다. 이를 성호좌파와 성호우파로 분류하거나 혹은 공서파와 친서파로 분류하기도 한다. 이 중 성호우파인 안정복과 신후담은 한문으로 번역된 서양의 교리서를 검토한 끝에 천주학이 비성리적이고 비합리적이며 불교나 도교와 상통하는 교설을 가진 이단의 교설이니 배격해야 한다는 척사론적 논리를 전개하였다. 이에 비해 성호좌파인 이가환·정약전·정약종·정약용·이벽·이승훈·권일신·권철·황사영·김범우 등이 천주교 신자가 되었다. 일례로 이벽의 경우는 인간은 성실하고 근면하여야 하며 덕행을 쌓아야 한다고 전제하고 그러기 위해서는 천주신앙을 받들어야 하며, 어떤 직업에 종사하든지 간에 정도正道를 위해 노력해야 함을 강조하였다. 이익의 학문과 경장 의식은 뒤에 정약용에 의해서 종합되었으며, 경상도 지역에서 허전許傳을 중심으로 성호학의 부흥이 추진되었다.

| 참고문헌 |

강세구, 『성호학통 연구』, 혜안, 1999
이근호, 「실학파의 사회사상」, 『한국유학사상대계(9)-사회사상』, 한국국학진흥원, 2008
최석기·정만조·이헌창·김문식·구만옥, 『성호 이익 연구』, 사람의 무늬, 2012
한우근, 『성호 이익 연구』, 한국학술정보, 2003

20
시대의 폐단을 찾아 대책 설계, 홍계희

장원으로 급제하며 영조의 주목을 받다

홍계희洪啓禧(1703~1771)는 1703년(숙종 39) 전주에서 출생하였다. 그는 출사 이전 서울과 전주를 왕래하면서 이재李縡의 문하에서 학문을 연마하였다. 홍계희는 1725년(영조 1) 증광진사시에 입격한 후 성균관에 들어갔다. 성균관에서 장의掌議 등으로 활동하면서 노론계 유생들이 제출한 소론 유봉휘柳鳳輝 등의 처벌을 요청하는 상소에 연명하였다. 홍계희는 1734년(영조 10) 음서로 의금부도사에 제수되어 출사한 이후 내시교관, 전적 등을 거쳐 1737년(영조 13) 과거에 응시, 장원으로 급제하였다. 홍계희는 출사 이후 경학經學을 비롯해 악학樂學에도 해박할 뿐만 아니라 각종의 전고에도 박학하다고 평가되기도 하였다. 함께 정치를 했던 원경하元景夏는 어린 시절부터 학문을 함께 연마하여 정의가 범상치 않은데 많은 고서를 읽고 세상世務에 마음을 둔 쉽게 얻을 수 있는 인물이 아니라고 평가한 바 있다.

　　홍계희는 1737년(영조 13) 문과에 장원으로 급제하였는데, 장원 급제한 답

홍계희 묘소 탁본

안지는 영조로부터 많은 관심을 받았다. 영조의 표현에 따르면 "폐단을 구제하는 대책救弊策"으로서, 유형원柳馨遠의 『반계수록磻溪隨錄』을 바탕으로 논술한 것이었다. 과거 급제 이후 정언과 부교리 등 언관직을 두루 역임하였고, 1742년에는 북도감진어사로 함경도에 파견되어 수령의 진휼 실태 등을 조사하여 보고하였다. 이때 보고 내용을 둘러싸고 함경감사 박문수朴文秀와 불화를 야기하였다. 1745년 12월에는 국왕의 비서인 승지에 특제特除되었고, 이후 형조참의를 거쳐 1747년~1748년 일본 막부 도쿠가와 이에시게德川 家重의 승습을 축하하기 위한 통신사로 파견된 바 있다. 통신사로 차출된 홍계희는 일본 측의 언어 변화에 따라 기존 왜어역관倭語譯官이 암송하던 『첩해신어捷解新語』에 대신할 교재의 편찬을 주문한 바 있다. 대신할 교재로 왜어역관 최학령崔鶴齡이 편찬한 『삼운통고三韻通考』의 간행을 요청하였다. 이러한 요청을 통신사로 다녀온 뒤인 1748년(영조 24) 8월에도 다시 한 번 제기하여 결국 『첩해신어』를 증보하는 것으로 나타났다.

1749년 이후 홍계희는 충청감사를 거쳐 병조판서에 올라서는 균역법 제정을 주도하였다. 이후 광주유수, 이조판서, 형조판서, 경기감사 등을 두루 거쳤다. 1762년 사도세자가 화를 당하는 임오화변壬午禍變이 발생하였는데, 이 과정에 홍계희가 깊숙이 관여한 것으로 말해진다. 사도세자가 몰래 평양에 행차하였을 때, 이를 알면서도 영조에게 세자를 만나보라는 상소를 올렸다. 경기감사에 재직할 때는 윤급尹汲이나 김한구金漢耉 등과 함께 사도세자의 비행 10여조를 국왕에게 알린 나경언의 고변서를 사주하였다고 한다. 임오화변 이후 노·희魯禧라 하여 홍계희는 김상로金尙魯와 함께 사도세자가 화를 당하게 만든 주범으로 인식되었다. 사후에 문간文簡이라는 시호가 내려지기도 하였으나, 아들 홍술해·홍찬해와 손자 홍상간·홍상범 등이 대역죄로 처형되면서 관작이 추탈되었다.

폭넓은 학문과 경세 방략

홍계희는 정치적인 사건에 연루되어 '역 逆'으로 규정됨으로써, 암묵적으로 연구의 기피 대상이다. 그러나 홍계희는 폭넓은 학문과 경세 방략으로 영조대 각종의 정책에 참여하고 또 그 이론을 제기하고 있어 다시 한 번 주목할 필요가 있다.

홍계희는 당시로서는 이례적으로 약 60여종에 육박하는 방대한 분량의 도서나 글을 찬술하거나 편찬에 참여하였다. 홍계희는 스승인 이재의 유지를 받아 자파 선사先師인 이이의 저술을 정리, 간행하는 작업을 진행하여 일단락을 지었다. 이재가 이 같은 작업을 추진한 것은 주자朱子-이이李珥-송시열宋時烈로 이어지는 도통道統의 확립이었다. 홍계희 역시도 스승의 의도를 간파하고 이를 일단락지은 것이었다. 홍계희는 1748년 이이가 사서에 대해 언해한『사서율곡언해』를 간행하면서 발문을 수록하였다. 같은 해에 홍계희는 스승인 이재가 편찬한『율곡전서栗谷全書』에 누락된 시문을 수습해서「습유拾遺」6권을 추가하여 활자로『율곡선생전서』를 간행하였다. 이어 다음 해에는『순언』을 간행하였다.『순언』은 이이가 노자의『도덕경』에서 자신의 성리학 체계에 맞는 구절들을 40장으로 재편집하여 간행한 것이다. 이이의 서적을 간행한 것과 함께 주목되는 것은 주희와 관련된 다수의 서적을 간행한 사실이다. 1752년 주희가 1194년 10월 새롭게 즉위한 영종寧宗에게 제출한 5개의 차자 중 두 번째 차자인『주문공선생행궁편전제이주차』를 간행하였다. 이어 광주유수 재직시인 1753년에는 주희의 구본舊本을 베껴서 대본으로 하여『근사록』과『소학』을 간행하였다. 이밖에도 1770년에는『주자문집어류교간범례』를, 1771년에 교정을 거쳐『주자어류대전』과『주자문집대전』을 간행하였다.

홍계희는 인물이나 사건 관련해서도 1747년. 임란 때 의병장으로 활동했던 최경회의 치제문을 시작으로 찬술이나 저서, 편서 등을 간행하였다. 이 가운데는 왕명으로 편찬한『천의소감』이나『봉교엄변록』을 비롯해『명사강목』이 포함되며 이밖에도 인물 관련 전기를 찬술하거나 문집을 편찬하였다. 대상 인물로 조선조의 인물은 하위지, 서기, 최진립, 정사호를 비롯해 이재형, 그리고 무신란 관련 인물인 이봉상, 남연년 등과 관련된 시장諡狀을 찬술하거나 문집을 편찬하였다. 중국 인물로 송대 문천상의 전기나 명말 고헌성의 문집을 간행하였다. 이 같은 홍계희의 저술이나 편찬서들을 보면 의리론을 강조하고 있음이 확인된다. 이른바 '사육신사건'과 관련한 하위지나 임란 때 의병장으로 활동한 최경회, 병자호란 때 순국한 최진립의 행장을 찬술한 것을 비롯해 무신란 관련 인물들에 대한 찬술이나 문집 간행 등이 이에 해당된다.

이밖에도 경세와 관련해서는 양역 변통 관련 저술이 상당수 확인되며, 상례喪禮 관련『국조상례보편』, 준천 사업 관련 서적 등의 간행이나 저술에 관여하였다. 또한 상수학 계통의『경세지장』을 편찬하였고, 음운서인『삼운성휘』와『홍무정운』등을 편찬하였으며, 의학서인『동원십서』를 간행하였다. 이 가운데『경세지장』의 간행은 홍계희가 추구한 경세 방략의 이론적 배경을 살피는데 의미 있는 서적이다. 이 점은 선생인 이재의 문인들 대부분이 사서四書 중심의 의리 규명과 학문의 대체를 중시하며 상수象數를 말단적인 것이라고 비하하였다. 이에 비해 홍계희는 상수학의 중요성을 말하였다. 이런 상수학에 대한 강조는 17세기 중반 이후 서울과 경기 지역 서인들 일부의 학문적 경향을 계승한 부분이기도 하다. 이와 함께 국가의 정책이나 경세와 관련해서 주목되는 것은 여러 연구자들에 의해서 지적된 바와 같은 유형원에 대한 관심이나 『반계수록』의 간행 등이다.

유형원의 이상을 현실에 구현하다

홍계희는 당대 사회의 여러 가지 사안에 대해서 문제점을 지적하였는데, 특히 양역 문제가 가장 중점을 둔 부분이다. 홍계희는 양역의 폐단으로 인해 장차 망국에까지 이를 것이라고 경고하면서, 나라의 급선무 중 가장 간절한 것이 양역 문제의 해결임을 누차 강조하였다. 그는 양역 문제에 대해 "백 년 전에도 이와 같았는데 아무 일도 없으며, 십년 전에도 이와 같았는데 아무 일이 없었다"고 하는 세간의 안일한 인식을 질타하였다. 그러면서 병든 사람의 기력이 비록 허하다고 하여도 증상에 따라 대처한다면 치료가 될 것이라고 하면서 심각한 상황에 대한 대책이 필요함을 역설하였다.

홍계희는 어려서부터 관직 생활을 하는 부친을 따라 왕래하면서 이미 양역 폐단을 느꼈고 출신出身 후에는 매번 양역을 비롯해 과거와 인재 등용 등의 폐단을 인식하고 그 대책을 주자의 공거사의貢擧私議를 본따서 "삼사사의三事私議"라는 책자를 작성한 바도 있다. 그리고 1749년(영조 25) 7월 충청감사에 제수되어 현지에 내려가서는 도내의 수령과 반복해서 상의하는 것은 물론이고 선비나 일반인들에게 의견을 청취하는 등 대책 마련에 부심하였다. 그 자신이 술회하기를 "삼사三司에 있으나 후원喉院(승정원)에 있으나 비국備局(비변사)에 있으나 외번外藩에 있으나" 항상 양역 문제로 고심하였다. 이같은 홍계희의 자세에 대해서는 정치적으로 충돌하기도 했던 소론 계열의 박문수조차도 국가를 위한 것임을 인정할 정도였다. 양역 변통 과정에서 그를 적극적으로 추천했던 조현명은 이런 홍계희를 가리켜 시종 "폐해를 개혁하여 백성을 구제하는 혁폐구민革弊救民"의 뜻을 가졌던 인물로 평가하였다.

홍계희는 양역 문제가 발생한 원인을 역役 부과의 불균등함과 역을 담당하는 사람들의 경제적 빈곤에서 찾았다. 홍계희는 이를 해결하기 위해 양역변통론을 제기하였는데, 주목되는 것은 당초 호포론에서 결포론으로 선회한 점이다. 각 호별로 포를 부과하자는 것이 호포론이고, 토지에 부과하자는 것이 결포론이다. 역은 본래 인신人身에 부과하던 것인데 대신 가호나 토지에 부과하자는 것이다. 당시로써는 대단히 파격적인 방안이었다. 홍계희가 호포론을 철회한 것은 논의 자체가 갖는 논리적 결함, 즉 양반층의 경제적 곤란함이었다. 당시 양반층의 경제적 영세 균등화의 진전이라는 측면을 반영한 것이었다.

홍계희가 결포론을 주장하면서 주목되는 것은 토지를 "공전公田"으로 인식한 점이다. 이는 유형원柳馨遠의 『반계수록』에서 영향을 받은 것이다. 『반계수록』은 국가의 공공성을 강조하기 위한 개혁 방안을 담고 있는 책이다. 유형원 생전에는 크게 주목받지 못하다가 숙종대 이후 간헐적으로 관심이 나타나다가 영조대에 각종 제도 개편이 추진되면서 크게 주목받아 국가적 사업으로 간행되었다. 이때 홍계희는 『반계수록』에 수록된 유형원의 행장을 찬술할 정도로 많은 관심을 보였다. 홍계희는 『반계수록』에 대해서는 "순과 삼대의 정치를 하던 세목에 합치된다고 하지는 못하겠지마는 옛날 성현들의 말한 대체 이외에 그것을 실행할 상세한 세목을 탐구하려면 이만한 책도 없을 것"이라고 하면서 이의 간행에 주력하였다. 당시 원경하를 비롯한 많은 사람들이 내용은 좋지만 시행할 수 없다고 하였으나 홍계희는 이에 반대하면서 이를 적극 추천하였던 것이다.

홍계희는 유형원의 행장에서 "토지 소유권을 제한하자는 학설들은 옛날 현인들의 정당한 평론들이 있는데 만일 진실한 마음으로 실행한다면 오늘이라고 실행 못할 아무런 이유도 없는 것이며 또 이 법을 실행한다면 좋지 못하다고 하는 자가 물론 많을 것이나 그것을 환영하는 자가 더 많을 것이니 이것에 구애될 것은 아닙니다"고 하였다.

유형원은 정전제井田制의 이상을 높이 평가하면서도 현실적으로 시행이 불가능하다는 인식 하에 정전제의 취지와 이상을 살려 공전제公田制를 제기하였다. 유형원의 공전제는 토지 사유를 폐지하고 이를 국가에 귀속시키려는 것으로, 공전을 공평하고 균일한 제도로 인식하였다. 여기에는 토지를 사적인 모리 수단이 아닌 공공재적 성격으로 생각했던 인식이 반영된 것이었다. 홍계희가 굳이 "공전"이라는 표현을 써가면서 결포론으로 자신의 생각을 선회한 것은 일단 유형원의 영향을 생각할 수 있다. 즉 공공성을 목적으로 한 토지의 사용을 전제한 것이다. 이처럼 홍계희는 앞서 유형원이 이상적으로 제시한 방안을 현실에 구현하고자 하였다.

| 참고문헌 |

신항수, 「홍계희의 편찬 및 간행 활동과 도통 의식」, 『역사와 담론』66, 2013
이근호, 「담와 홍계희의 사회경제 정책 구상 ―양역변통론을 중심으로―」, 『한국실학연구』27, 2014
이근호, 「홍계희 국정운영론의 이론적 배경 ―저술과 편찬 사업을 중심으로」, 『한국실학연구』34, 2017
조성산, 『조선 후기 낙론계 학풍의 형성과 전개』, 지식산업사, 2007

21
외척이자 탕평관료, 홍봉한

딸이 세자빈으로 정해지다

홍봉한洪鳳漢(1713~1778)의 자는 익여翼汝, 호는 익익재翼翼齋이고, 본관은 풍산이다. 홍봉한은 그의 딸, 우리에게는 혜경궁惠慶宮으로 잘 알려진 여인이 세자빈에 간택되면서 크게 주목되었다.

혜경궁은 한성의 반송방 외가에서 홍봉한의 둘째 소생으로 태어났다. 혜경궁이 역사상 존재를 드러내기 시작한 것은 사도세자의 세자빈에 간택되면서 부터였다. 사도세자는 1735년(영조 11) 출생, 1736년(영조 12)에 왕세자로 책봉되었다. 세자가 9세가 된 1743년(영조 19) 2월 21일 9세~13세 여아女兒에 대한 금혼령禁婚令이 내려지면서 간택이 시작되었다. 금혼령이 발표되었더라도 ① 국성國姓, ② 세자의 이성친異姓親 8촌 이내, ③ 왕비 동성同姓 7촌, 이성친 6촌, ④ 성관이 다른 이성李姓, ⑤ 부모 중 한 명이 없는 자는 혼인이 허가되었다. 같은 해 8월 3일부터 지역별로 단자單子 보고되기 시작하였고, 9월 28일 초간택이 시행되었다. 초간택에는 풍산 홍씨 홍봉한의 딸을 비롯해 당대에 내로라하는 명문가의 딸 67명이 참여하였다.

초간택에서 홍봉한의 딸 등 8명이 재간택 대상자로 선정되었다. 10월 28일 재간택이 시행되었고, 여기서 다시 홍봉한의 딸, 최경흥崔景興의 딸, 정준일鄭俊一의 딸 3명이 삼간택 대상자로 선정되었다. 11월 13일 삼간택이 시행되었고 여기서 홍봉한의 딸, 즉 혜경궁이 최종 간택되었다. 혜경궁이 간택된 것은 여러 가지 이유를 생각해볼 수 있으나, 주목되는 것은 혜경궁이 속한 풍산 홍씨의 가문적 위상이다. 혜경궁이 속한 풍산 홍씨는 16세기 후반 홍이상洪履祥(1549~1615) 때부터 주목을 받았다. 홍이상은 1579년(선조 12) 과거에서 장원으로 급제한 뒤 선조대에는 수찬과 병조좌랑, 직제학과 승지, 형조참판, 호조참판 등을 역임하였으며, 광해군대에는 대사헌과 대사간 등을 역임하였다. 풍산 홍씨 가문에서 홍이상은 가문의 번성을 기초를 만든 인물로 인식되었다. 이 점은 외부인들도 마찬가지로, "풍산 홍씨는 모당慕堂(홍이상)에서 크게 되었다"고 하였다. 홍이상의 아들 6명 중 4명이 문과에 급제하였고, 이 중 홍영의 아들 홍주원洪柱元(1606~1672)은 선조의 부마가 되어 영안위永安尉에 봉해졌다. 풍산 홍씨는 당색으로 노론과 소론 양측에서 활동하였는데, 혜경궁의 친가인 홍봉한 계열은 주로 노론으로 활동하였다.

부마를 배출했다는 점은 영조에게 관심을 끌었다. 혜경궁은 영안위의 5대손으로, 영안위는 선조의 부마이다. 부인은 선조의 유일한 공주인 정명공주貞明公主이다. 혜경궁의 조부 홍현보洪鉉輔는 예조판서를 역임하였는데, 혜경궁을 간택할 때 영조는 조부 홍현보가 생각난다며 감격스러워 했다. 세자빈에 간택된 혜경궁은 15세가 된 1749년(영조 25) 1월 27일에 합례合禮를 하였다. 다음 해 8월에 첫 아이를 출산하였다. 의소세손懿昭世孫인데, 불행하게도 1752년(영조 28) 3세에 사망하였다. 의소세손을 잃었지만 같은 해 9월 원손을 출산하였다. 후일의 정조正祖를 출산한 것이다.

딸이 세자빈에 간택되자 홍봉한은 정치적으로 성장하였다. 영조가 홍봉한에게 상당한 정치적 역할을 기대하였기 때문이다. 영조는 자신의 기대감을 홍봉한의 고속 승진을 통해서 표현하였다. 김재로의 건의에 따른 것이기는 하지만, 1744년 8월 19일 정9품의 세자익위사 세마에 있던 홍봉한의 출육出六(6품의 품계에 오름)이 있었고, 같은 해 10월 19일에는 임금의 환후가 회복된 것을 기념한 정시庭試에서 급제하였다. 홍봉한의 급제는 다분히 영조의 의도가 개입된 것이었다.

재정과 병권을 장악하다

홍봉한은 급제 이후 승정원 가주서를 시작으로 같은 해 11월 20일에는 정5품의 문학에 제수되었다가 약 5개월여가 지난 1745년(영조 21) 4월에는 종2품의 광주부윤廣州府尹에 제수되었다. 급제 후 1년도 안된 시점에서 종2품에 오른 파격적인 인사이었다. 물론 이에 대해 "이력이 없는데도 갑자기 탁용擢用"하는 것이 부당하다는 비판이 제기되기도 하였으나, 영조의 의지를 막지는 못했다. 그리고 약 5개월

홍봉한 초상(경기도박물관)

후에는 국왕을 측근에서 모시는 승정원 승지에 제수되었다. 승지를 지낸 이후에 홍봉한은 공홍도 감사와 성균관 대사성, 경기 감사 등을 역임하였다.

　1749년(영조 25) 1월 세자의 대리청정이 시작되었다. 세자의 대리청정이 시작되면서 외척 홍봉한의 정치적 역할이 더욱 중시되었다. 이를 위해 일부에서는 그를 장신직將臣職에 두려는 움직임이 있었다. 즉 1749년 1월 25일 창경궁 환경전에 대신과 비국당상이 입시한 자리에서 대리청정의 실시에 따른 차대次對 등에 대한 시행절목이 논의되었다. 이 자리에서 좌의정 조현명은 『주역』의 원형이 정元亨利貞을 거론하며, 대리청정의 시작은 국왕에게는 정(貞, 만물의 成으로 절기상으로는 冬에 해당됨)이 되며, 세자에게는 원(元, 만물의 시작, 절기상으로는 春에 해당됨)이 라면서 삼상三相의 역할을 강조하는 동시에 재외在外에 있는 폐부지친肺腑之親을 장신에 임명하자고 제안하였다. 여기서 재외에 있는 폐부지친은 바로 홍봉한을 지칭하는 것이었다. 당시 홍봉한은 경기 감사에 재직하던 중이었다. 즉 조현명은 세자의 대리청정에 따라 장인 홍봉한에게 장임을 맡겨 세자를 보위할 수 있도록 요청한 것이었다.

　조현명의 건의에 대해 국왕은 일단 이런 길이 한 번 열리면 후일이 염려된다고 주저하며 홍봉한을 바로 장신직에 제수하지는 않았다. 그러나 그로부터 얼마 지나지 않아 홍봉한은 비변사당상과 병조참판을 거쳐 어영대장에 제수되었다. 당시 어영대장은 박문수朴文秀가 재직하던 상태였는데, 그를 체직시키고 어영대장에 제수한 것이었다.

　홍봉한의 정치적 역할에 대해 혜경궁의 『한중록』에서는 다음과 같이 술회하였다.

"영조께서는 아버지께서 조정에 들어오신지 근 삼십년 동안 외직으로 지방에 가시거나 상중喪中에 있어 벼슬에 나오지 못한 때가 아니면 불러 보시지 않을 때가 없으시니라. 훈련도감, 금위영, 어영청, 수어청, 총융청 등 병권을 거의 맡기셨을 뿐 아니라 조세를 맡은 선혜청과 나라 살림을 맡은 호조를 여러 해 맡기시는 등 중요한 일에 아니 부리심이 없으니"

"아버지께서 과거에 급제하신 다음, 영조의 아끼심이 점점 높고 중해 벼슬을 차차 높이 올리시어 나라의 재정과 병권을 모두 맡기시니라. 아버지께서는 지극히 공평하신 마음과 정성으로 또 빼어난 지식과 재주로 일마다 임금의 뜻에 맞고 가지가지가 규범에 어긋남이 없었으니라. 또한 이십여 년을 장수와 재상으로 계시며 백성의 이해와 온 나라의 고락을 당신 일같이 아시어 안팎의 여러 폐단을 바로 잡아 지금까지 지켜지게 하시니라"

실제로 홍봉한은 대리청정이 시작된 이후 군영대장직으로 어영대장과 총융사를 지냈고, 호조 참판을 비롯해 한성부 좌윤, 예조 판서, 이조 판서 등을 지냈으며, 균역청당상과 선혜청당상 등을 거치며 국가의 재정 관련 정책의 운영에도 참여하였다.

세자를 둘러싼 정치적 갈등 과정에서

주지하듯이 1754년(영조 30)을 경과하면서 세자의 문제점이 공개적으로 드러나기 시작하였다. 일례로 1754년 5월 9일 국왕은 동궁이 매우 오래 서연을 멈추었다는 사실을 공개하면서 자신의 꾸짖음으로 정상화되었음을 언급한 바 있다. 영조의 지적은 자신의 훈계를 받아들인 세자의 자세를 칭찬하는 것이며, 동시에 서연관들에게 보도의 책임을 다하라고 한 것이었다. 그러나 이런 지적을 통해 세자의 문제점이 공개적으로 노출된 것이기도 하다.

　1755년(영조 31) 을해옥사 이후 사도세자의 병증이 심해지고, 더하여 영조와 불화의 골이 깊어졌다. 1755년 2월 6일 지평 조엄은 세자가 서연을 정지하였음을 비판한 바 있으며, 같은 해 9월 11일 김상로는 동궁에게 차자를 올려 "저하께서 춘추가 한창이시어 만기萬機를 대리한 7년 동안 천심이 응할 만한 무슨 정사가 있으며 성상의 맡기신 바에 부응한 일이 무엇이며, 사방에서 바라는 바에 답한 조치가 무엇이 있습니까"라며 비난한 바 있다. 김상로 등의 세자에 대한 공격은 노골화되었으며, 1757년(영조 33) 11월 24일자 실록에는 김상로가 약방도제조로 입진한 기사를 수록하였는데, 이날 기록에서 사관史官은 "김상로가 침하枕下에 엎드려 삼복三覆을 대행하지 않겠다는 뜻으로서 나지막한 목소리로 말하고 이어서 몰래 아뢰는 바가 있었다"고 하였다. 더 이상의 기록이 없어 무슨 말이 오고 갔는지는 알 수 없으나, 이로부터 며칠 후 중국 명나라 태조太祖의 장남으로 후일 흥종興宗으로 추존된 의문태자懿文太子의 일을 거론하고 있는 것을 보면 세자와 관련된 논의가 있었을 것임을 짐작해 볼 수 있다.

　사도세자의 정치적 고립은 숙종비인 인원왕후와 영조비인 정성왕후의 승하 이후 심해졌다. 정성왕후와 인원왕후는 사도세자의 후원자 역할을 했던 인물들이었다. 그러나 이들의 승하로 사도세자의 고립은 심해졌으며, 세자와 장인 홍봉한과의 관계도 정상적인 사위와 장인의 관계는 아니었다. 즉 『한중록』에서는 "경모궁(=사도세자)께서는 아버님을 뵙자 움츠려들어 전에 울던 것도 못하시고 몸을 굽혀 고개도 못드니시나…아무리 아버님이 무서우셔도 두려움을 무릅쓰고 울다 기색氣塞하시고 또 마주하여 울부짖고 슬퍼하시어"라 하였다. 세자와 홍봉한 사이의 간극을 확인시켜주는 대목이다.

세자의 병증과 정치적 고립은 더욱 심해졌으며, 반세자세력의 공격은 더욱 노골화되었다. 이런 상황에서 세자는 온천행을 결행하였다. 그런데 그 행차에 서연의 사부와 빈객이 아무도 참석하지 않았다고 한다. 홍봉한의 경우 당연히 사부이므로 참석해야 하지만 그 역시도 참석하지 않았다. 대신 영조가 치적 중 하나로 꼽는 준천濬川 사업에 혼신을 기울이고 있었다. 바로 이 지점에서 홍봉한은 이미 사도세자에 대한 정치적 후원자로서 역할을 포기한 것으로 밖에 볼 수 없다.

홍봉한의 이 같은 정치적 자세는 이후 홍계희를 추천하는 것 이외에도 송명흠의 상소에 대한 미온적인 태도를 보이거나 조영순과 김양택, 서지수, 김시찬 등을 추천하였고, 정휘량의 우의정 제수에 공감하는 발언이 이어지는 것에서도 확인된다. 특히 주목되는 것은 임오화변의 직접적인 계기인 나경언의 고변이 있기 전날 김상로를 불러들이기를 요청하고 있다는 사실이다. 세자를 둘러싸고 급박하게 돌아가는 정세 속에서 반세자세력을 대표하던 김상로의 돈소를 요청한 사실은 홍봉한과 김상로의 정치적 연대를 상정하기에 충분하다.

사건 직후 이에 대해서 언급할 수 없는 분위기가 연출되면서 사건에 대해 왈가왈부하는 것은 여의치 않았다. 그런 와중에서 1762년(영조 38) 8월 26일 홍봉한의 차자가 제출되었다. 차자에서 홍봉한은 국왕이나 영빈, 그리고 자신을 비롯한 신료들이 모두 애통해 하는 마음이 없지는 않았으나, "애통해 하는 마음은 애통해 하는 것이고 의리는 의리이니 사사로운 애통으로 인하여 공적인 의리를 가릴 수는 없다는 것이 분명합니다"라고 하였다. 이 같은 홍봉한의 차자에 대해 영조는 "종사를 위해 의로써 결단한 것이다"라고 하며 사건 이후 위호를 회복하고 상여를 따라가 애도하며 특별히 신주를 쓴 것은 은의恩義를 아울러 베푼 것이라고 하면서, 홍봉한의 차자와 자신의 비답을 사각史閣에 간직하도록 명령하였다. 홍봉한의 차자는 영조가 제시한 의리를 전반적으로 수용하여 제출한 것으로, 사건의 수습 과정에 대한 책임을 맡은 홍봉한의 결과물이었다.

임오화변 이후 국왕 영조의 홍봉한에 대한 신뢰는 더해져, 홍봉한은 좌의정을 비롯해 영의정 등을 반복해서 지내다가 1770년(영조 46) 3월 봉조하로 치사하였다. 이외에도 홍봉한의 동생이나 아들, 조카 등 다수 인원이 정치적으로 약진하였다. 그야말로 벌열閥閱이 주도하는 정국이었다. 이런 상황에서 홍봉한을 비롯한 혜경궁 가문 등 당대의 척신 세력을 중심으로 갈등과 대립이 복잡한 양상으로 전개되었다. 특히 1764년(영조 40) 갑신처분 이후 정국은 북당인 홍봉한·홍인한 세력과 남당과 연결된 김한기·김구주 세력 사이의 주도권 다툼으로 전개되었다. 영조가 총애하는 화완옹주를 등에 업은 소론 정후겸 세력의 동향도 중요한 변수로 작용하였다. 여기에 더해 당대 정치 세력은 각자의 이해관계 등에 따라 이들 척신 세력과 합종 연횡하는 모습이 확인된다.

각종 개혁을 주도하다

홍봉한의 고속 승진이 계속되는 시기는 영조의 주도 하에 국가 전례典禮 정비 및 각종 제도 개혁이 이루어지던 시기였다. 즉 법전인 『속대전』과 의례서인 『속오례의』의 간행을 비롯해 균역법均役法의 제정 등이 본격적으로 추진되던 시기였다. 이 시기 홍봉한은 외척이면서도 탕평관료로서 다양한 제도 정비와 개혁을 주도하였다. 홍봉한은 "한 마음으로 성주聖主의 탕평지치蕩平之治를 도왔으며" 특히 균역청당상으로 균역법의 제정과 정착 과정에 참여하였다.

영조대는 도성 방위 강화를 목적으로 1751년(영조 27) 수성윤음守城綸音을 발표하는 동시에 구체적인 시행 세칙인 수성절목守城節目을 발표한 바 있다. 홍봉한은 여기에 더해 임진강 일대의 방어를 강화하기 위한 절목을 제출한 바 있다. 임진강 일대의 방비에 대해서는 이미 숙종 연간에도 그 방비의 중요성이 거론된 바 있으며, 1728년(영조 4) 무신란 때도 이곳에 대한 방비가 이루어지기도 하였다. 수도 방위를 위해서는 임진강의 방비가 필수적인 것임을 의미하는 것이지만, 일시적인 대책만이 강구되었다. 홍봉한은 총융사로서 항구적인 대책 마련을 위해 구체적인 절목을 만드는 작업을 주도하였고, 영조로부터 임진을 경략하는 책임을 부여받기도 하였다.

홍봉한은 또한 공노비의 신공 감면 문제를 주도하였다. 공노비의 경우 직접 입역은 폐지되고 납공만이 행해졌다. 납공 노비의 존재는 신분 문제 뿐 아니라 국가 재정 면에서 중요한 부분을 담당하였다. 그러나 시간이 경과하면서 공노비의 수가 점차 감소하였다. 이에 영조대 중반 탕평파들을 중심으로 변통안이 논의되었다. 공노비의 신공 감면이 본격적으로 논의되기 시작한 것은 양역 변통의 결과 균역법이 제도적으로 정비되고 이를 관장하는 균역청이 설치되어 본격적으로 시행된 이후였다. 당시 공노비 감면은 이천보를 비롯해 홍봉한 등이 주도하였다. 균역법의 시행으로 양민들이 혜택을 받게 되었으므로 이제 시노비寺奴婢가 가장 궁휼하다는 지적이 제기되었고, 결국 홍봉한, 김치인, 이성중 등이 구관당상으로 선임되어 1755년(영조 31) 2월 내시노비감포급대윤음內寺奴婢減布給代綸音이 발표되었다.

이밖에 홍봉한이 가장 정력적으로 추진한 사업이 개천開川(오늘날의 청계천) 준설 사업이었다. 홍봉한이 준설 문제를 거론한 것은 1751년(영조 27) 5월이었다.

그는 도성내 개천이 토사로 막혀서 큰 홍수가 나면 민가들이 모두 표몰된다고 우려를 표시하며 준설을 요청하였다. 그리고 11월에도 성중의 개울이 거의 막혀서 매번 여름 장마철을 당하면 개울가에 사는 백성들이 피난 갈 준비를 하고, 더러는 물에 빠져 죽는 자도 발생한다고 하면서 준설 사업의 시급함을 언급하였다. 당시 많은 관료들이 준설 사업 자체에는 동조하였으나 바로 사업으로 추진되지 못하였다. 이후 홍봉한의 문제 제기가 있은 지 약 8년여가 경과한 1759년(영조 35) 구관당상이 정해지고 절목이 제정되면서 본격적으로 추진되어, 1760년(영조 36) 이른바 경진준천庚辰濬川 사업이 시행되었다. 준설 사업은 영조 스스로 손꼽는 평생 역작의 하나인데, 대표적인 위민사업의 하나로 평가되고 있다. 아울러 영조가 탕평을 구현하여 추진한 대표적인 정책으로 말해진다. 홍봉한은 이에 참여하여 사업을 성공적으로 마무리지었다.

| 참고문헌 |

김영민, 「英 · 正祖代 豊山 洪鳳漢家門의 부흥과 분열」, 『사학연구』100, 2010
이근호, 「18세기 후반 혜경궁 가문의 정치적 역할과 위상」, 『조선시대사학보』74, 2015
정만조, 「혜경궁의 삶과 영조대 중 · 후반의 정국」, 『조선시대사학보』74, 2015

22
실천과 소통의 지식인, 안정복

세상 밖으로 나오는 지식인들

17~18세기 조선 사회는 변화의 시대였다. 조선왕조가 구축해 놓은 질서가 이전 시기부터 구조적인 모순을 보였고, 자연 재해가 맞물리면서 제도의 개선이 불가피해졌다. 결국 대동법 · 균역법과 같은 조세 제도의 변화와 서얼허통과 같은 신분 질서의 재편 등이 나타났다. 변화는 사회 · 경제적인 부문에서 그치지 않았다. 당시 조선 사회를 넘어 동아시아에서는 형이상적 가치를 추구하는 성리학적 학문 태도에서 벗어나, 현실적인 것에 관심을 갖고 학문적인 탐구를 시도하기 시작했다. 이른바 '고증학考證學 또는 '실학實學'이라고 불리는 새로운 사조思潮가 유행하기 시작하였다. 동시에 과학 기술 등에서 앞서 있던 서양의 학문, 즉 '서학西學'이 본격적으로 유입되면서 학문의 관심사가 변화하고, 세계관이 확대되었다.

이러한 사회 · 문화 전반에 걸친 전환의 양상은 당대 지식인들의 태도에도 상당한 변화를 가져왔다. 각종 사회 제도의 모순은 지식인들의 관심사를 형이상학적인 가치 추구에서 벗어나 현실의 문제를 해결하려는 곳으로 돌려놓았으며, 새로운 학문의 경향은 기존의 방식과 다른 방법론을 제공해주었다. 조선 사회의 지식인들은 방 안에서 '성현의 말씀'을 외우는 데에서 벗어나 현실로 차츰 나오기 시작한 것이다.

순암 안정복(1712~1791) 역시 현실로 나오기 시작한 지식인들 중 한명이었다. 물론 대부분의 '실학자'들이 그러하였듯이 학문의 바탕은 유학적 사고였다. 다만 그는 누구보다도 실천의 중요성을 강조한 인물이었다. 그리고 문제의 본질을 찾는데 있어서 당사자와의 소통을 중요시 하였다. 그의 경세론 대부분이 이러한 학문적 태도에서 발현하였으며, 단순히 이론에 그치지 않고 그것을 실천하였다는 점도 안정복이 경세가로서 갖는 특징 중 하나라 할 것이다.

'하학下學'의 형성

안정복은 숙종 연간이었던 1712년(숙종 38)에 충북 제천현에서 아버지 안극安極과 어머니 전주 이씨 사이에서 태어났다. 가계는 광주 안씨로 임진왜란 때 선조를 의주까지 호종하여 공신의 반열에 오른 안황의 후손이었다. 다만 조선 후기에 들어서면서부터는 당색이 남인이었기 때문에 점차 권력으로 소외되었다. 이 때문에 그의 집안은 안황 이후 크게 현달한 인물이 없다가 조부였던 안서우가 태안군수를 거쳐 울산부사를 역임하였다. 하지만 영조 즉위와 함께 노론이 집권하자 안서우는 당파로 인하여 울산부사에서 파직되었다. 결국 안서우는 아들인 안극과 손자인 안정복을 데리고 전라도 무주로 거처를 옮겼다. 이때부터 안정복의 아버지인 안극은 물론이고, 15세였던 안정복 역시 벼슬에 대한 생각을 접고 학문의 수양에만 매진하였다.

안정복은 무주에서 생활할 때에 유학 경전과 같이 입신을 위한 학문 집중하기 보다는 의학·병법·불교·음양 등 다양한 분야에 관심을 두었다. 1735년 (영조 11) 조부가 세상을 떠나자 이듬해에 무주를 떠나 경기도 광주 덕곡에 있던 선산에 정착하게 되었다. 이때부터 안정복은 생활이 안정되면서 학문에 더욱 정진할 수 있었다. 그는 광주 덕곡에 거주하며 독학으로 학문을 쌓았고 27세에 『임관정요臨官政要』, 29세에 『하학지남下學指南』의 초고를 저술하였다. 『임관정요』는 목민서이고 『하학지남』은 초학자를 대상으로 한 교육서이다. 두 책은 목적이 다른 저술이지만 안정복이 청년기에 쌓은 학문적 가치관이 무엇인지를 단적으로 보여주는 예라고 할 수 있는데, 그것은 바로 '하학下學', 학문의 실용성을 지향하는 것이었다.

옛 사람이 이르기를 '하학이상달下學而上達'이라고 하였으니, 하학을 멈추지 않는다면 청명淸明이 몸에 있고, 지기志氣가 신과 같아 자연스럽게 상달의 경지에 이를 것이다. 그러한 후에 터럭이나 실오라기에서 의미를 가려낼 수 있고, 천지에서 심적心迹을 판별할 수 있을 것이다. 그렇기에 오늘날 마땅히 힘쓸 바는 하학에 둘 따름이다.

안정복의 학문은 실천성이 우선 과제였다. 학문의 실천이 곧 학문의 경지로 이어진다고 여겼던 것이다. 결국 젊은 나이에 목민서와 교육서를 저술한 것은 자신의 가치만을 추구하는 공리적 학문이 아닌, 배움을 나누고 활용하는 실용적 학문에 뜻을 두겠다는 안정복 스스로의 가치관을 드러내는 것이라 할 수 있다.

다만 그의 하학적 학문이 물질에 집중하거나 과학적 사고를 지향하는 것은 아니었다. 어디까지나 하학적인 학문은 성리학에서 이탈해가는 새로운 사조들의 확산에 맞서, 유교적 인격을 확립하는 것이었다. 유학이 갖는 한계와 비현실성의 극복은 그가 갖는 문제의식에 포함되지 않았다.

'학은學恩'의 만남

안정복의 실용적 학문관은 33세가 되던 해에 반계 유형원의 『반계수록』을 읽고 더욱 심화되었다. 그는 이때부터 현실 개혁안에 더욱 관심을 갖게 되는데, 독학으로만 그 학문적 갈증을 해결할 수가 없었다. 결국 35세가 되던 1746년(영조 22) 경기도 안산에 거주하던 성호 이익을 만나고 나서 그의 학문의 수준은 한 단계 성장하게 된다. 안정복은 17년 동안 이익의 문하에서 수학하였다. 안산에 있던 이익의 서재를 찾아가 직접 가르침을 받기도 하고, 편지를 주고받으며 학문을 토론하였다. 초창기 4~5년은 주로 예론이나 경학이 주된 논의의 대상이었다. 이후에는 서학이나 역사학 등 다양한 방면에 걸쳐 이익의 학문을 전수 받았다.

안정복과 이익의 학문적 교류에서 빠뜨릴 수 없는 것이 바로 『동사강목東史綱目』의 저술이다. 『동사강목』의 편찬 동기를 살펴보면 우선 안정복은 이익을 찾아왔을 당시부터 역사에 대한 관심과 이해가 상당하였다. 이익과의 첫 만남을 기록한 『함장록函丈錄』에는 주희가 찬술한 『자치통감강목資治通鑑綱目』의 편찬 방식에 대한 대화가 등장한다. 1754년(영조 30) 안정복은 이익에게 『동사강목』을 저술하겠다는 의지를 피력하였다. 그리고 이때부터 두 사람의 편지 왕래에서 역사 관련된 내용이 본격적으로 증가하기 시작한다. 이후 1759년(영조 35) 『동사강목』의 초고가 완성될 때까지 두 사람은 역사인식과 서술방법, 서술 내용에 관한 의견을 주고받았다. 이 과정에서 안정복은 이익의 의견을 대부분 수용하였으나, 고려 우왕을 신돈의 소생이 아닌 공민왕의 자식이라고 서술하는 등의 내용적인 측면에

서 이익과 갈등을 보이기도 하였다. 하지만 결국 1778년(정조 2) 『동사강목』이 완성되었고, 이 책은 안정복의 학문 활동에 있어서 대표적인 저술로 남게 되었다.

안정복은 성호의 문인이 되면서 '성호학파'의 구성원들과도 교류하며 학문적 견해를 넓히게 되었다. 그 중에서도 윤동규와 이병휴는 안정복 스스로가 스승이라고 할 정도로 안정복 본인의 학문 성장에 크게 기여한 인물들이었다. 윤동규와 이병휴 외에도 신후담, 권암 등과 교류하였다. 이처럼 이익의 문인으로 활동하면서 안정복은 이익의 말년에는 이병휴, 윤동규 등과 함께 성호학파를 이끄는 '리더' 중 한 명으로 자리하였다. 이익 사후 성호학파가 점차 분기하는 과정에서 안정복은 권철신, 이기양 등과 같은 장래 성호학파의 중심이 될 인물들에 대한 교육을 담당하기도 하였다. 이 과정에서 안정복은 이들이 양명학에 심취하는 것을 염려하고, 자신의 가치이기도 하였던 하학에 힘쓸 것을 권유하였다. 하지만 열정 가득한 젊은 학자들은 이 말에 귀를 기울이지 않았고, 오히려 서학에 관심을 가졌다. 안정복은 일찍부터 천주교의 수용을 비판하였다. 그러한 상황에서 앞으로 성호학파를 이끌어가야 할 권철신과 같은 젊은 학자가 천주교에 관심을 갖는다는 것은 안정복에게 있어서 용납할 수 없는 부분이었다.

1780년(정조 4)부터 성호학파의 젊은이들이 이전보다 천주교에 더욱 관심을 보였다. 안정복을 비롯한 소장학자들은 성호학파의 문인들이 더 이상 천주교에 빠지는 것을 저지하고, 성호학파가 종교적 박해로부터 위험에 처하는 일을 막아보자는 입장에서 적극적으로 천주교 비판을 전개해 나간다. 1785년(정조 9)『천학고天學考』, 『천학문답天學問答』의 저술도 이러한 과정에서 나오게 된 것이다. 하지만 권철신, 정약용 등 이른바 성호학파 내 신서파信西派 인물들은 박해를 피하지 못하였다. 이후 안정복의 서학 비판 입장은 성호학파 내에서 공서파攻西派로 분류되어 계통을 이어나갔다.

'목민牧民'의 구상

안정복의 저서 가운데 경세가로서 면모를 가장 잘 보여주는 책으로는 목민서인 『임관정요』가 있다. 안정복은 아무리 좋은 법과 제도가 있다고 하더라도 이를 실행하고 운영하는 주체의 능력이 없다면 그것이 실현되기 어려울 것이라고 하였다. 그만큼 수령의 역할을 강조한 것이었는데, 『임관정요』는 이러한 인식하에서 올바른 목민관의 역할 수행을 위한 지침을 제공하는 목적으로 편찬한 책이었다.

『임관정요』와 같은 목민서는 15~16세기부터 나타나기 시작하였다. 초반에는 주로 중국의 '관잠류官箴類' 책을 재 간행하는 방식이었다가, 16세기 중반부터 조선의 현실을 반영한 목민서가 등장하였다. 이후 조선후기에는 수령의 역할이 증가하면서 수령의 지침서인 목민서의 중요성이 부각되었고, 그 결과 『선각先覺』·『목민고牧民考』·『치군요결治郡要訣』·『근민요람近民要覽』, 그리고 『목민심서牧民心書』와 같은 다양한 내용과 형태의 목민서가 등장하였다. 『임관정요』도 이러한 목민서의 제작과 같은 목적에 의하여 제작되었으며, 안정복의 경세관이 현실에서 발현되는 방식을 구체적으로 서술하였다.

『임관정요』는 크게 「정어正語」·「정적政蹟」·「시조時措」, 「부록」으로 나눌 수 있다. 「정어」는 '논정論政'·'정기正己'·'처사處事' 등으로 편성되며, 백성을 다스리는데 필요한 성현의 교훈을 정리해 놓았다. 대체로 왕도정치 이념을 정확하게 깨닫고, 이를 실천할 수 있는 수령 개인의 인성을 터득하며, 통치의 주체가 되었을 때 이서들을 원활하게 통제해야 한다는 내용을 담았다. 「정어」의 특징이라고 한다면 다른 목민서에서는 찾아볼 수 없는 편성이라는 점이다. 이는 이상理想의 터득이라는 학문적 토대에 올바른 수령의 모델을 제시하고자 하는 의도라고 볼 수 있다. 다음으로 「정적」은 '유리儒吏'·'양리良吏'·'능리能吏'·'결옥決獄'·'치도治盜'로 구성되며, 모범이 되는 지방 수령의 주요 통치 사례를 소개한 것이다. 주로 중국 목민관의 행적인데 권농·부세·휼민과 같이 백성의 생산 활동과 밀접한 내용이 대부분이다. 「정어」와 마찬가지로 다른 목민서에서는 발견되지 않는 항목이다. 「시조」는 다양한 수령의 활동에 대한 일종의 '가이드라인'을 제시한 것이다. 위정爲政·지신持身·처사處事·풍속風俗·임민臨民·임인任人·접물接物·어리御吏·용재用財·농상農桑·호구戶口·교화敎化·군정軍政·부역賦役·전정田政·조적糶糴·진휼賑恤·형법刑法·사송詞訟·거간去奸·치도治盜 총 21장으로 구성되어 있다. 조선시대 수령이 지방을 통치하는데 힘써야 하는 '수령칠사守令七事'를 세분화한 것이며, 안정복이 향촌사회에서 실현하고자 하였던 '향정鄕政'의 내용을 구체적으로 담았다고 할 수 있다. 마지막으로 「부록」에서는 '향사법鄕社法'이나 '주자사창절목朱子社倉節目'과 같은 수령 활동에 참고가 될 만한 사항을 소개하고, 일부 안정복 본인의 해설을 붙여놓았다.

『임관정요』의 가장 핵심적인 부분은 역시 목민관의 활동에 대한 안정복의 견해가 구체적으로 담긴 「시조」라고 할 수 있다. 「시조」에는 대체로 목민관의 '기본정신', '몸 가짐', '백성을 대하는 태도', '업무처리 자세', '이서 등에 대한 관리', '대민업무의 주요 개선책' 등의 내용이 수록되었다. 그 중에서도 대민업무에 관한 내용이 가장 많은데, 호적 정리 · 풍속과 교화 · 농산장려 · 재해대책과 구호 · 조세와 노역 · 국방 · 처벌과 재판 · 치안유지에 관련된 사항을 다루었다. 대표적인 예시를 하나 살펴본다면 당시 조선에서 쓰이고 있던 결부법結負法보다 중국의 경묘법頃畝法이 편리할 것이라는 견해를 제시하였다. 이는 토지의 경작정도에 따라 면적이 달라지는 결부법을 시행할 경우 이서들의 농간이 개입될 여지를 염려한 것으로, 차라리 절대 면적을 기준으로 하는 경묘법의 사용이 오히려 백성들의 생활에 이득이 될 것이라는 안정복의 현실적인 판단에서였을 것이다.

안정복이 구상한 '목민牧民'의 핵심을 담은 『임관정요』의 특징은 백성의 삶에 실질적인 이익을 만들어주고자 하였고, 중간층의 개입이 없는 직접 소통을 추구한다는 점이었다. 이는 향정鄕政에 있어서 일반 백성의 '민심'을 가장 중요시한 결과였다. 『임관정요』에서 나타나는 민심을 중시하는 태도는 일부 지배층의 여론보다 일반 백성의 의견이 중요하게 여겨지던 현실 세태를 반영한 것이기도 하였다. 이러한 『임관정요』의 특징은 이후 등장하는 『목민심서』 등의 목민서의 편찬에도 영향을 주었다. 또 한 가지의 특징이라면 『임관정요』는 단순히 구상안에 그치지 않았다는 점이다. 안정복은 60대 늦은 나이에 나아간 외관 생활에서 『임관정요』와 함께하였다. 그리고 본인이 책을 통하여 제시한 향정 운영의 방법론을 실제 현실에 적용하였다.

'애민愛民'의 실행

1776년(정조 즉위년) 안정복은 목천현감으로 부임하였다. 안정복의 목천현감 재직(1776~1779)은 그의 유일한 외관外官 활동이었다. 이때는 그의 나이가 60대 중반을 넘어서는 시기로 이미 학문적 완성을 이루었을 시점이었다. 목천현감으로 재직하던 3~4년의 기간 동안 안정복은 그가 형성한 하학적 학문관과 경세치용적 애민관을 현실과 부합시킨다. 특히 백성과의 소통, 그리고 당대 사회 문제였던 잡역 문제 있어서 안정복은 효과적인 해결책을 내놓는데, 그 내용은 다음과 같다.

우선 안정복은 민심의 향방이 어디인지를 살피는 것이 중요하다고 여겼다. 그만큼 백성과 직접 소통하여 실제 상황을 잘 파악해야 함을 강조하였다.

> 예부터 수령은 반드시 향곡鄕曲을 직접 순찰하여 깊은 산골의 궁벽진 마을이라도 멀어서 가지 않은 곳이 없었다. … 위정(爲政은 마땅히 백성들의 뜻이 통하는 것을 최우선으로 삼아야 한다. 간활한 아전들이 매번 중간에서 가로막고, 아첨하면 백성들의 뜻이 어떻게 위로 전달되겠는가?

안정복은 수령이 백성과 직접적으로 대면할 것을 주장하였다. 그렇지 않는다면 중간에 아전들이 수령과 백성 사이의 정보를 왜곡하거나 차단할 것이라고 생각하였기 때문이다. 이를 위한 방책으로 두 가지를 제시하는데 먼저 '항통법缿筒法'의 실시이다. 항통은 일종의 익명으로 된 투서를 말한다. 백성들의 의견을 적극적으로 수용하겠다는 의미인데, 다만 익명으로 된 의견 표현이므로 검증되지 않은 정보가 사실로 여겨질 수 있다는 문제가 있었다. 그렇기 때문에 일찍부터 조선에서는 항통법의 수용이 논의되면서도 그 폐단을 염려하여 실행하지 못하였다. 이익이나 정약용과 같은 학자들도 효과보다는 오히려 폐해가 많아 질 것이라고 여겼다. 하지만 이와 달리 안정복은『임관정요』에서 항통법의 필요성과 시행을 적극 주장하였다. 항통법의 실행만이 중간 향리층을 배제할 수 있는 수단이며, 수령과 백성의 직접적인 소통의 창구를 만들 수 있다는 내용이었다.

안정복은 목천현에 부임한 다음해인 1777년(정조 1)에 항통법을 직접 실시하였다. 관문에 나무 궤를 하나 걸어두고서 백성들이 투서를 받도록 한 것이었다. 투서의 대상은 양반, 면임이나 서리배, 간사한 무리들, 관정官政 등을 열거하였다. 이는 모두『임관정요』에서 언급한 내용 그대로였다. 구체적이지는 않으나 안정복의 목천현감 재직 중 이 때 시행한 항통법은 백성과의 소통에 중요한 역할을 하였을 것으로 추측된다.

백성과의 소통을 위한 방법은 여기에 그치지 않았다. 수령의 적극적인 민장民狀의 처리 역시 직접적인 관-민의 소통을 위한 방식이라고 하였다. 백성은 일상적인 생활에서 발생하는 청원과 분쟁 등의 사안이 있을 경우 이를 공동체나 국가에 힘에 기대어 해결하고자 하였다. 조선후기에는 국가 혹은 수령의 역할이 커지게 되었고, 점차 소송 등과 관련된 사항이 지방 행정 기구에 맡겨지는 경우가 증가하게 되었다. 이에 따라 현실적으로 수령 한 명이 일일이 처리하기는 어려웠으며, 향리층이 민장의 접수와 같은 실무를 담당하였다. 하지만 접수 과정에서 향리층의 농간으로 백성의 의견이 수령에게 전달되지 못하거나, 왜곡되어 보고되는 등의 문제가 발생한다. 이는 안정복의 입장에서 중간층의 소통 방해에 해당하는 것이었다. 이를 해결하기 위하여 안정복은 백성의 '소지所志'는 중간 단계를 거치지 않고 직접 수령에게 제출하도록 하였다. 구두로 호소할 경우에도 공사 업무를 중지하고 이를 수령이 직접 청취해야함을 주장하였다. 사건을 처리하는데 있어서도 관련된 사항을 면밀하게 조사하여 신속히 처분하여, 소송이 지연되는 일이 없도록 해야 한다고 하였다.

민장 처리에 대한 안정복의 구상 역시 목천현감 재직 당시 현실화된 부분이 있다. 이는 1777년(정조 1) 관찰사에게 목천현 남면에 거주하던 이인갑의 효행을 보고하는 과정에서 나타난다. 이인갑의 효행을 보고받고 조사하는 기간이 열흘 남짓에 처리되었으며, 이를 적극적으로 관찰사에게 보고하여 정려문의 은전이 내려지도록 조정에 건의한 것이었다.

다음은 잡역 관련 문제이다. 17세기 초반 대동법의 시행과 함께 그동안 지방에서 복잡하게 운영되던 잡역에 대한 정리가 진행된다. 대부분의 잡역이 대동법의 범주로 흡수되면서 노동이 점차 대동미를 납부하는 것으로 변화되었던 것이다. 하지만 다양한 잡역을 대동법으로 단일화시키기에는 역부족이었고, 잡역가를 대신하는 대동저치미는 중앙에 점차 흡수되어 감소하였다. 이에 미비점의 보완책으로 등장한 것이 '상정詳定'을 통한 잡역가 지출 규정과 민고民庫의 운영이었다.

안정복은 이러한 정책적 '트렌드'를 빠르게 파악하고 있었다. 그는 여기에서 한발 더 나아가 잡역미를 수취하고 군현의 재정기구라 할수있는 민고를 설치하여 잡역 운영의 일원화를 도모하였다. 이러한 발상은 이익으로부터 영향을 받

안정복 영세불망비(독립기념관 소재)

은 것도 있지만 이미 당시 지방 군현에서 자구책으로 실행되어오던 것들이었다. 안정복은 이러한 상황에서 자신의 구상을 현실화시키는데 무리가 없다고 판단하였으며, 목천현감에 부임하면서부터 이를 실행하였다. 가장 대표적인 정책이라면 목천현의 장빙역藏氷役을 혁파하고, 방역소防役所를 설치한 것이다. 특히 방역소의 경우 잡역 문제의 해결을 위한 것으로 목천현 8개 면의 40개 동에 설치를 하고, 연간 5백냥 규모의 방역전을 운용하여 각종 잡역가를 지급하였다.

　이러한 안정복의 목천현감 당시 시행한 정책은 상당부분 성공을 거두었다. 안정복이 목천현을 떠난 후 선정을 베푼 안정복에 대한 고마움을 기려 목천현민들은 송덕비를 세웠다. 후임 현령이었던 황윤석 또한 "[안정복은] 목천현감이 되어 백성을 자식과 같이 사랑하였고, 치적의 선명함이 아래에까지 미쳤다."라고 그의 노력을 치하하였다. 이러한 평가뿐만 아니라 안정복이 목천현을 떠난 이후인 19세기 전반까지 그가 만든 방역소가 규모를 확장하여 운영되었던 사실이 확인된다. 백성의 삶을 안정시키고자 하였던 목민관 안정복의 노력이 계속해서 이어졌던 것이다.

함께하는 지식인이었던 안정복

사회·학문의 변화라는 격랑 속에 태어난 안정복은 지식인으로 자신의 임무를 저버리지 않았다. 당시 시대는 지식인들에게 변화에 발맞춘 현실적 개혁안을 요구하였다. 안정복은 시대의 요구를 가장 앞장서서 받아들이고 해결하려는 인물이었다. 그는 일찍부터 본인 학문의 핵심을 '하학' 즉 실천에 두었으며, '학은'을 만나 그것을 심화하였다. 그리고 실천을 위한 '목민'의 방식을 구상하였고, 이를 목천현감 시절 현실화함으로써 '애민'하는 모습도 보여주었다. 안정복은 단순히 본인의 학문적 성취에만 만족하지 않았다. 현실에 눈을 돌려 소통하고 배운 것을 실천하고자 하였던 시대와 함께하는 '경세가'였던 것이다.

| 참고문헌 |

강세구, 「순암 안정복의 사상과 학문세계」, 성균관대학교 출판부, 2012
김인규, 「순암 안정복의 학문적 연원과 그 특징」, 「순암 안정복의 경학과 사회사상」, 성균관대학교 출판부, 2012
원재린, 「순암 안정복의 향정방략 – 「임관정요」「시조」 분석을 중심으로 –」, 「순암 안정복의 경학과 사회사상」, 성균관대학교 출판부, 2012
한상권, 「순암 안정복의 사회사상」, 「순암 안정복의 경학과 사회사상」, 성균관대학교 출판부, 2012
문광균, 「순암 안정복의 잡역 운영론과 그 실제」, 「성호학보」 18, 2016

23
시장 개혁과 신도시 건설의 주역, 채제공

탕평책과 함께한 화려한 관직생활

채제공은 서인, 특히 노론이 정권을 독점하던 18세기 후반 정치계에서 활약하던 남인계 정치가이다. 이러한 채제공의 위상과 역할은 영조와 정조가 추구하던 탕평책, 탕평정국의 상황에 잘 부합하였다. 그 결과 그는 정조대 재상으로 발탁되어 많은 업적을 남겼다. 그의 온건한 개혁주의적 사상은 수원 신도시 건설이나 신해통공辛亥通共 등에서 잘 드러난다.

채제공은 평강채씨로 자는 백규伯規, 호는 번암樊巖 또는 번옹樊翁이다. 그는 채시상蔡時祥의 증손이자, 채성윤蔡成胤의 손자이며, 지중추부사 채응일蔡膺一과 이만성李萬成의 딸 연안이씨 사이에서 1720년 태어났다.

그의 고조부인 채진후는 인조 13년인 1635년 일개 성균관 유생의 신분으로 서인들의 정신적 지주인 이이李珥와 성혼成渾의 문묘종사文廟從祀, 즉 성균관成均館에 위패를 올려 영원히 제사하도록 하는 일에 반대하는 상소를 올렸다. 그로 인해 채진후는 일약 정계에서 유명인사가 되었으나 막상 과거 응시를 금지

당하여 관직진출의 길이 막히게 되었다. 그리고 이 일로 그와 그 후손들은 남인으로서의 정체성을 강하게 가지게 되었다. 다수 남인들의 본거지가 영남이었던 것과 달리, 이들은 경기, 충청 지역에서 세거하면서 남인으로서의 정체성을 유지하였기에 일명 기호畿湖 남인이라고 불렸다.

실제로 채제공의 조부인 채성윤은 1684년 문과에 급제하여 승지와 좌윤을 지냈으나, 채진후의 손자라는 정치적 꼬리표를 안고 살아가야 했다. 부친은 진사시에 합격하여 음직으로 현령 등의 관직에 올랐으나 정계에서 크게 활약하지는 못하였다. 이러한 가족적 배경, 그리고 정치색은 채제공의 정치 활동에도 크게 영향을 줄 수밖에 없었다.

채제공 초상(문화재청)

노론의 독주가 시작되던 18세기 중반인 1743년 채제공은 문과에 급제하여 승문원권지부정자에 임명되면서 관직 생활을 시작하였다. 1748년에는 남인세력을 키우고자 하는 영조의 탕평책의 일환으로 출세를 위해 거쳐야 하는 코스 중 하나인 예문관에서 일하는 기회를 얻었다. 1753년에는 충청도 암행어사가 되어 균역법의 시행에서 발생하는 폐단을 점검하고 이에 대한 대책을 제안하였다. 이후 동부승지와 대사간을 거치고 1758년에는 도승지가 되어 영조의 최측근에서 활동하게 되었다.

마침 이 해에 사도세자와 영조의 사이가 악화되어 영조가 세자를 폐위시키려 하자, 그가 죽음을 무릅쓰고 영조를 막아 이를 철회시키는 사건이 발생하였다. 다행히도 이 사건을 계기로 영조는 채제공을 나무라기보다는 높이 평가하게되었고, 후일 영조는 손자인 정조에게 그를 진정한 충신이라고 평하였다. 하지만 1762년 모친상을 당해 그가 잠시 관직에서 물러난 사이 사도세자가 결국 사망하는 사건이 발생하였다.

하지만 그의 관직 생활은 대체로 순탄하였고, 1772년에는 세손우빈객이 되어 당시 세손이었던 정조와 사제관계를 맺게 되었다. 이후 세손이 영조를 대신하여 대리청정을 할 때에는 국가 재정을 총책임지는 호조판서로 활약하였다. 정조 즉위 후 사도세자 죽음에 대한 책임자들을 역적으로 처단하는 일을 총지휘하는 형조판서 겸 판의금부사라는 중요한 정치적 역할을 하였다.

1780년 소론인 서명선徐命善을 중심으로 하는 정권이 들어서고 당시 세력을 잡고 있던 홍국영洪國榮이 처단되자, 반대파들의 집중 공격을 받아 은거 생활을 시작하였다. 하지만 8년간의 은거 후, 그는 다시 정조의 특채로 우의정에 발탁되었다. 1790년에는 좌의정, 1793년에는 영의정에까지 올랐으나, 역시 노론의 주된 공격 대상이 되었다. 이후에는 정조가 계획한 신도시 수원의 유수가 되어 화성의 건축을 담당하다가 1798년 사직한 뒤, 이듬해인 1799년, 정조가 사망하기 한 해 전에 사망하였다.

신도시 수원과 화성 건설의 주역

정조는 정치적 계획 속에서 신도시 수원의 건설을 추진하기 시작하였다. 그리고 이 신도시 건설 계획을 돕고 그것의 실현을 주도한 사람이 바로 채제공이었다.

1789년 7월 영조의 사위였던 박명원朴明源은 정조에게 상소를 올렸다. 그 내용은 당시 사도세자가 묻혀 있던 양주 배봉산 아래의 영우원永祐園을 더 좋은 곳으로 옮기자는 것이었다. 이에 정조는 장소를 물색한 뒤 수원도호부 관아가 위치한 화산花山으로 옮기기로 결정하였다. 채제공은 사도세자의 묘를 옮기기 원하던 정조의 명을 받아 사도세자의 묘소가 옮겨질 곳을 답사 한 후 이곳이 천하의 명당이라는 보고를 올려 정조의 의견에 힘을 실어주었다.

　관아가 있던 자리에 능이 들어서면서 기존의 관아는 교통이 더 편리한 팔달산八達山 일대, 현재의 수원 도심으로 옮길 것을 결정하였다. 채제공은 새롭게 건설될 수원도호부의 발전, 특히 상업도시로의 발전을 위해 여러 제안을 쏟아냈다. 예를 들어, 그는 서울의 부자 20~30호를 모집하여 무이자로 1천 냥兩을 대여해 주고 이들에게 수원에 상점을 내도록 한 뒤 몇 년 뒤에 비용을 갚도록 하는 제안을 내놓았다. 또한 그는 수원도호부가 직접 기와를 백성들에게 저렴하게 공급함으로써 도시 중심부에 기와집을 늘려 새 도시의 품격을 높이고 생활의 편의를 도모하는 방안을 건의하기도 했다.

　그는 이러한 노력을 통해 수원에 시장을 형성시키고 상인들에 대해 지방정부나 중앙정부가 면세의 특권을 준다면, 사방의 상인들이 모여 들어 전주나 안성 같은 큰 시장이 형성되리라 생각하였다. 이러한 그의 주장은 정조의 동의를 이끌어냈지만, 제안을 현실화하는 것이 쉽지만은 않았다.

　채제공은 이에 수원의 상업 발달을 위해 새로운 제안을 했다. 그는 수원 백성 중 장사할만한 사람을 골라 정부의 지원을 바탕으로 장사를 하게 하여 이익을 남기도록 하자고 주장하면서, 이들에게 6만 냥을 무이자로 대출하고 3년 안에 갚도록 하는 방안을 제안하였다. 이에 당시 수원의 책임자였던 수원부사가 동의

하면서 수원의 상업 진흥 정책이 본격적으로 추진되기 시작했다.

정조는 이렇게 새롭게 조성된 수원의 발전을 위해 애를 쓰던 채제공을 수원의 책임자로 임명하여 수원의 발전을 가속화하고, 수원도 유수부로 승격시켰다. 당시 정승이었던 채제공을 유수로 임명한 것은 그만큼 수원의 격을 높이려는 의도에서였다. 채제공의 실무 감각은 수원백성들에게도 실질적인 도움이 되었다. 그는 수원에 내에 거주하는 자들을 대상으로 하는 과거시험을 개설하여 양반들의 수원 이주를 도모하고 수원의 정치적 위상을 높이려 하였다.

당시 수원유수부가 당면한 과제 중 하나는 화성華城의 축성이었다. 이에 정조는 채제공에게 화성 축성 준비를 명령하였고, 이에 채제공은 축성을 위한 계획안을 작성하여 정조를 안심시켰다. 그리고 1793년 12월 채제공은 화성성역총리대신으로 임명되어 화성축성을 본격적으로 주도하기 시작하였다. 이에 채제공은 성의 위치를 다시 잡고 장기적인 관점에서 규모를 고려하는 등 노력을 기울였다. 이와 같은 계획 위에서 본격적으로 시작되자 그는 '서두르지 말 것, 화려하게 하지 말 것, 기초를 단단히 할 것'이라는 원칙을 제시하여 축성의 방향성을 제시하였다.

축성 과정에서 가장 조심스러운 부분은 바로 비용과 인력 동원이었다. 이에 채제공은 화성의 건설비용을 아끼기 위해 정약용丁若鏞의 거중기 등 다양한 아이디어들을 활용하여 큰 효과를 보았으며, 귀중한 노동력인 백성들이 다치지 않도록 많은 신경을 썼다. 그는 축성 중 더위가 심해지자 정조에게 건의하여 처서處暑 전까지 공사를 중단하라는 명령을 받아내 백성들의 고통을 덜어주기도 하였다. 이와 같은 채제공의 실무적 능력과 효율적 경제관념이 만들어 낸 것이 오늘날의 수원과 화성이다.

채제공이 주도한 시장개혁, 신해통공

채제공이 활동하던 시기는 조선에서도 여러 가지 변화가 나타나던 시기였다. 이에 따라 조선정부의 경제 정책도 상당한 변화를 겪었다. 대동법의 시행을 기반으로, 이 시기에 전개된 영조대 균역법, 정조대 여러 통공책通共策들은 경제적 변화, 또는 국가의 경제정책 변화를 보여주는 사례들이다.

자유로운 시장 거래를 허가하는 통공정책은 영조대부터 시작되었으나, 특히 정조 15년인 1791년, 당시 좌의정이었던 채제공은 금난전권禁亂廛權이라 불리던 육의전六矣廛을 제외한 시전市廛의 상행위 금지를 혁파를 건의하고 결국 이를 실현하였다. 이것이 바로 신해통공辛亥通共이다. 금난전권이란 조선정부가 시전상인들에게 국정 운영을 위한 물품 조달의 책임을 지우고 이에 대한 대가로 서울 도성과 도성 10리 밖까지의 상업 질서 유지에 대한 권리를 부여하면서 시작된 것이다. 하지만 당시 인구가 급증하던 서울에는 이들의 수요를 채우기 위해 난전亂廛들이 성행하였고 이를 제약하려던 시전측과 마찰이 발생하였던 것이다. 결국 채제공이 주도한 금난전권의 폐지로 기존의 시전과 새롭게 등장한 난전이 통공, 즉 함께 장사할 수 있는 상황이 벌어지게 되었다.

실제로 채제공은 신해통공 이전부터 금난전권 완화 건의에 대해서, "육의전은 마땅히 금난전권을 엄격히 확립해야 하지만 그밖에 작은 매매를 단속하는 폐단이 없어진다면 이익을 보는 사람들이 많아지고 물가도 점차 하락할 것"이라면서 찬성의 의견을 보여왔다.

전면적인 통공이 이루어지기 이전 몇 해 전인 1786년에는 신해통공의 예비적인 성격으로, 소규모의 통공을 허용한 병오통공이 시행되었다. 1789년에는 사도세자의 무덤인 영우원을 수원으로 옮겼고, 그에 따라 새롭게 들어선 신도시 수원에 1790년 시전을 설치하여 상업 발전을 꾀하였다. 하지만 새롭게 생겨난 수원 시전과 서울의 시전, 그리고 송파, 누원, 수원 장시 사이에 갈등이 발생하였다. 그리고 1791년 드디어 채제공의 건의로 육의전 외에 일반 시전들의 금난전권을 혁파하는 신해통공이 실시된 것이다. 이후 1794년에는 육의전 안에서 어물전과 청포전의 1주비를 빼고, 포전을 넣는 갑인통공이 실시되었다.

　그렇다면 채제공은 어떠한 관점에서 통공정책을 주도하였을까. 시전과 난전 사이에 분쟁이 발생하자, 그는 국가로부터 전매권專賣權을 부여 받은 것이 분명한 시전 상인들과 전매권을 가지지 못했으면서도 권력을 행사하는 시전의 경우를 구분하여 반응하였다. 그는 전매 소유권이 분명한 상인들의 전매와 금난전권을 인정하였으나, 전매권이 명확하지 않은 경우는 통공을 허용하였던 것이다. 또한 그는 백성들의 일상생활에 꼭 필요한 잡화나 정부가 이전에 통공한 전례가 있는 경우에 대해서도 통공을 허용하였다. 이는 국가에서 꼭 필요한 육의전의 물건을 안정적으로 공급 받기 위해 그것을 공급하는 상인들의 전매권을 부여한다는 금난전권의 기본 취지를 그가 정확히 이해하고 있었음을 말해준다.

　우리나라의 난전을 금하는 법은 오로지 육의전이 나라의 일에 수응하고 그들로 하여금 이익을 독차지하게 하자는 것입니다. 그런데 요즈음 빈둥거리며 노는 무뢰배들이 삼삼오오 떼를 지어 스스로 가게 이름을 붙여 놓고 사람들의 일용품에 관계되는 것들을 제각기 멋대로 전부 주관을 합니다. (중략) 만약 물건 주인이 듣지를 않으면 곧 난전이라 부르면서 결박하여 형조刑曹와 한성부에 잡아넣습니다.

이처럼 채제공은 난전을 금한 이유가 원래 시전 상인들이 국가의 일을 맡는 것을 전제로 시장에서의 이익을 보장 받도록 한 데 있었다고 주장했다. 그것이 원래 육의전에게만 주어진 것이지만, 점차 일반 시전에게까지 그 권리가 확대되면서 폐단이 커졌다고 보았다. 통공에 대한 그의 의견에는 그가 금난전권을 악용하는 시전상인들에게 고통당하는 백성들의 상황을 잘 이해하고 해결하고자 하는 의지가 있었음이 드러난다.

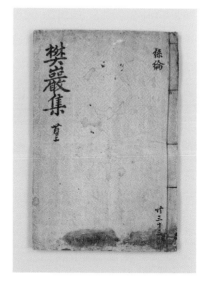

번암집(성호기념관 소장)

전면적인 통공을 건의한 채제공의 의견은 몇 달에 걸쳐 논의되었고, 드디어 같은 해 6월 5일에 실제 정책의 시행으로 이어져 일명 신해통공이 단행되었다. 이후 육의전을 제외한 시전의 금난전권은 사라지고 서울 내에서의 생활용품에 대한 거래가 허용되어 백성들의 불편이 크게 개선되었다. 다산 정약용은 그의 이러한 정책이 잘못된 관행을 바로잡고 백성들의 불편을 덜어주려 한 것이며, 백성들이 크게 기뻐하였다고 평가하기도 하였다.

서학에 대한 관점과 그의 정체성

채제공이 활약하던 18세기 조선에는 사상적인 측면에서도 중요한 변화가 있었다. 바로 서학西學이라는 새로운 사상이 여러 계층의 사람들 사이에서 유행

처럼 퍼지고 있었던 것이다. 서학이란 중국을 통해 들어온 서양의 과학지식과 문물, 그리고 이를 연구하던 학문을 말하며, 훗날 조선에서 큰 문제로 인식된 천주교 역시 서학의 일종으로 인식되었다. 특히 채제공과는 혼인관계로 맺어져 있었고 학문적으로 교류하던 이가환李家煥(1742~1801), 이승훈李承薰(1756~1801), 정약용 등이 서학과 천주교에 깊이 매료되어 있었다. 당시 이들과의 관계나 이들의 적극적인 포교 방식을 감안한다면, 채제공 역시 자연스럽게 서학과 천주교를 접할 수 있는 계기가 있었을 것이다.

당시 천주교는 한반도 내에서 자생적으로 탐구되고 발전하고 있었다. 다른 나라와 달리 조선에서 천주교는 서양 선교사의 내방 없이 서양에 대한 학문적인 호기심으로 인해 중국을 통해 흘러 들어와 양반층은 물론 다양한 계층에서의 호응을 얻어 신자들이 늘고 있었던 것이다.

채제공은 당시 조선에 전래된 마테오 리치의 천주교 이론서 『천주실의天主實義』를 공부하는 등 이러한 현상에 대해 이해하고자 노력하였다. 그 결과 그는 천주교가 가지는 장점들도 나름 파악하고 있었다. 그는 천주교의 신神, 즉 유교적 세계관에서의 상제上帝가 친히 강림하여 인간을 돕는다는 교리가 천주교가 가진 장점 중 하나라고 생각하였다. 사실 인격적 신에 대한 논리는 유교에서는 찾아볼 수 없는 것으로, 그는 이러한 교리가 가지는 효과를 인정하였다.

그럼에도 불구하고 채제공은 천주교가 사회적 문제로 대두되기 이전부터 천주교에 대한 부정적 관점을 표현하고 있었다. 천주교를 받아들이기에는 채제공이 기존에 가지고 있었던 유교적 가치관과 조선의 전통에 대한 존중 의식이 너무도 강했던 것이다. 개인의 수양을 통해 이상사회를 구현한다는 목표에 충실한 유교적 관료였던 그가 보기에 신으로부터의 구원을 기다리는 천주교의 교리는 쉽게 납득되지 않았다. 결국 그는 천주교를 조선의 유교적 정통을 무너뜨리는 사교邪教, 즉 옳지 못한 종교로 이해하게 되었다. 천주교에 대한 태도에서 볼 수 있듯이, 유학자로써 가지는 정체성을 벗어날 수는 없었던 것이 그의 한계이자 조선의 시대적 한계였다.

채제공은 천주교에 대해 '부모도 임금도 없다'고 비판하였다. 그런데 이러한 비판은 유학자들이 바로 불교를 비판할 때 사용하던 기본적인 논리였다. 이는 그가 볼 때, 천주교가 가진 내세관이 불교의 그것과 유사했기 때문이라고 생각된다. 더 나아가 그는 천주교의 교황제 등 천주교 고유의 제도 역시 비윤리적이라고 비판하였다.

사실 천주교에 대한 채제공의 부정적인 인식의 기원에는 천주교 교리와 유교의 문화적 충돌에 대한 부정적인 경험이 자리 잡고 있었다. 당시 조선 사회 전반에 충격과 함께 천주교에 대한 부정적인 인식을 전해준 사건은 일명 진산珍山 사건이라도 알려진, 윤지충尹持忠과 권상연權尚然의 순교 사건이었다. 1791년 천주교도였던 윤지충은 모친이 사망하자 교리를 지키기 위해 그 위패를 불태웠고, 이 사건이 확대되어 윤지충 본인과 그와 함께 신앙을 지키던 권상연이 처형되었다. 그런데 이 사건의 당사자인 윤지충이 정약용의 외사촌이었고, 정약용은 아끼던 후배였을 뿐 아니라 채제공과는 혼인으로 엮여 있는 사이였다. 채제공의 서자인 채홍근蔡弘謹이 정약용의 서매庶妹, 즉 서庶누이와 혼인한 사이였던 것이다. 따라서 이 사건은 채제공을 향한 공격의 빌미가 될 수 있는 문제였다. 결국 이 일은 천주교에 대한 그의 입장에 부정적으로 작용하였을 가능성이 높다.

채제공이 보여주는 온건하며, 개량주의적인 학문적, 정책적 성향 역시 천주교가 품고 있는 조선사회와는 다른 이질성, 혁명성과 잘 맞지 않았을 가능성도 높다. 다만 채제공 집권 당시 조선 정부는 천주교 신앙 자체를 탄압하지는 않았다. 이는 그가 이 문제를 천주교에 대한 탄압이 아니라 유교의 부흥과 강화를 통해 대응해야 한다는 입장을 취했기 때문이며, 이러한 관점은 정조와도 일치했다. 그 결과 정조와 채제공 치하에서 천주교인들은 신앙을 유지할 수 있었다.

이처럼 채제공은 탕평정국에서 남인으로서 정승의 자리에 올라간 입지전적인 인물이며, 시장 독점을 개혁하여 상업 발달을 촉진하고, 신도시 건설, 화성 축성을 주도한 실용적이고 능력 있는 정치가였다. 비록 새로운 사상인 서학에 대해서는 부정적인 입장을 보였으나, 이는 그의 한계라기보다 그가 살던 시대적 한계였다.

| 참고문헌 |

김정자, 『정조대 통공정책의 시행에 관한 연구』, 국민대학교 박사학위논문, 2012
김준혁, 「번암 채제공의 화성신도시 기반조성과 화성 축성」, 『중앙사론』38, 2013
조광, 『번암 채제공의 서학관 연구』, 고려대학교 박사학위논문, 1972

24
"청나라를 배우자", 박지원

좋은 가문 배경과 짧은 관직생활

박지원은 청나라로의 사행使行을 기록한 연행록燕行錄, 『열하일기熱河日記』의 저자로 잘 알려진 인물이다. 그는 유력한 가문에서 출생하여 사행의 행운을 맛보기도 하였으나, 오랫동안 관직에 오르지 못한 채 학문에 전념하는 삶을 살았다. 그 결과 그는 다양한 방면에서 조선사회의 문제에 대한 자신만의 개혁 방안을 제시하였다.

박지원의 본관은 반남이며, 자는 미중美仲 또는 중미仲美, 호는 연암燕巖 또는 연상煙湘, 열상외사洌上外史 등이다. 조부는 호조와 병조참판을 거쳐 지돈녕부사에 오른 박필균朴弼均이고, 아버지는 박사유朴師愈이며, 어머니는 이창원李昌遠의 딸 함평이씨咸平李氏이다. 박지원은 조선후기의 대표적 벌열 중 하나인 반남박씨 가문에서 출생하였다. 박지원의 6대조 박혜량朴惠亮은 우참찬을 지냈고 임진왜란 때 선조를 호위하여 호성공신이 되었다. 5대조인 박미朴瀰는 선조의 다섯째 딸 정안옹주貞安翁主와 혼인하여 임금의 부마가 되었으며, 그의 8촌 형인 박명원朴明

源은 영조의 셋째 딸 화평옹주和平翁主와 혼인하였다.

이러한 화려한 배경 속에서 박지원은 1737년 서울 반송방盤松坊 야동冶洞에서 출생하였다. 부친인 박사유가 관직에 오르지 않고 평생을 선비로 지냈기 때문에 관직을 하던 조부 박필균이 그의 양육을 주로 담당하였고, 많은 영향을 주었다.

1752년 16세의 나이에 이보천李輔天의 딸 전주이씨와 혼인하게 된 박지원은 본격적으로 학문에 정진하였다. 특히 장인인 이보천의 아우 이양천李亮天에게서는 『사기史記』를 비롯해 주로 역사서를 토대로 학문을 배웠다. 또한 처남 이재성李在誠과는 평생 학문적 교류를 나누며 중요한 영향을 주고받았다. 하지만 박지원은 결국 과거에 합격하지 못하였고, 30대 중반에 완전히 과거 합격의 꿈을 접고는 이후 학문과 저술 활동에만 전념하였다. 이후 박지원은 박제가朴齊家, 이서구李書九, 서상수徐常修, 유득공柳得恭, 유금柳琴 등 실학자들과 교류하였고, 이를 통해 본격적으로 자신의 사상을 정립하기 시작하였다.

하지만 당시 정조가 즉위하자 정조와 대립하던 벽파僻派와 가까운 배경을 가졌던 박지원의 생활은 더욱 어려워졌다. 결국 그는 황해도 금천金川 연암협燕巖峽이라는 곳으로 은거하게 되었으며, 이 지명에서 그의 호인 연암이 유래하였다. 이곳에 거주하는 기간에는 농사에 관심을 가지고 농법을 정리하여 농서를 편찬하였다.

1780년에는 그의 8촌 형이자 영조의 부마였던 박명원이 청나라 북경에 진하進賀 사절로 가게 되자, 그를 수행하게 되었다. 1780년 6월 25일 한양을 출발하여 10월 27일에 돌아 올 때까지 압록강을 거쳐 북경은 물론 당시 황제가 머무르던 열하熱河까지 둘러볼 수 있는 기회를 얻은 것이다. 이 당시의 경험을 기록한 것이 바로 그 유명한 『열하일기』이다. 그는 청나라로의 긴 여정 위에서 느끼고 생각한 많은 것들을 이 책에 표현하였다. 덕분에 그는 일약 유명해지기도 했지만, 호된 비판도 동시에 받았다.

1786년에는 50세가 다 된 나이에 과거가 아니라 추천을 통해 주어지는 음직蔭職을 얻어 선공감감역에 제수되었고, 이때부터 10여년의 관직생활이 시작되었다. 이후 1789년 평시서주부, 사복시주부, 한성부판관을 거쳐, 1792년에는 안의현의 현감이 되어 처음으로 백성들의 삶을 수령의 눈으로 바라볼 수 있게 되었다. 이후 면천군수와 양양부사를 거치며 조선의 현실에 대한 문제의식을 쌓아갔다. 하지만 양양부사를 끝으로 관료로서의 이력은 끝이 났고, 1805년 조용히 사망하였다.

비록 생전에 높은 벼슬에 올라가지는 못하였으나, 『열하일기』를 비롯하여 「양반전」이나 「허생전」 등에서 보이는 뛰어난 문학적 능력과 그 속에 들어있는 실학적 개혁 사상의 가치는 당대와 후대에 널리 인정받았고, 1910년 문도공文度公이라는 시호를 받았다.

최고의 연행록, 『열하일기』

『열하일기』는 박지원이 1780년 청나라를 다녀오면서 기록한 연행일기燕行日記로, 그것이 담고 있는 다양한 정보 뿐 아니라 유려한 글 솜씨로 당대에는 물론 지금까지도 많은 사람의 사랑을 받고 있는 작품이다.

박지원은 부마 박명원이 중심이 된 청 건륭제乾隆帝의 70수를 축하하기 위한 사신단의 일행으로 청의 수도인 북경 뿐 아니라, 당시 황제가 임시로 머물고 있었던 열하까지를 여행하고 돌아왔다. 그는 다른 유학자들과 마찬가지로 중국의 풍토와 산천, 제도, 풍속 등에 대한 동경을 가지고 있었고, 이에 대한 자세한 관찰과 기록의 결과로 『열하일기』가 탄생한 것이다.

　『열하일기』 내용은 사신단의 여정에 따라 각지에서 사람들과 나눈 이야기에 대해 서술되어 있기도 하지만 그가 보고 들은 다양한 정보들을 주제별로 서술하기도 하였다. 그 순서는 다음과 같다. 「도강록渡江錄」, 「성경잡지盛京雜識」, 「일신수필馹迅隨筆」, 「관내정사關內程史」, 「막북행정록漠北行程錄」, 「경개록傾蓋錄」, 「심세편審勢編」, 「망양록忘羊錄」, 「혹정필담鵠汀筆談」, 「찰십륜포札什倫布」, 「반선시말班禪始末」, 「황교문답黃教問答」, 「피서록避暑錄」, 「양매시화楊梅詩話」, 「동란섭필銅蘭涉筆」, 「옥갑야화玉匣夜話」, 「행재잡록行在雜錄」, 「금료소초金蓼少鈔」, 「환희기幻戲記」, 「산장잡기山莊雜記」, 「구외이문口外異聞」, 「황도기략黃圖紀略」, 「알성퇴술謁聖退述)」, 「앙엽기盎葉記」.

열하일기熱河日記(성호기념관 소장)

　각 권의 주요 내용을 살펴보면, 우선 「도강록」은 압록강으로부터 요양遼陽에 이르는 15일간의 기록으로 청나라의 성 건축기술과 벽돌의 사용 등에 관심을 보이고 있다. 「일신수필」은 신광녕新廣寧에서부터 전통적으로 중원의 관문으로 알려진 산해관山海關에 이르는 병참지兵站地에 대한 기록으로, 그의 수레, 상업, 다리 등에 대한 실용적인 생각이 본격적으로 드러나기 시작하는 부분이다.

「관내정사」는 본격적으로 중원으로 들어가 당시 수도인 연경燕京, 오늘날 베이징까지의 여정 기록이다. 여기에는 특히 박지원의 대표적인 소설 중 하나인 「호질虎叱」이 실려 있다.

이후 박지원과 사신단의 여정은 황제가 임시로 머물고 있던 북쪽의 열하로 변경되었다. 「막북행정록」은 연경에서 열하에 이르는 5일간의 여정에 대한 기록이다. 열하에 도착한 그는 태학太學에서 머무르며 윤가전尹嘉銓, 기풍액奇豊額, 왕민호王民皡등 여러 중국학자들과 토론을 나누었는데, 그 기록이 「태학유관록」이다. 이들은 지구의 움직임, 특히 지전설地轉說에 관하여 토론하였으며, 여기서 박지원은 자신의 학문적 동지이면서 조선후기 실학자이자 과학자로 잘 알려진 홍대용洪大容의 주장을 통해 지구가 자전하여 낮과 밤이 생겨난다는 지전설을 주장하였다.

연경으로 돌아온 이후부터의 기록에는 본격적으로 북학北學에 대한 자신의 주장이 서술되었다. 「심세편」에서 그는 조선 사람들이 지금의 청을 비웃고 인정하지 않는 행동을 비판하였다. 그는 조선이 지금의 청나라의 복식이나 문체를 비웃는 행위가 잘 알지 못하고 벌이는 허망한 일이라 주장하였다.

또한 그는 다양한 중국의 문물과 정책에 대해 서술하였다. 「망양록」에서 그는 윤가전 등의 중국학자들과 함께 음악에 대해 논의하였으며, 「혹정필담」에서는 이들과 앞서 토론하던 천체와 지구에 대한 이야기는 물론 역법曆法과 천주교에 대해서도 평하였다. 「동란섭필」은 중국의 노래, 음악, 서적 등 잡다한 것들에 대한 설명이고, 「금료소초」는 주로 의술에 대한 이야기를 담고 있다. 「황도기략」은 북경의 성문들과, 상점들, 상품들에 대해 기술하였다.

「진덕재야화進德齋夜話」라고도 불리는 「옥갑야화」에는 박지원의 또 다른 유명한 작품인 「허생전」이 실려 있다. 이 글은 불우한 선비였던 허생許生이 자신이 공부하던 학문을 활용하여 큰돈을 벌고, 도적떼를 섬으로 몰아넣는 등의 일화를 담고 있다. 또한 허생이 북벌론의 핵심 인물인 이완李浣을 크게 꾸짖는 장면을 통해 북벌이 가지는 불합리함을 보여주었다.

박지원은 자신의 역작이자 대표적인 작품인 『열하일기』를 조선에 돌아온 직후부터 주변에 소개하였고, 청나라의 장점을 받아들여야 한다는 그의 주장에 동의하는 많은 실학자들과 후배들로부터 극찬을 받았다. 반면에 당시 임금인 정조로부터는 이 책의 문체가 고풍스럽지 못하다는 비평을 들었으며, 명나라에 대한 의리를 중요하게 생각하던 유학자들로부터는 혹독한 비판을 당하였다.

거짓 양반에 대한 통렬한 비판

박지원이 활동했던 18세기 후반 조선사회에는 많은 변화가 있었다. 조선은 여전히 굳건한 신분제를 유지하였으나, 지배층인 양반층 내에서는 분화가 발생했다. 박지원처럼 주로 서울, 경기지역에 거주하면서 대대로 급제자와 관직자를 배출하는 벌열閥閱이나 경화京華 사족들은 양반 중에서도 가장 높은 곳에 자리 잡고 있었다. 반면, 지방 사회에서는 정치적 지향성이나 경제적 이유 등으로 과거 급제자나 관직자를 오랫동안 배출하지 못한 양반 가문들이 크게 늘어났다. 향반鄕班이라 불리는 이 지방 양반들은 관직 없이 지역사회에서의 자신들의 사회적 위상을 유지하고자 노력할 수밖에 없었다. 그리고 경제적으로 몰락하여 지방사회에서마저도 양반으로서의 위상을 더 이상 유지하기 힘들어진 잔반殘班, 몰락 양반들도 배출되었다.

이런 시대적 상황에서 여러 실학자들은 전통적 지배층의 위상을 맹목적으로 지키려 하기 보다는 실제적, 직업적 의미의 사민四民론을 주장하는 등 개혁적인 모습을 보였다. 박지원 역시 선비들이 다른 계층과 기본적으로는 다를 것이 없다는, 선비士, 농사꾼農, 장인工, 상인商이 동등하다는 입장을 보였다.

하지만 그는 그중에서도 양반에게 특별한 의미를 부여하였다. 그 이유는 양반들에게는 중요한 사회적 역할이 있다고 생각했기 때문이다. 우선 박지원은 실리를 탐구하며 이용후생利用厚生에 기여하기 위한 목적으로 양반들이 필요하다고 생각했다. 구체적으로 농업 기술의 향상, 농기구 개선, 수리 사업 추진 등의 실용적인 연구에서 양반의 역할이 필요하다고 주장했다. 그러면서도 그는 양반 중에서도 사회적으로 가치 있는 양반들과, 아무것도 하지 않으면서 명분과 의례에만 집착하는 고루한 양반들을 구분하였다. 그는 후자의 양반들에 대해서는 사회에 기생하는 자들이라고까지 평가하며 비판하였다.

양반들이 맡아야 하는 사회적 역할과, 이를 다하지 못하는 거짓 양반들에 대한 비판의식은 그의 작품, 「양반전」이나 「허생전」 등에 잘 드러나 있다. 박지원의 유명한 소설 양반전은 양반에 대한 신랄한 묘사와 비판으로 유명하다. 그러나 이 소설에서도 그는 양반 자체를 부정하지는 않았다. "양반이란 명칭이 많아서 독서하면 선비라고, 벼슬하면 대부大夫라고, 덕이 있으면 군자君子라 하는데, 무관武官은 서쪽에 서고 문관文官은 동쪽에 서게 되어 양반이라 불렀다"라거나 "선비와 사농공상士農工商 가운데 가장 귀한 것이 선비士"라는 표현들은 그가 양반전에서 모든 양반들을 비판하거나 부정한 것이 아니었음을 말해준다. 더 나아가 신분제 자체에 대한 문제제기가 이 책의 목표가 아님을 알 수 있게 해준다.

박지원이 비판하던 자들은 가치를 만들어내지 못하는 거짓 양반들이었다. 그는 이들을 "육체 노동과 천한 일을 절대 하지 않"으면서 고루한 생각에 갇혀 있는 편협한 부류의 양반들이라 정의했다. 그는 작품에서 이 고루한 양반들을 "우물 안의 개구리"로 표현하면서 비판하였다. 그는 이들의 허위의식을 "옷소매로 털모자毛冠를 닦고, 먼지를 털어 털 무늬를 일으키는 것, 아무리 더워도 버선을 벗지 않는 것, 식사 할 때 맨머리 상투차림으로 하지 않는 것" 등 쓸데없는 것을 고집하는 양반들의 행동을 비판하였다. 이는 의례와 의식, 체면은 중요하게 여기면서도 실實은 생각하지 않는 풍조에 대한 문제제기였다.

「허생전」에서 박지원은 주인공 허생의 부인을 통해 위선적인 양반들을 직접적으로 비판하였다. "당신은 한 평생에 과거도 보지 못하건대 글은 읽어 무엇 하리오. 장인 노릇이나 장사치 노릇이라도 하셔야죠. 이것도 못하면 도둑질이라도 해보는 것은 어떻소." 그는 허생의 입을 통해서도 사회적 역할을 하지 못하는 양반들에 대한 비판을 이어간다. 이를 위해 그는 비현실적인 북벌론을 주장하던 이완에게 그의 허구성을 비판하는 허생의 모습을 작품 속에 그려 넣었다. "바야흐로 말타고 달리며 칼로 치고 창으로 찌르고 활쏘고 돌던지며 싸움할 생각이면서 넓은 소매는 바꾸려 하지 않으니 스스로 예법禮法이라 할 수 있겠는가." 이처럼 박지원은 양반들의 형식적인 예절 등에 대해 상당한 불만을 나타냈다.

하지만 또 다른 작품 「호질」에서의 양반에 대한 비판은 약간 성격이 다르다. 그는 호랑이의 입을 빌어 다음과 같은 자들을 비판하였다. "눈을 부릅뜨고 함부로 남의 것을 착취하고 훔쳐도 부끄러운 줄을 모르며 심지어는 돈을 형兄이라 부르고 장수將帥 자리를 얻기 위해서 아내를 죽이는 일 까지도 있은 즉, 이러고도 인류의 도리를 논할 수 있겠는가." 여기서 박지원은 실용적이지 않은 행동이 아니라, 인류의 도리를 지키지 않는 행동을 비판하였다. 이는 양반들의 역할이 실용적인 데에서 더 나아가 유교적 명분과 의리를 지키고 이를 통해 사회를 교화시키는 역할을 해야 한다고 생각했기 때문이다. 이 점 역시 그가 양반 그 자체나, 양반의 명분을 부정한 것은 아니었음을 보여준다.

이처럼 박지원은 양반 신분 자체를 부정하려고 한 것이 아니라 현실성을 가지지 못하고, 명분마저도 잃어버린 허울뿐인 양반들을 부정하였다. 반면 실리를 추구하며 명분을 위해 자신을 포기하는 양반들은 나머지 백성들을 이끄는 지도층으로서의 역할을 해야 한다고 생각했던 것이다. 이러한 특징은 본인이 유력한 양반 가문 출신이기 때문에 가지는 한계라고도 볼 수 있으나, 기본적으로 박지원의 사회신분제도에 대해서, 그리고 양반들에 대해서도 실용적인 입장에서 접근했다는 점에서 이해할 수도 있겠다.

상업 발전론과 화폐 개혁안

박지원은 서인 중에서도 일명 낙론洛論을 이어받아 북학사상을 계승하였다. 북학이란 청나라의 선진 문물을 수용하여 조선의 발전을 도모해야 한다는 것이 주된 논지인 사상이었다. 기본적으로 유학자였던 박지원 역시 청나라를 오랑캐라고 여기는 전통적 화이華夷관을 벗어나지는 못했지만, 여진족이 이미 중원을 점령하고 살고 있으므로 이제 그들을 중화로 이해해야 한다고 주장하였다.

박지원이 청나라의 장점이라고 여겼던 부분 중 하나는 바로 활발한 상업활동이었다. 그는 농업을 중시하고 상업을 기존 실학자들과 달랐던 중요한 지점은 상공업의 활성화를 주장한 데에 있었다. 그의 이러한 생각을 잘 보여주는 모델은 허생전의 주인공 허생이다. 허생은 양반이면서도 상업활동에 적극적으로 뛰어든 뒤 상당한 돈을 모은 인물이었기 때문이다. 박지원에게 상업 발달의 목표는 백성들의 삶을 돕는 것經世濟民과 부국강병富國强兵에 있었다. 또한 그는 상업 발전을 위해 유교사회에서 천시되어 온 장인들과 상인들의 역할을 긍정하였다. 이들의 사회적 지위를 향상시키기 위해 그는 이들이 사회에서 농민들과 동등한 대우를 받아야 한다고 여겼다.

박지원은 상업 발달을 촉진하기 위해 필요한 것으로 배, 수레 등의 교통 및 운동 수단을 꼽았다. 그는 중국의 사례를 들어 교통수단들이 재화를 유통시키는 데 크게 유용하다고 주장했다. 반면 조선에서는 수레를 이용하지 않아서 물자가 제대로 유통되지 않으며, 물자가 움직이지 않아 많은 물자가 쓸모없는 물건으로 사라져 버리는 사실에 안타까워하였다. 따라서 수레가 잘 사용되어 물자가 유통된다면, 물가 또한 안정되리라 생각했다.

바닷가 사람들은 새우나 정어리를 거름으로 밭에 내놓지만 서울에서는 한 움큼을 사기 위해 한 푼을 줘야 한다.

박지원은 국가 간 무역에 대해서도 적극적으로 임할 것을 주장했다. 그는 당시 국제 무역에 대한 국가적 규제가 막상 국내 시장을 안정시킨다는 본래의 취지를 살리기보다는 오히려 중간상인들의 이익만을 가져오며 밀무역을 조장할 뿐이라 여겼다. 따라서 그는 중국 등과의 적극적인 무역을 통해 오히려 시장을 안정시킬 수 있으며 더 나아가 국제 정세까지도 파악할 수 있는 이점을 취하자고 주장했다. 박지원의 이러한 적극적 무역론은 그의 제자들에게 큰 영향을 주어 이들 중 다수가 훗날 개화사상가로 활동하였다.

다음으로 살펴볼 것은 박지원의 화폐에 대한 구상이다. 실학자들 사이에서도 화폐의 사용에 대한 의견이 엇갈리곤 했다. 유형원柳馨遠이 화폐의 유통을 지지한 것과 달리, 이익李瀷은 화폐가 많은 폐단을 낳는다고 생각했다.

하지만 사회는 변화하고 있었다. 특히 대동법은 조선후기 사회에 큰 변화들을 가져왔는데, 그중 하나가 바로 화폐 사용이 확산되었다는 점이다. 조선정부는 적극적으로 동전유통 정책을 추진하였다. 그 결과 17세기 후반에는 상평통보가 전국적으로 유통되기 시작하였다. 박지원은 이러한 변화를 목격하며, 화폐의 필요성에 동의하였다. 그는 화폐의 유통이 가져오는 긍정적 기능을 잘 인식하고 있었다.

대개 화폐가 귀중해지면 물가가 경해지고 화폐가 경해지면 물가가 귀중해지기 마련이다.

그러므로 재물을 잘 다루는 데에는 별다른 방도가 없고, 화폐의 경중輕重을 헤아려서 물가의 높낮이를 조절하여

당시 화폐 유통에서의 큰 문제는 전황錢荒이라고까지 불리던 화폐 유통 부족현상이었다. 그는 이러한 화폐 통화량의 부족현상에 주목하고 이를 극복하기 위한 방법을 모색하였다. 그는 전황의 원인으로 몇 가지를 지적하였다. 화폐 주조량 자체에 한계가 있다는 점, 조선에서는 은銀이 화폐로 사용되지 않기 때문에 중국과의 무역에서 결제 수단으로 유출되는 점을 원인으로 지적하였다. 또한 그는 고리대나 자연적으로 소모된 것도 화폐의 유통량을 줄이는 요인으로 언급하였다.

전황은 다른 문제를 야기하기도 했다. 바로 질이 떨어지는 화폐인 악화惡

貨의 유통이었다. 그는 이러한 악화의 유통을 금지해야 한다고 하면서, 문제 해결을 위해 은화의 주조를 주장했다. 그리고 그는 은화를 사용하되 쪼개서 쓰지 말고 일정한 형태의 은화를 주조 유통할 것을 제의하였다. 그는 더 나아가 재정 관청인 호조戶曹가 은화주조 업무를 관장하고, 은화의 액면가의 일정부분을 세금을 징수할 것을 제의하는 등 국가 관리의 필요성을 역설하였다. 반면 중국 은화의 수입과 유통 계획에 대해서는 반대하였다. 이러한 시도가 일시의 미봉책에 불과할 뿐, 긴 안목에서 볼 때 화폐 유통질서를 더욱 혼란하게 한다고 생각했기 때문이다.

이처럼 상업에 많은 관심을 기울였기에 북학파이면서 중상론자로 이해되고 있는 박지원이지만, 그가 생각한 국가의 근본은 역시 농업에 있었다. 그가 지향한 사회는 유교적 이상사회인 안정된 농업사회였다. 따라서 그의 상업의 발달은 농업에 해를 끼치지 않는 범위 내에서 허용된 것이었다.

기술 도입과 균등한 토지 분배를 통한 농업 개혁

농업은 조선사회 뿐 아니라 전근대 대부분의 국가에서 경제의 근간이었다. 비록 박지원이 북학파로 분류되어 중농학파로 평가되는 유형원, 이익, 안정복 등과는 구별되지만, 그 역시 농업이 조선의 기본이며 그렇기에 매우 중요하다는 사실을 잘 알고 있었다. 이에 그는 여러 농서와 경전으로부터 유용한 글들을 모아 1798년 정조가 내린 「권농정구농서윤음勸農政求農書綸音」에 답하려 하였다. 이 요청은 농사를 권장하고 농서農書를 구하여 농업을 진흥하고자 한 시도였다. 그리하여 박지원은 여러 중요한 농서들의 내용을 발췌하여 정리하고 여기에 자신의 의견을 덧붙여 「과농소초課農小抄」라는 책을 만들어 임금께 올린 것이다.

앞에서도 언급했듯이 박지원의 관점에서 양반이란 자신의 명분에 맞는 실實을 취하는 데 노력해야 하는 존재들이었다. 그리고 그는 이 책에서 양반들의 중요한 의무 중 하나로 농업에 힘쓰는 것을 들었다. 그는 스스로 농업 기술을 연마하고 백성들이 농업에 힘쓰도록 선도하는 것이 바로 선비의 할 바이자, "선비들의 실학"이라고 평가하였다.

조선의 농업을 발전시킬 구체적인 방법으로 박지원은 우선 중국의 농기구를 수입할 것을 주장했다. 이러한 이유로 그는 중국의 농기구의 기술적 우위를 들었다. 그는 조선의 농기구를 중국의 농기구처럼 농기구를 개선하고, 관개灌漑 시설의 보완과 개선을 농업 발전을 위한 주요 과제로 제시하였다. 또한 그는 농업 생산력을 높이기 위해서는 토지의 비옥함인 지력地力과 노동력을 잘 활용할 수 있는 농업 기술 방법의 고안과 활용이 필요하다고 여겼다.

박지원은 농업의 가장 중요한 수단인 토지제도 및 소유 구조에도 개혁의 필요성을 주장하였다. 그는 개혁을 위해 개인의 토지 소유 규모를 제한할 것을 제안하였다. 이는 그가 토지소유의 상한선을 설정하고 그 이상의 개인 소유를 금지하면 점차 토지의 소유 구조가 균등해질 것이라고 바라보았기 때문이다. 또한 그는 관련 규정의 강력한 시행과 금지, 처벌을 주장하였다. 만약 이 규정을 어기는 자들의 토지를 몰수하여 분배한다면 장기적으로는 토지가 균등하게 분배되리라 생각했던 것이다.

물론 박지원 역시 다른 실학자들의 일반적인 경향과 유사하게 정전제井田制를 이상적인 제도로 생각하였다. 정전제는 중국 고대 주周나라에서 시행된 토지제도로 일정한 토지를 우물 정井자의 9구획으로 나누어 이를 8가구가 경작하도록 하고, 중앙의 한 구획은 공동으로 경작하여 세금으로 납부하게 한 제도였다. 이 정전제는 유교에서 오랫동안 이상적인 토지제도로 여겨져 왔다. 하지만 그는 현실 사회에서 정전제를 원래의 모습 그대로 다시 시행하는 것은 불가능하다는 것을 인정하고, 이에 대한 대안으로 균전제均田制를 제시하였다. 균전제 역시 중국의 토지제도에서 기원한 제도로, 모든 성인들에게 균등한 규모의 토지를 나누어 주고 경작하도록 하는 제도였으나, 토지의 거래가 어느 정도 가능한 방식이었기 상대적으로 실현 가능하다 판단하였던 것이다.

여기에 박지원은 더 구체적인 토지 분배 계획을 제시하였다. 그는 비록 토지를 균등하게 분배한다고 하더라도 가구마다 가족 규모가 다르기 때문에 현실적으로는 균등하지 않을 수 있음을 인지했다. 따라서 그는 기준을 5인 가구로 하여, 5인 이하의 가구는 가능하면 구성원 수가 5인 이상이 되도록 다시 편제하여 토지를 분배하고, 여전히 작은 규모의 가구에는 기준 이하의 토지를 분배하는 것이 현실적이라고 주장하였다. 또한 당시 지배층이자 지주였던 양반들에게는 기준 이상의 토지를 분배하여 이들의 위상을 유지하도록 하고 불만을 제거함으로써 제안의 현실 가능성을 더하였다.

하지만 박지원의 토지 개혁론은 몇 가지 한계를 가지고 있었다. 우선 그는 토지 소유의 상한선을 설정하였을 뿐 토지의 하한선을 설정하지 않았다는 점에서 효과가 반감될 수 있었다. 또한 비록 균전제를 주장하였으나 현실적으로는 강제로 토지를 분배하기 보다는 매매를 금지하고 상속 등에 의해 시간의 흐름에 따라 자연적으로 균분화가 진행되는 것을 가정하였기 때문에 너무 오랜 시간이 걸린다는 문제가 있었다. 또한 처음부터 많은 토지를 가지고 있었던 자들과 토지가 없는 자들 사이의 괴리가 쉽게 해결되지 않으리라는 문제가 있었다. 그리고 신분제를 인정하여 양반들에게는 더 많은 토지를 부여한다는 점은 오늘날의 관점에서는 설득력이 떨어진다.

하지만 박지원이 추구한 개혁은 혁명적이라기보다는 온건하지만 실현 가능성이 높은, 현실적 개혁안이라는 점에서 진정한 실학자의 모습을 보여준다 하겠다.

| 참고문헌 |

염정섭, 「18세기말 朴趾源의 『과농소초』 편찬과 농업개혁론」, 『농업사연구』11(2), 2012
오영교, 「연암 박지원의 사회, 경제 개혁론에 대한 일고찰」, 『담론 201』16(1), 2013
유봉학, 『18-19세기 燕巖派 北學思想의 研究』, 서울대학교 박사학위논문, 1992

25
법치를 주장한 유학자, 우하영

사상적 배경과 『천일록』 저술 배경

우하영은 유력한 가문 출신이 아니며 높은 벼슬에 나간 경험도 없기 때문에 오랫동안 주목을 받지 못하였다. 하지만 1970년대 미야지마 히로시宮嶋博史에 의해 우하영과 그의 저술들이 소개되고 평가받기 시작한 이후 그에 대한 관심이 꾸준히 계속되고 연구도 점차 증가하고 있는 추세이다. 이 글에서는 백성들의 삶을 개선시키고자하는 강력한 의지를 가졌던 개혁가이자 실학자인 우하영의 삶과 사상을 살펴보고자 한다.

우하영의 본관은 단양으로, 자는 대유大猷, 호는 취석실醉石室이다. 그는 1741년 수원부 호매절 어량천면에서 태어났다. 성리학자이자 정치가였던 우성전禹性傳(1542~1593)의 7대손이었다. 우성전은 문과에 급제하여 대사성에까지 올랐으며, 임진왜란 당시에는 수원 지방에서 의병을 일으켜 난민들을 구하고 전공을 세운 인물이다. 또한 우성전은 이황李滉의 문하에서 수학하고 당시 동인이 남인과 북인으로 나뉠 때 남인들을 이끌었던 인물로 알려져 있다.

우성전의 명성과 성공에 힘입어, 그 후손들은 수원, 오늘의 화성지역에서 유력 양반으로 영향력을 이어갔다. 하지만 우성전 이후 그 후손들 중에서는 문과 급제자가 배출되지 않았으며, 그 결과 고위 관직자도 나오지 못하게 되었다. 이런 배경 속에서 우하영은 우정서禹鼎瑞의 아들로 태어나 백부인 우정태禹鼎台에게 입양되었다.

그는 1755년부터 본격적으로 과거공부를 시작하였고, 이후 여러 차례 문과에 응시하여 첫 시험인 초시初試에는 합격하기도 하였으나, 결국 2차 시험인 회시會試에서 계속 낙방하고 결국 합격하지 못했다. 이후 그는 관직에 나아가지 못하였고, 평생 학자로 초야에 묻혀 지냈다. 이러한 배경 위에서 우하영의 개혁 사상은 시무론적이면서도 경기 인근에 거주하던 남인들의 학풍을 이어 받아 다른 실학자들과는 다른 독특한 면모를 갖추게 된 것으로 보인다.

우하영은 고향인 수원 칠보산七寶山 아래에서 일생의 저작인 『천일록千一錄』을 집필하였다. 『천일록』은 다른 학자들의 저술과 달리 어느 한 시기에 일정한 의도에 의해 기록된 것이 아니다. 『천일록』은 우하영이 평생에 걸쳐 집필한 다양한 저술들을 그의 말년에 총체적인 시각에서 다시 종합하여 정리한 책이다.

『천일록』을 보면, 우하영이 56세가

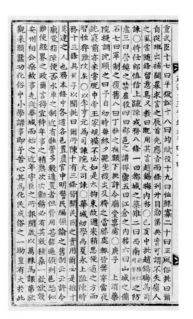

1796년 4월 우하영의 상소에 대한 정조의 비답 일부
(조선왕조실록)

되던 해인 1796년 그가 정조에게 올리기 위해 자신의 개혁 사상을 정리했다는 기록이 보인다. "정조 20년 재해天災가 자주 나타나자 임금께서는 초야의 선비들에게 모두 의견을 제출하라고 명령하여 도움을 구하였으니, 이는 대단히 성대한 덕德이었다. 나는 시무책時務策 약간의 조목을 가지고 상소로 아뢰어 보고하였다." 또한 1804년에는 학자들의 조언을 듣고자 한 순조의 구언윤음에 두 차례 응답하여 「갑자이월응지소甲子二月應旨疏」 등을 저술하였다. 그리고 아마도 이러한 노력들이 모아져 『천일록』이 된 것으로 생각된다.

충忠과 법法을 강조한 우하영

우하영은 유학자로서 유교에서 꿈꾸던 이상적인 군주상을 조선에서 실현하는 것에 큰 관심을 가지고 있었다. 이러한 그에게 이상적인 정치는 우선 백성들을 편하게 만드는 데에 중심이 있었다. 그리고 백성들을 편하게 하기 위해서는 농업을 권장하여 그들의 주린 배를 채워주는 것으로부터 시작해야 한다고 생각하였다. 더 나아가 농업에 힘쓰기 위해서는 근면하고 검소함을 실천하여 사치 풍조를 제거할 필요가 있다고 설명하였다. 그리고 이러한 목표를 달성하기 위한 방법은 바로 인재를 찾는 데에 있다고 보았다.

> 가장 이상적인 정치인 왕정의 급선무는 백성을 기르는 데 있고, 백성을 기르는 근본은 농업을 권유하는 데 있으며, 농업을 권유하는 것은 근면에 힘써서 검소함으로 허황한 사치를 제거하는 데 있는 것이고 그것을 실행하는 방법은 인재를 얻는데 있는 것입니다.

이러한 우하영의 사상은 유교의 기본적인 사고방식에서 크게 벗어나지 않는다. 다만 그가 정치사상에서 다른 유학자들과 보이는 가장 큰 차이점은 환경이 달라지면 그에 맞게 제도와 방법이 달라져야 한다고 생각했다는 점에 있다. "시대에 따라 환경도 변화하는 법이니, 그래서 정치의 방법도 삼대三代가 각각 달랐습니다." 이처럼 그는 중국 고대 왕조들인 하夏, 은殷, 주周 세 나라도 시기가 달라지면서 정치 방법이 달라졌다고 설명하였다. 이러한 문제의식은 유학자들이 고대 중국의 삼대와 요순堯舜 시대를 이상적인 시대로 설정하고 당시의 제도와 방법을 있는 그대로 조선사회에 적용하려했던 것과는 크게 다르다.

따라서 우하영은 당시 조선사회에는 조선의 상황에 맞는 개혁과 방법이 필요하다고 생각하였다. 특히 정치적으로 그는 백성들과 신하들에게 임금에 대한 충성忠을 강조함으로써 왕권을 강화하고자 했다. 그리고 충성에 대한 강조는 중앙정치 뿐 아니라 지방의 현실 사회에서부터 적용시키고자 하였다. 이를 위해 그는 지방 향촌 사회의 자치와 교화를 위한 규약인 향약鄕約의 기본 4가지 덕목인 덕업상권德業相勸(착한 일은 서로 권한다), 과실상규過失相規(잘못한 일은 서로 규제한다), 예속상교禮俗相交(서로 예절을 지킨다), 환난상휼患難相恤(어려운 일은 서로 돕는다) 외에도 충성에 대한 강조 덕목을 추가하였다. 충성과 효도로 서로 권한다는 충효상권忠孝相勸이 바로 그것이다.

우하영은 사상적이나 이념적으로도 충성을 강조하여 왕권의 강화한다는 목표를 달성하기 위해 임금의 은혜가 스승이나 부친의 은혜와 마찬가지라는 군사부君師父 동체론同體論을 주장했다. 이러한 그의 사상을 통해 그가 가정에서 부모에게 효도하는 것과 향촌에서 스승에게 예를 다하는 것, 그리고 조정朝廷에서 임금에게 충성을 다하는 것을 일치시킴으로써 사회 전체에 대한 일관적 윤리 규약을 세우고자 했음을 알 수 있다.

옛 사람이 '백성은 세 존재에 대해, 똑같이 섬겨야 한다.'고 하였는데, 이 세 존재는 바로 임금이고, 부친이며, 스승이다. 임금과 백성의 관계는, 의리로는 임금과 신하 관계가 되고, 은혜로는 부모와 자녀가 되고, 가르침으로는 스승과 제자가 된다. (중략) 충을 효보다 앞에 두어 세상 사람들을 일깨우고 서로 권면할 수 있는 방도로 삼는다.

일반적으로 유학자들은 예禮나 덕德을 통한 통치를 이상적 정치 형태로 여겨 왔다. 이에 비해 우하영은 법과 형벌의 적극적 활용을 주장하였다는 점에서 매우 독특한 측면을 보여준다. 그가 이러한 생각을 가지게 된 것은 사회를 보는 그의 관점 때문이었다. 그는 많은 유학자들이 이상적인 사회를 막연히 꿈꾸던 것과 달리, 당대 사회의 현실의 문제를 정확하게 파악하고 이를 해결하기 위한 실제적이고 적극적인, 때로는 강제성을 띤 처방을 해야 한다고 생각했다. 여러 사회적 문제들을 지적하고 이를 제거하기 위한 현실적인 방법들을 고안하여 적극적으로 시행시킴으로써 추상적인 이상사회가 아니라 실제적으로 모두가 편안한 사회를 이룰 수 있다고 본 것이다. 이러한 생각을 가진 그가 보기에 국왕에서부터 하급 관료와 백성들까지 법과 명령이 잘 통하는 사회, 즉 기강이 잘 잡힌 사회가 이상적인 사회에 가까웠다.

국가에 기강이 있음은 사람에게 혈맥血脈이 있는 것과 같은 것이니, 사람에게 혈맥이 없으면 운동할 수 없듯이, 나라에 기강이 없으면 다스릴 수 없다.

법이란 군자와 소인이 함께 따라야遵行 할 길이다. 이렇게 아둔한 사람을 밝히 깨우쳐주는 것도 인정仁政의 한 방법이다.

또한 우하영은 통치에서 법의 중요성을 인식하고 이를 적극적으로 활용할 것을 주장하였다. 그는 법과 그에 따른 형벌을 통해 백성들을 적극적으로 교화하고 충효의 길로 갈 수 있도록 규제해야 한다고 생각하였다. 일반적으로 법을 강조하는 것이 법가法家의 사상이며, 유교에서는 이를 열등한 방법으로 생각했으므로, 유학자인 우하영의 사상은 상당히 특수한 관점이라 할 수 있다.

우하영은 형벌의 올바른 적용을 위해서는 법이 잘 정리되어 널리 알려질 필요가 있다고 생각하였다. 이를 위해 그는 1785년 편찬되었던 당시의 법전인 『대전통편大典通編』을 정리하여 다시 반포할 것을 주장하였다. 그는 백성들 사이에서 법이 잘 지켜지지 않는 것은 법 자체에 문제가 있기보다, 법이 잘 알려지지 않았기 때문이라고 인식하였다. 따라서 법이 널리 반포되어 제대로 지켜지기 시작한다면 조선사회가 이상적인 사회로 발전하게 되리라 생각하였다. 그리고 법이 잘 알려진다면, 지혜로운 사람들은 법을 잘 지킬 것이며, 어리석은 자들마저도 형벌을 두려워하여 함부로 법

1804년 우하영이 천일록을 제출하며 올린 상소의 일부(조선왕조실록)

을 어기지 않을 것이기에 이상사회에 가까워지리라 생각하였다.

우하영의 농업에 대한 관점

유학자로서 백성과 나라의 근본은 오직 농사에 힘쓰는 데 있으니 진실로 법을
두어 서울이나 지방 할 것 없이 노는 사람을 엄히 금지하여 각각 집에 거주하
며 자신의 일을 하도록 하고 농업으로 부과하는 정치를 펼치면 한 때 소란스러
운 폐단이 있더라도 1,2년 지나면서 점차 풍속을 이룰 수 있을 것이다.

우하영은 농업을 국가의 근본이라 생각하였기에 백성들이 농업에 종사하여 근
면함으로 일할 수 있는 방법을 고민하였다. 그는 노동하지 않는 사람들을 엄히
금지하여 자신의 집에 거주하며 농업에 종사하게 하자고 주장하였다. 이러한 그
의 주장은 강한 법령과 형벌을 통해 사회를 개혁하려 했던 그의 독특한 사상을
또 한 번 보여준다.

우하영은 스스로도 자신이 거주하던 수원부 바닷가의 13두락斗落의 토지
를 매년 경작하면서 여러 가지 농법을 시도하였다. 그리고 이에 대한 경험을 토
대로 그는 『천일록』의 「농가총람農家總攬」을 비롯한 농업 부분을 저술할 수 있었
다. 이 농가총람은 효종대 편찬된 농서인 『농가집성農家集成』의 체제를 따른 것으
로 보아 이를 보충 또는 대체하기 위한 목적으로 저술되었던 것으로 보인다. 특
히 그의 저술에서는 농가집성 등 기존의 농서에서는 확인되지 않는 농업기술들
이 기록되어 흥미를 끈다. 그는 자신의 실제 경험에 기반하여 매우 구체적으로
자신만의 방법을 제시하였다. 일례로 곡식을 주머니에 넣을 때, 1승升씩 넣기보

다는 1홉合씩 넣는 것이 편하다는 등의 경험에 기초한 제안들이 바로 그것이다.

우하영의 농업에 대한 이해는 기본적으로 소농小農, 즉 가족 단위의 소규모 농업 종사 가구들의 관점에서 전개되었다. 따라서 그는 넓은 토지를 경영하여 농사를 짓는 행위인 광작廣作을 비판하였다. 조선 농법의 특성상 잡초를 제거하는 김매기가 중요하고 여기에 상당한 노동력이 집중적으로 투여되는데, 광작으로 넓은 토지에 경작을 하면 김매기가 어려워져 생산성이 떨어진다는 이유에서였다. 또한 당시 조선에는 화학비료가 없었기에 넓은 토지가 필요로 하는 비료를 획득하기가 어려우며, 비료가 없으면 생산력이 떨어질 수밖에 없다는 것이었다. 이는 당시 조선 농업의 특성과 현실을 정확히 이해한 지적이었다. 이처럼 그가 볼 때 조선 농업의 나아가야할 방향은 대규모 상업형 농업이 아닌 가족의 생계와 재생산을 위한 농업, 즉 소농들의 삶을 지속시키기 위한 농업이었다.

이렇게 중요한 농업에서 생산력을 좌우하는 요소로, 그는 토지의 특징과 백성들의 근면성을 중요하게 언급하였다. 그는 『천일록』에서 각 지역의 토질의 특징을 분류하였다. 이러한 분류는 기본적으로 각 지역의 특징을 반영하여 농업 기술을 적용해야 한다는 그의 생각에서 기인한 것이다. 우선 그는 토지의 비옥도나 굳기 등으로 따져 전국 팔도를 전라 → 충청 → 경상, 황해 → 평안 → 경기 → 강원, 함경의 순서로 평가하였다.

하지만 그는 여기에서 그치지 않고 토지의 특징만 중요한 것이 아니라, 백성들의 노력이 얼마나 투여되는지 역시 중요하다고 주장하였고, 이것이 각 지역의 생산력이 차이로 이어진다고 설명하였다. 그리하여 백성들의 노력이 투여된 결과에 따라서는 전라, 충청 → 경상 → 평안 → 황해 → 강원으로 달라진다고 주장하였다. 비록 황해도의 땅이 평안도보다 경작에 유리하지만, 평안도 백성들이 농업에 더 열성적이기 때문에 생산에서는 더 앞선다고 평가한 것이다. 이는 인간의 노력을 통해 여러 가지 변화를 추동할 수 있다고 생각하는 우하영의 생각을 잘 드러내는 측면이다.

이처럼 근면을 강조한 그는 백성들이 열심히 노동하도록 만들기 위해 농관農官을 설치하자고까지 주장했다. 그가 말한 농관은 단순히 농업 활동을 돕거나 격려하는 수준에서 더 나아가 농사를 감독하는 역할까지 맡았다. 또한 그는 2개의 통統, 즉 10개의 가구戶를 합해서 하나의 린隣으로 삼고 각 린마다 통솔자인 인장隣長을 뽑도록 하여, 이 10개의 가구가 이 인장을 중심으로 공동으로 농업에 종사하도록 하자고 제안하였다.

마지막으로 정부가 양전量田, 즉 토지 측량 및 조사를 한 지가 130여년이 지나면서 다양한 문제들이 발생하고 있는 현실에 주목하여 우하영은 당시 농업의 가장 시급한 문제 중 하나로 양전을 들었다. 그는 당시 토지에 부과되는 세금인 전세田稅의 불균등 문제를 해결하기 위해서는 정기적으로 시행하도록 규정된 양전을 제대로 시행하고, 숨어있는 토지들을 찾아내어 실제의 토지에 근거하여 세금을 부과해야 한다고 주장하였다.

화폐와 환곡 문제의 해결 방안 제시

우하영이 활동하던 18세기 후반에는 이미 화폐가 조선 전역에서 유통되고 있었다. 이에 그는 화폐가 가져오는 긍정적인 측면을 인식하고 있었다. 그는 화폐를 긍정하는 다른 실학자들의 관점과 유사하게 화폐 주조에 대한 권한이 오로지 국왕에게 귀속되어야 한다는 점을 중요한 원칙으로 설정하였다. 우하영의 경우, 화폐에 대한 문제 해결 방식에서도 국가의 통제가 느슨하고 법적인 미비로 인해 문제가 발생했다고 보았다는 점에서 다른 문제들에 대한 그의 관점에서와 일관성을 보인다.

이러한 관점 위에서, 우하영은 당시 여러 정부 기관에서 자체적으로 화폐를 주조하여 유통시키는 행위와, 이를 통해 수익을 얻으려는 기관들의 의도를 비판하였다. 또한 그는 화폐가 교환을 위한 매개로서의 기능을 유지하기 위해서는 가치척도로서의 기능을 필요로 한다는 점을 지적하였다.

당시 조선사회에서 화폐와 관련된 주요한 이슈 중 하나는 바로 전황錢荒이라는 화폐의 부족 현상이었다. 이에 대한 해결책으로 많은 실학자들이나 경세가들은 화폐 유통 구조의 개혁을 주장하였다. 하지만 다른 학자들과 달리, 우하영은 오히려 화폐공급의 과잉이 화폐가치의 하락과 전황을 가져왔다는 평가를 내렸다. 그는 더 나아가 화폐가치의 하락 현상은 화폐의 사私주조와 악화惡貨의 보급으로 인해 더욱 심각해지고 있다고 지적하였다.

이에 대한 대책으로 그는 화폐 주조량을 늘리는 것이 아니라 담당기관을 설치하여 백성들에게 낮은 이자로 동전을 대출하도록 함으로써 어려움을 해결하는 방법을 제시하였다. 당시 전황의 상황은 백성들에게 고리대의 신세를 질 수밖에 없도록 만들었기 때문이다. 따라서 이러한 상황이라면 차라리 정부가 직접 낮은 이율로 자금을 빌려주는 방식이 더 효과적이라고 생각했던 것이다.

우하영은 조선후기 가장 큰 문제로 지적되어 왔던 환곡還穀의 문제에 대해서도 목소리를 냈다. 환곡은 정부가 봄철에 식량이 부족한 백성들에게 식량으로 이용할 곡식을 나누어주고 일정한 이자, 일반적으로 10%의 이자와 함께 가을 수확 이후에 곡식을 거두어들이는 제도이다. 이는 백성들을 위한 구휼의 목적으로 시작되었으나, 점차 세금의 일종으로 변질되어 가는 모습이 나타나면서 백성들에게 가장 큰 부담으로 여겨지게 되었다.

우선 그는 환곡 자체를 부정하기보다는 개선하자는 입장이었다. 그는 당시 환곡에서 여러 가지 곡물을 이용했던 것을 버리고 쌀 한 가지로 통일하여, 보관과 계량의 편의를 높이고, 농간을 잡아내기 쉽게 하며, 비상시 병사들에게 먹일 때에 따로 벼를 찧을 필요가 없는 등의 이익이 취하자고 주장하였다. 또한 그는 당시 환곡의 관리와 운영을 담당하던 향리들이 환곡에 손을 대는 일이 발생하는 것은 그들에게 정해진 급료가 없기 때문이라고 판단하였다.

그는 환곡의 문제가 운영상의 문제로 인해 더 심각해지고 있다고 생각하였다. 그리하여 운영상 발생하는 폐단을 줄이기 위해 정부가 현재의 환곡 총량을 줄여 관리를 용이하게 하고, 철저하게 환곡을 통제하도록 할 것을 제안했다. 곡물의 손실이 일어나지 않도록 창고의 보수에 힘을 쏟을 것을 강조하기도 하였다. 그는 이러한 여러 가지 제안들이 법으로 만들어져 강력한 정부의 관리가 취해진다면 환곡 문제도 개선되리라 여겼다.

우하영 사상의 한계와 현실

우하영은 개혁가이자 실학자였으나, 시대적 한계를 가진 인물이기도 했다. 그는 노비제도에 있어서는 종과 주인의 구분이 무너지지 않도록 한다고 말함으로써 신분제에 대한 인식의 한계를 드러냈다. 또한 그가 임금에 대한 충성으로 대표되는 국가의 기강을 세우는데 관심을 기울이면서 백성들을 통치와 규제의 대상으로 인식하게 되는 문제도 발생할 수 있었다. 결국 우하영이 구상하던 향약공동체에서는 기강이 있고 법이 잘 지켜지지만, 강제적이고 백성들의 자율성이 약하다는 약점이 생길 수 있었다. 또한 우하영은 농업을 개혁의 가장 핵심적인 부분이라고 강조하면서도 정치술을 통해 당면한 경제적 문제를 해결할 수 있다고 주장하는 등 정치적인 방법으로 농업을 진흥시키고자 했다는 점에서 일정한 한계를 보인다.

비록 이러한 한계가 있지만, 우하영은 많은 유학자들과 동시대 실학자들이 꿈꾸었던 유교적 이상사회의 도래가 현실적으로 가능하지 않으리라 판단하고 있었다. 그는 토지개혁에 대해서도 중국 고대의 이상적 제도가 당시 조선의 현실에 실현될 수 없다는 점을 인정하였다. 이상적 제도의 실시가 한반도에서 실현 불가능한 이유로 그는 중국과 조선의 지리적 차이 뿐 차이가 아니라 시대 풍속의 변화에서 나타난 차이에도 주목하였다.

우하영은 현실 문제를 진단하고 이에 대한 대안이나 개혁안을 제시할 때, 유교적 가치에 따른 옳고 그름의 절대적 문제로 여기에 접근하기보다는, 이로움이나 편리함이라는 상대적인 기준에 따라 제시하였다. 이는 그가 관직에 오르지 않고 백성들과 뒤섞여 평생을 보내면서 통치자의 관점에서 벗어나 문제를 바라볼 수 있었으며, 그 결과 관점의 상대성을 인정하게 된 결과라 할 수 있다.

이상주의자가 아니었던 그는 자신이 모든 문제를 해결할 수 있으리라고 생각하지 않았다. "우선 오늘날의 폐단을 바로잡고, 앞으로 올 폐단은 후대의 사람들에게 맡긴다"는 그의 표현은 그의 현실적 측면을 말해준다. 이런 면에서 그는 충성 같은 유교적 이상이 사회 속에 실현되기를 꿈꾸는 유학자이면서도, 현실을 인정하고 합리적인 해결 방법을 찾으려 했던 실학자, 그리고 자신과 시대의 한계까지도 이해하고 후세의 진보를 기다린 현실주의자였다.

| 참고문헌 |

김혁, 「실학자 우하영의 '정치경제학'과 향약설」, 『역사와실학』55, 2014
최홍규, 『우하영의 천일록 연구』, 일지사, 1995
최홍규 외, 『취석실 우하영의 삶과 학문』, 화성시청, 2014

26

현장에서 대안을 찾은 학자, 정약용

이익의 유저遺著를 보고 학문에 뜻을 두다

정약용은 1762년(영조 38) 광주유수부의 마현에서 출생하였다. 정약용의 선대는 정치적으로 남인이며, 8대 옥당 가문으로 알려져 있다. 옥당은 홍문관의 다른 이름인데, 홍문관은 당대 최고의 문사文士가 참여하는 관서라는 점에서 상당히 영광스러운 직함이다. 선대의 정자급, 정수강, 정옥형, 정응두, 정윤복, 정호선, 정언벽, 정시윤 등이다. 아버지 정재원은 채제공의 추천을 받아 관직에 진출한 뒤 주로 지방의 수령직을 지냈다. 어머니는 해남 윤씨로, 조선조 가사문학의 대가로 알려진 윤선도尹善道의 후손이고, 윤두서尹斗緖의 손녀이다.

정약용은 4살 때부터 공부를 시작, 『천자문』에 입문하였다. 7살 때에는 '산山'이라는 시를 지어 주위를 깜짝 놀라게 했다고 한다.

> 작은 산이 큰 산을 가렸네
> 멀고 가까움의 지세가 다른 탓이지

정약용은 10살 때에는 자신이 지은 시를 모아 『삼미집三眉集』을 편찬한 바 있다. 서명은 어린 시절 천연두를 앓고 난 뒤 오른쪽 눈썹 위에 흉터가 약간 남아 눈썹이 세 갈래로 나뉘어져 눈썹이 셋이라는 '삼미三眉'라는 별명을 갖게 되면서 붙여진 명칭이다.

정약용은 15세때인 1776년 풍산 홍씨 홍화보洪和輔의 딸과 혼인을 하였다. 홍화보는 무과에 급제하여 병사兵使와 승지를 역임한 인물이다. 혼인을 하면서 정약용은 서울에서 생활을 시작하였다. 당시 정약용은 선배인 이가환李家煥과 자형인 이승훈李承薰을 추종하였다. 아마 이들과의 교류 과정에서 성호 이익의 유고를 접하게 되었을 것으로 보인다. 이가환은 성호 이익의 종손이고, 이승훈의 어머니는 이익의 증손녀이다. 이익의 유고를 접한 정약용은 "흔연히 학문하기로 마음"을 먹었고, 자식과 조카들에게 "나의 미래에 대한 큰 꿈의 대부분은 성호 선생을 따라 사숙私淑했던 데서 깨달음을 얻었다"고 항상 말하기도 하였다.

풍운지회風雲之會, 정조와의 만남

정약용은 22세인 1783년 초시에 합격한 뒤 성균관에 입학하였다. 성균관에서 공부하는 와중인 1784년 누님의 제사를 마치고 서울로 돌아오던 중 배 안에서 이벽李蘗을 통해 천주교를 접하고 서학서를 열람하였다. 『천주실의』와 『칠극』 등을 접한 정약용은 "천지조화의 시초, 사람과 신, 삶과 죽음의 이치를 듣고 황홀함과 놀라움과 의아심을 이기지 못했다"고 하며 충격을 전하였다. 상당히 매료되었던 것으로 보이며, 정약용에게는 생애의 전환기적 사건이다. 그러나 이 때 서학과의 인연은 향후 정약용의 정치적 성장을 제약하였다.

1789년(정조 13) 문과에 급제하였다. 정약용은 문과에 급제하고 정조를 만났을 때의 소회를 시를 남겼다.

> 임헌시에 여러 번 응시했다가 / 屢應臨軒試
> 마침내 포의 벗는 영광 얻었네 / 終紆釋褐榮
> 하늘이 끼친 조화 깊기도 하니 / 上天深造化
> 미물이 낳고 자람 후히 입었네 / 微物厚生成
> 무능해 임무 수행 어렵겠지만 / 鈍拙難充使
> 공정과 청렴으로 충성 바치리 / 公廉願效誠
> 격려하신 옥음이 많이 내리어 / 玉音多激勵
> 그런대로 노친의 마음 흐뭇해 / 頗慰老親情
>
> (『다산시문집』)

문과 급제 이후 정약용은 희릉직장을 시작으로, 얼마 뒤 규장각의 초계문신抄啓文臣에 발탁되었다. 초계문신이란 의정부를 통해 37세 이하인 관원을 선발, 규장각에서 위탁 교육시키고 40세에 졸업시키는 제도이다. 이들은 정조와 함께 학문을 비롯해 현실 정치에 나타난 문제점 등을 연구하기도 하였다.

이때 정약용은 배다리, 즉 주교舟橋에 대한 일종의 설계 지침서를 작성해서 정조에게 제출했다. 이는 한강을 건너 사도세자의 묘소인 현륭원顯隆園에 왕래하는 정조에게 편의를 제공하기 위한 것이었다. 그리고 이것이 계기가 되어 정조로부터 축성과 관련된 설계를 지시받았다. 향후 화성 축성을 구상하고 있던 정조의 의중이 반영된 것이다. 정약용은 중국과 조선의 각종 성곽과 관련된 제도를 검토하였다. 특히 조선의 류성룡이 작성한 『성설城說』을 크게 참고하여 그 결과를 정조에게 제출하였다. 정조는 정약용에게 궁궐에 보관된 서양 과학 기술 서적을 보내면서 무거운 것을 끄는 인중引重과 무거운 것을 올리는 기중起重의 방법도 마련하게 하였다. 거중기와 기중기, 녹로 등이 탄생하게되는 순간이었다.

이후 정약용은 남인계 선배들과 함께 정치에 참여하며 승승장구하였다. 그러나 1795년 주문모周文謨 신부의 입국 문제가 발생하며 결국 정약용은 금정도 찰방으로 좌천되었다. 주문모 신부 입국의 배후 세력으로 지목되었기 때문이다. 좌천이었지만 정약용은 좌절하지 않았다. 금정도 찰방으로 내려가서는 인근에 거주하던 성호 이익의 종손인 이삼환李森煥 등과 교류하며 이익의 학문을 검토하는 한편 이익의 유저를 간행하는 작업에 들어갔다.

금정도에서 약 5개월 정도를 생활한 정약용은 다시 정조의 부름을 받아 상경하였고, 1796년에는 승지에 있으면서 측근에서 정조와 소통하였다. 이 때 정조는 정약용에게 다소의 시간을 주어 교서관에서 『춘추』 등의 교정 간행을 맡겼다. 1797년 정약용이 천주교도라는 비난이라는 불거졌다. 마침 동부승지라는 국왕의 비서에 임명된 시점이었다. 반대 세력의 비난이 거세지자 결국 정약용은 상소를 제출, 서학에 대해 "당초 그것에 물이 들었던 것은 아이들의 장난과 같은 일이었으며, 지식이 조금 성장해서 적이나 원수처럼 여겼다"고 변명하였다. 이런 변명에도 불구하고 반대 여론이 비등해지자, 정조는 정약용의 보호를 위해를 그를 외직인 곡산부사에 제수하였다. 곡산부사 재직시의 경험은 정약용이 현실에 바탕한 대안을 마련하게 된 주요한 목민관의 기회였다.

유배지에서 학문의 성취를 맞보다

정약용은 약 2년이 채 안되는 기간이었지만 성공적으로 수령직을 마치고 내직으로 복귀하였다. 그러나 현실을 녹록치 않았다. 일부에서는 이가환을 중심으로 정약용의 형인 정약전 등을 천주교 세력으로 몰아가며 정치적 공세를 폈다. 결국 정약용은 정치에 뜻을 접고 정조에게 사직서를 제출한 뒤 낙향하였다. 낙향 이후 서울과 집을 오가며 여유롭게 보내던 즈음인 1800년 6월 정조가 승하하였다.

아버님이여, 아시는 지요
어머님이여, 아시는 지요
가문이 갑자기 무너져
죽은 자식 산 자식 이 꼴이 되었네요
남은 목숨 보존한다 해도,
크게 이루기는 이미 글렀어요
자식 낳고 부모님 기뻐하셔서
부지런히 어루만져 길러 주셨지요.
하늘같은 은혜를 갚아야 마땅하나,
풀 베듯 제거당할 줄
생각이나 했겠습니까

정약용에게 정조의 죽음은 하늘이 무너진 아픔이었다. 정조의 국장을 치른 뒤 고향으로 돌아온 정약용은 '여유당與猶堂'이라는 당호를 내걸고 유유자적하였다. '여유'란 『노자老子』의 "망설임이여 겨울 내를 건너는 것이로다! 주저함이여 사방의 이웃을 두려함이로다"에서 유래한 것으로, 신중할 수 밖에 없던 정약용의 생활 모습을 그대로 드러낸 것이다.

정약용 필적 하피첩(국립민속박물관)

어린 순조가 즉위하고 정순왕후가 수렴청정을 시작하였다. 그러면서 조정에는 피바람이 불었다. 1801년(순조 1) 벽파가 주도하여 천주교 탄압이 진행되었다. 그리고 이 와중에서 책롱 사건이 발생했다. 정약용의 형인 정약종이 은밀하게 보관하고 있던 천주교 관련 물건들이 발각된 것이다. 결국 여기에 이가환과 이승훈, 권철신 등과 함께 정약용도 연루되어, 결국 경상도 장기로 귀양을 가게 되었다. 그리고 같은 해 10월 황사영黃嗣永 백서 사건이 발생하였다. 황사영 백서 사건이란 황사영이 조선에서 일어난 천주교 박해 사실을 비단에 적어 중국 북경의 주교에 전달하려다 발각된 사건이다. 이것이 계기가 되어 정약용은 다시 서울로 압송되었다가 잔라도 강진으로 유배가게 되었다.

강진에서 정약용은 사의재四宜齋 → 보은산방 → 다산초당으로 옮겨다니며 생활하였다. 다행히 해남에 외가가 있어 그곳에서 많은 도움을 받으며 생활하였다. 강진에서 정약용은 신분에 구애되지 않고 제자를 양성하였다. 그리고 이들과 함께 공동 작업을 통해 많은 저술을 발표하였다.

정약용의 눈에 비친 현장에서 백성들의 생활은 처참하였다.

양근을 잘라버린 서러움哀絶陽

노전마을 젊은 아낙 그칠 줄 모르는 통곡소리 / 蘆田少婦哭聲長

현문을 향해 가며 하늘에 울부짖길 / 哭向縣門號穹蒼

쌈터에 간 지아비가 못 돌아오는 수는 있어도 / 夫征不復尙可有

남자가 그 걸 자른 건 들어본 일이 없다네 / 自古未聞男絶陽

시아버지는 삼상 나고 애는 아직 물도 안 말랐는데 / 舅喪已縞兒未澡

조자손 삼대가 다 군보에 실리다니 / 三代名簽在軍保

가서 아무리 호소해도 문지기는 호랑이요 / 薄言往愬 虎守閽

이정은 으르렁대며 마굿간 소 몰아가고 / 里正咆哮牛去皁

…(중략)…

부호들은 일년내내 풍류나 즐기면서 / 豪家終歲奏管弦

낟알 한 톨 비단 한 치 바치는 일 없는데 / 粒米寸帛無所捐

똑같은 백성 두고 왜 그리도 차별일까 / 均吾赤子何厚薄

위 시는 남성을 잘라버려야만 하는 백성들의 생활을 절절하게 표현한 것이다. 이런 현실을 목격한 정약용은 이를 타개하게 위한 대안을 방대한 저작을 통해서 제시하였다.

귀향과 '후대를 기약하며'俟菴

강진에서 정약용은 18년간의 귀양 생활을 하였다. 적지 않은 시간이었다. 유배에

정약용묘(남양주시 소재)

서 풀려나 고향으로 돌아온 뒤 정약용은 당색을 가리지 않고 학문 교류를 지속하였다. 이때 교류했던 인물은 신작申綽, 김매순金邁淳, 홍석주洪奭周, 김정희金正喜 등이었다. 당색을 초월해 노론과 소론계 학자들과 교류한 것이다. 한편 유배 기간 동안 정약용은 제자들과 함께 무모하리만치 방대한 저작을 남겼다. 정약용의 저술은 제자들과의 공동 작업이 다수이다. 저술의 체계나 뼈대를 마련하는 일은 정약용이 하고, 자료의 수집이나 정서 등은 모두 제자들이 담당하였던 것이다.

이 저작들은 1818년 고향에 돌아서 본격적인 정리가 이루어졌다. 이 시기 정약용은 자신의 호를 '사암'이라 명명하였다. 후대를 기약한다는 것이다. 정약용은 자신의 저술에 대해 스스로 작성한 묘지명에서 다음과 같이 말하였다.

육경六經과 사서四書는 자신을 수양하는 것이고, 일표一表와 이서二書는 천하와 국가를 위함이니, 본말本末이 갖추어졌다고 할 것이다.

육경과 사서를 근본으로 하였다면 유명한 『경세유표經世遺表』, 『목민심서牧民心書』, 『흠흠신서欽欽新書』는 천하와 국가를 위한 방안이었던 것이다.

회갑을 맞은 1822년 다산은 인생을 정리한다. 자신의 장지를 정하고, 스스로 묘지명을 짓는다. 별호도 후대를 기약한다는 뜻의 '사암俟菴'을 사용한다. 그의 새로운 출발을 의미하는 것으로, 그것은 기존 저술에 대한 종합과 문집의 편집으로 나타났다.

| 참고문헌 |

박석무, 『다산 평전』, 민음사, 2014
송재소 외, 『다산 정약용 연구』, 사람의 무늬, 2012
조성을, 『연보로 본 다산 정약용』, 지식산업사, 2016

27
농학과 박물학의 종합자, 서유구

생애와 관직

서유구는 대구서씨로 자는 준평準平, 호는 풍석楓石이다. 그는 1764년 서호수徐浩修와 이이장李彝章의 딸 한산이씨 사이에 둘째아들로 태어나, 당숙堂叔인 서철수徐澈修에게 입양되었다.

서유구는 문과급제자와 관직자가 연속적으로 배출된 유력한 집안에서 태어났다. 그의 증조부 서종옥徐宗玉은 문과에 급제하여 이조판서와 호조판서를 지냈으며, 조부 서명응徐命膺 역시 문과에 급제하여 대제학에 오른 인물이다. 부친인 서호수는 문과에 급제하여 이조판서를 지냈으며, 양부인 서철수는 문과에 급제하지는 못했으나 음직으로 현령을 지냈다.

이러한 가문의 배경에 힘입어 서유구 역시 과거에 합격하는 쾌거를 이루었다. 그는 1786년 생원시에 합격하고, 4년 뒤인 1790년에는 문과에 합격하여 젊은 나이에 관직 생활을 시작하였다. 그는 규장각, 홍문관 등에서 관직생활을 하는 엘리트 코스를 거쳤고, 결국 이조판서와 대제학까지 지냈다.

1842년, 79세 되던 해에 서유구는 자신의 생애를 간략하게 정리한 「오비거사생광자표五費居士生壙自表」를 작성하였다. 이 표에서 그는 자신의 삶을 다섯 시기로 구분했다. 이 구분에 따라 서유구의 삶을 살펴보도록 하자.

가장 첫 시기인 제1비기는 서유구가 조부인 서명응(1716~1824)과 중부仲父인 서형수徐瀅修(1849~1824)에게서 글을 배우고 선대로부터 이어져 내려온 성리학과 농학農學을 익히던 시기였다. 또한 그는 이의준李義駿(1738~1798), 류금柳琴(1741~1788), 박지원朴趾源(1737~1805) 등에게서 수학하여 문장과 학문을 본격적으로 연마하였다.

두 번째 시기인 제2비기에는 첫 번째 시기에 쏟은 노력들이 본격적으로 결과를 맺기 시작하였다. 이 시기는 초기 사환기로, 그는 1790년, 정조 14년에 문과에 급제한 뒤 역량을 인정받아 봉급을 받으며 연구활동을 할 수 있는 초계문신抄啓文臣으로 선발되었다. 이후 그는 곧 정조의 친위세력이자 연구기관인 규장각의 대교로 임명되었다.

하지만 서유구를 초계문신으로 선발하여 학문을 정진할 수 있는 기회를 제공하고, 그의 사상과 농법에 대한 관심을 높이 평가하던 정조의 죽음은 서유구에게도 시련을 가져다 주었다. 1806년 벽파에 대한 시파의 공격, 일명 김달순 옥사金達淳 獄事라는 사건에 연루된 서유구의 중부이자 스승이기도 한 서형수가 유배되었다. 서형수는 18년에 걸친 긴 유배생활 끝에 전라도 임피에서 사망하였다. 이 불미스러운 사건의 여파로 서유구 역시 중앙 정계에서 멀어지게 되었다.

제3비기는 중앙정치로부터 벗어나 파주 장단에 머물며 평소에 관심을 가져온 농법에 대한 연구를 진행하고 농서를 집필하던 시기였다.

제4비기는 당시 재상이었던 남공철南公轍의 도움으로 다시 관직을 얻어 16

년 간 관직생활을 하였던 시기이다. 당시 서유구는 승지, 대사헌, 공조판서, 형조판서, 예조판서, 호조판서, 홍문관제학, 규장각제학, 이조판서, 병조판서, 의정부좌참찬, 판의금부사 등 중앙 정부의 핵심 관직을 역임하여 국가 운영의 실제를 파악하였다. 그러면서도 그는 양주목사, 강화유수, 전라관찰사, 수원유수 등 주요 지역의 지방관을 거치면서 백성들과 지방 사회의 현실을 피부로 느낄 수 있었다.

마지막 시기인 제5비기는 1837년 판의금부사를 마지막으로 고위직을 다 내려놓고 벼슬에서 물러나 도봉산 아래 번계樊溪에서 생활하면서 다시 농법 연구의 의지를 불태우던 시기이다. 그는 이 시기에 농업 생산력을 높이는 방법을 찾기 위해 본격적으로 농장을 운영하였다. 이 과정에서 마무리 되어진 것이 바로 그 유명한 『임원경제지林園經濟志』였다.

하지만 그는 『임원경제지』를 채 출간하지 못한 채 1845년 11월 1일 사망하였다. 그는 죽는 순간까지 거문고를 들으며 평온히 눈을 감아, 제자인 이유원李裕元은 자신의 책 『임하필기林下筆記』에서 서유구의 죽음을 보통사람의 죽음과는 다르다고 표현하기도 했다.

농법의 계승과 실험적 노력

서유구의 걸작인 『임원경제지』는 혼자만의 작품이라고만은 할 수 없다. 그것은 바로 오랫동안 그의 가문에서 내려오면서 발전해온 농법에 대한 자료와 연구가 축적된 결과물이었기 때문이다.

서유구의 조부인 서명응은 1771년 예문관 제학으로 재직하면서 『고사촬요攷事撮要』를 대폭 개정, 증보한 『고사신서攷事新書』를 편찬하는 일을 맡았다. 그는 "세상만물에는 반드시 천하만사가 있고, 천하만사에는 반드시 사리법칙이 있으니 그 까닭을 상고해야만 이치가 어그러지지 않을 것이다"라고 주장하였다. 이러한 조부의 사상은 서유구가 자신의 책의 "천하의 만물 가운데 우주와 고금古今을 다 보아도 하루라도 없어서는 안되는 것을 찾을 때 가장 그러한 것이 바로 곡식이고, 천하의 만사 가운데 우주와 고금을 다 보아도 귀천貴賤과 지식을 가리지 않고 하루라도 몰라서는 안되는 일 가운데 가장 중요한 것이 바로 농사이다"라고 한 서술로 이어진다.

농법에 많은 관심을 가졌던 서호수徐浩修 역시 아들인 서유구에게 많은 영향을 주어, 서호수가 지은 『해동농서海東農書』의 영향력이 서유구의 저술에서 발견된다. 서호수는 곡식의 다양한 종류, 농기구, 토지제도와 수리水利 등에서 조선의 특유한 농업기술이 있음을 주장하였다. 서유구도 조선의 농업이 중국과 다를 수밖에 없는 현실이 있음을 분명히 지적하였다. 따라서 서호수나 서유구 농법의 핵심은 조선의 현실에 바탕을 둔 특수한 농법에 기반을 둔 채 중국식 농법을 고려하거나 접목하는 방식이었다.

1790년 서유구가 문과에 급제한 뒤 초계문신으로 발탁되어 학문에 힘쓰고 있을 당시, 정조는 농업 장려를 위해 농법에서 농정農政에 이르는 여러 문제에 대한 해결책을 신하들에게 물었다. 이 문제에 대해 서유구는 토지제도田制, 수리, 농기구稼器라는 세 가지 항목을 중심으로 답변을 작성하여 정조에게 올렸다.

이 글에 따르면, 서유구는 중국 고대의 토지제도 중 하나인 정전井田을 실행하여 천하의 토지를 모두 나라에 소속시키는 방안을 제시하였다. 하지만 이상적인 토지제도인 이 옛 제도를 시행할 수 없다면 토지의 거래를 어느 정도 용인하는 한전법限田法이라도 시행해야 한다는 현실적인 수준에서 방안을 제시하였다.

또한 농업을 발전을 위해 수리 시설이 크게 확충되어야 하고, 농기구들은 더 발전되어야 한다고 생각하였다.

서유구는 1797년 순창군수를 지내며 당시 조선사회의 현실과 농업 현황을 자세히 살필 수 있는 기회를 얻었다. 그리고 이러한 경험은 이듬해에 정조가 내린 「권농정구농서윤음勸農政求農書綸音」, 즉 농업을 진흥시키고 문제를 해결하기 위해 신하들과 지식인들에게 의견을 구한 것에 대한 응답으로 이어졌다. 정조는 이 윤음을 통해 팔도에서 올라온 농법을 모아 조선 농법에 대한 정리를 하고자 했던 것으로 생각된다. 이러한 정조의 의도는 서유구가 가지고 있었던 가학으로 전해져 온 풍부한 농법 지식이나, 그로 인해 자라난 농사에 대한 관심과 잘 맞았다. 결국 서유구는 이러한 정조의 부름에 응답하여 「응지농서應旨農書」를 바치게 되었다.

하지만 서유구가 정조를 통해 꿈꾸었던 농서의 종합과 이에 기반한 농업 발전은 1800년 정조의 사망과 함께 그 실현 가능성이 크게 줄어 버렸다. 더구나 새로운 국왕의 즉위, 벽파와 시파의 교체 등 정치적인 상황 속에서 1806년 당시 중앙 정계에서 활동하고 있던 서유구는 관직마저 빼앗기고 낙향하게 되었던 것이다. 이 기간이 서유구에게는 고난의 시간이었지만, 한편으로는 농법을 실험하고, 학문을 연마하며, 일생의 저술인 『임원경제지』를 완성할 수 있게 만든 시간이었다.

서유구가 오랜 은둔 생활을 마치고 다시 관직에 나갈 수 있게 된 것은 61세인 1824년이 되어서였다. 직접 농법을 실험하고, 백성들과 가까이 오래 생활한 그의 이 시절 경험은 당시 산재한 여러 현실적 문제들에 대한 해결책을 제시하는 데 유용했다. 그는 이러한 점을 인정받아 1833년부터는 고령에도 불구하고 호남순찰사가 되어 직접 호남 백성들의 어려움을 체험하게 되었다. 그는 당시의 경험을 바탕으로 구황救荒에 도움이 되고자 고구마 재배에 대한 저술인『종저보種藷譜』를 편찬하였다. 1834년에는 신도시이자 농법 연구의 중심지인 수원의 유수로 부임하여 그가 아는 많은 지식과 농법들을 현실에 접목시키려 노력하였다. 이러한 노력은 그가 수원유수로 재임하면서 기록한 일기,『화영일록華營日錄』에서도 찾아 볼 수 있다.

가학의 영향 속에서 서유구는 방대한 백과사전인『임원경제지』이외에도,『행포지杏浦志』,『금화경독기金華耕讀記』,『경계책經界策』,『종저보』,『난호어목지蘭湖漁牧志』등 농업과 관련한 많은 서적들을 저술하였다. 그는 이 책들을 통해 결과적으로 서유구는 다양한 방안들을 고안하고 제안하여 농업의 발달을 꾀하고자 하였다.

서유구의 실학사상

서유구가 활동하던 18세기 후반, 서울 경기지역 여러 학자들의 관심은 관념적인 성리학에서 그치지 않고 인간의 생활과 주변의 만물로 확장되고 있었다. 서유구를 비롯한 많은 실학자들이 노력을 통해 사회와 문물의 개선을 요구하는 저술을 남기고 이를 현실에 적용하려 시도한 것들은 이러한 맥락에서 이해될 수 있다. 농법학자이자 실학자로서 서유구는 서구적 근대를 지향하기보다는 백성들을 진휼하고 농업을 권장한다는 조선의 전통적 국가 통치 가치와 그 이념의 실현에 입각한 개혁에 더 관심을 가지고 있었다. 서유구는 북학론을 주장하는 학자들과 깊은 관계를 가지고 중국과 서양으로부터 들어오는 문물에 관심을 가져 북학 사상의 계승자로 평가되기도 한다. 하지만 그는 농학이라는 가풍을 그대로 계승하면서 이용후생과 중농을 모두 아우르는 넓은 의미에서의 진정한 실학자였다.

서유구의 사상은 주로 실생활에의 유익에 주목하였는데, 이렇게 농업기술 개선을 통한 민생안정의 구체적 변화를 촉구했다는 점에서 다른 개혁가들의 접근방법과는 차이를 보인다. 서유구와 다르게 당시 다수의 개혁가들은 농업 문제의 해결을 주로 국가제도의 개혁이라는 큰 틀에서 접근함으로써 변화를 시도했기 때문이다. 다만 그의 저술은 전문적이고 실용적 사실들을 나열하고 정리하는 데에서 더 나아가지는 못했다는 한계를 가진다.

인간이 살아가는데 사는 땅이 각기 다르고 관습과 풍속이 같지 않다. 그러므로 시행하는 일이나 필요한 물건은 모두 과거와 현재의 격차가 있고 나라 안과 나라 밖의 구분이 있게 된다. 그러니 중국에서 필요한 것을 우리나라에서 시행하더라도 어찌 장애가 없겠는가? 이 책은 오로지 우리나라를 위해 나온 것이다. 그래서 자료를 모을 때 당장 적용 가능한 방법만을 가려 뽑았으며 그러하지 않은 것은 취하지 않았다.

위의 언급 역시 그가 중국의 기술과 방법을 있는 그대로 실천하려는 적용하거나, 그것을 무조건적으로 신봉하는 교조주의적 모습을 보이기보다는 조선의 현실에 집중하여 조선에서 실현 가능한 것에 집중해야 한다는 그의 현실적 실학 사상을 잘 보여준다. 이러한 면에서 그는 북학파이면서도 그들과 조금 다른 측면을 보인다고 할 수 있다.

또한 서유구는 객관적으로 문제에 접근하였기에, 조선의 특수성만을 지나치게 강조하거나 국수적인 태도를 보이지도 않았다. 그는 조선의 독특한 토지 측량 방식으로, 절대 면적이 아니라 생산력을 측정하여 토지 면적을 측량하는 결부법結負法과 절대 면적 기준의 측량방식인 중국의 경묘법頃畝法을 비교하면서 두 제도가 지닌 장단점을 모두 언급하였다. 하지만 그는 당시 조선의 토지 제도가 복잡하게 얽히고 불분명한 면이 존재하는 것도 절대면적을 계산하는 경묘법이 아니라 생산력에 따라 면적이 크게 달라지는 결부법의 산정방식을 따르는 상황에서 비롯된다고 보았다. 따라서 그는 비록 조선의 결부법이 역사성을 가지지만 토지제도를 간단히 정리하기 위해서는 중국의 경묘법을 따라야 한다고 주장하였다. 이는 그가 조선의 제도 역시 객관적으로 이해하고 평가하고 있었음을 말해준다.

서유구의 둔전屯田 경영론은 당시 유사한 논의들보다 진일보한 것으로 평가된다. 일정한 땅에 대한 경작권을 주고 여기서 나오는 수확물을 공공 경비로 사용하도록 하는 둔전의 기본 뜻과 달리, 당시에는 권력가들과 기관들에 의해 둔전과 그곳에 거주하는 둔민屯民들이 침탈되고 있는 상황이었다. 이에 그는 둔전운영의 투명성과 전문성을 확보함으로써 문제를 해결할 수 있다고 생각하였다. 그는 둔전이 위치한 각 지역의 특성을 고려하여 설치비용과 운영 방안을 구별하여 마련하고 둔전을 전문 농업인에게 맡긴다면 더 효과적인 생산이 가능하리라 예상하였다.

이러한 서유구의 개혁적 사상, 실학적 학풍은 그의 제자들인 이유원, 박규수朴珪壽, 김영작金永爵 등에게 이어졌으며, 이들은 훗날 개화파로 활동하였다.

방대한 백과사전, 『임원경제지』

20세기 초반까지 『임원경제지』는 세상에 모습을 드러내지 않은 채 서유구의

임원경제지林園經濟志(산림박물관 소장)

후손들에게만 전해지고 있었다. 하지만 이 책은 세상에 소개된 이후 그 방대함과 함께, 조선후기 박물서의 완성본으로 평가되며 많은 주목을 받아왔다.

그는 책에 "걱정 속에 있으면서, 걱정을 잊기 위해 많은 자료를 모아서 『임원경제지』를 편찬하였는데, 부部를 16개로, 국局을 110개로 나누었고, 문장을 이리 저리 수정한 것이 30여 년에 이른다"고 표현하였다. 그의 표현이 정확하다면 그는 적어도 약 30여 년에 걸쳐 『임원경제지』를 편찬한 것이 된다.

사실 『임원경제지』는 개인의 연구 작업의 결과물일 뿐만 아니라 17세기 이후 조선의 농서農書 편찬의 흐름을 반영하여 집대성한 책이었다. 더구나 서유구의 생부인 서호수와 조부인 서명응에 걸쳐 농학을 가학으로 삼았다는 점은 그가 『임원경제지』를 편찬할 수 있게 한 큰 자산이었다. 이러한 가학의 전통을 통해 서유구는 농업에 대한 당대의 많은 연구와 사상들을 쉽게 접할 수 있었기 때문이다.

『임원경제지』는 113권, 53책, 250여만 자에 달하는 거대한 분량의 저술이다. 그는 이 책을 편찬하기 위해 중국과 조선은 물론 일본의 문헌으로부터도 유용한 정보들을 수집하였다. 그는 이렇게 수집한 정보들을 내용에 따라 유형별로 분류하여 표제어를 부여하고, 다시 세부 항목별로 분류하여 정리하였다. 이러한 방식은 전통시대 분류식 백과사전의 일종인 유서類書의 일반적인 형식을 따른 것이다.

『임원경제지』라는 이름에서도 알 수 있듯이, 이 책은 토지와 산림을 잘 활용하여 백성들의 생활 수순을 높이도록 하는 데에 그 목적이 있었다. 따라서 이 책은 백과사전으로서 철학적인 내용보다는 실생활에 도움이 될 만한 다양한 정보들을 담고 있다. 특히 이 책에는 농업 기술, 상업, 의학, 음식, 복식, 건축, 예술 등의 분야에 대한 실용적인 정보들이 채워져 있다. 『임원경제지』는 모두 16개의 지志로 나뉘어 있어 임원십육지林園十六志, 또는 임원경제십육지林園經濟十六志라 불리기도 하였다.

『임원경제지』 16개 지의 순서와 구성은 다음과 같다. 「본리지本利志(권1~13)」, 「관휴지灌畦志(권14~17)」, 「예원지藝畹志(권18~22)」, 「만학지晚學志(권23~27)」, 「전공지展功志(권28~32)」, 「위선지魏鮮志(권33~36)」, 「전어지佃漁志(권37~40)」, 「정조지鼎俎志(권41~47)」, 「섬용지贍用志(권48~51)」, 「보양지葆養志(권52~59)」, 「인제지仁濟志(권60~87)」, 「향례지鄕禮志(권88~90)」, 「유예지遊藝志(권91~98)」, 「이운지怡雲志(권99~106)」, 「상택지相宅志(권107·108)」, 「예규지倪圭志(권109~113)」

무릇 밭 갈고 베 짜고 작물을 재배하고 나무를 심는 기술과, 음식을 만들고 가축을 기르고 사냥하는 방법은 모두 시골에 사는 사람에게 필수이다. 또 날씨의 변화를 예상하여 농사에 힘쓰고, 터를 살펴보아 살 만한 곳을 가려 집을 지으며, 재산을 늘려 생계 문제를 경영하고, 기구를 구비하여 사용에 편리하도록 하는 일들도 역시 마땅히 있어야 할 것들이다.

『임원경제지』에서 무엇보다 중요한 비중을 차지하는 부분은 아무래도 농업 부분이다. 서유구는 농업 전문가로써 생산력을 높이기 위한 수단들을 이 책에서 구체적으로 제시하였다. 비록 『임원경제지』가 다양한 분야의 방대한 정보를 담고 있어 단순한 사실의 나열에 불과한 것처럼 이해되기도 하지만, 서유구가 『임원경제지』를 저술한 궁극적인 목적은 당대 조선의 현실을 개혁하기 위한 구체적인 방법이 무엇인지 고민하고 이를 제시함으로써 백성들을 편하게 만들어야 한하는 강력한 문제의식에 있었다.

| 참고문헌 |

손병규, 「서유구의 진휼정책」, 『대동문화연구』42, 2003
염정섭, 「19세기 초반 서유구의 『임원경제지』 편찬과 「본리지」의 農法 변통론」, 『쌀 · 삶 · 문명연구』2, 2009
유봉학, 「풍석 서유구의 학문과 사상」, 『역사문화논총』6, 2010

색인

ㄱ

갑술환국 212, 224

갑인예송 198

강도사목 153

강석덕 40

강시 47

강화도 152

강회백 39

강희안 48

거중기 280, 318

경국대전 45

경기대동법 107, 112

경세유표 323

경세지장 248

경신환국 204, 212, 224

경진준천 262

경화京華 사족 292

고구마 329

고묘론 202

곤여도설 243

곤여만국전도 97

공거제 242

공노비 261

공사 노비 164

공의론 143

'공' 이념 165, 241

공전 250

공전제 162, 166, 167

과농소초 298

과전법 17

광주 덕곡 265

광해군 84

구황촬요급벽온방 141

국역 167

국조상례보편 248

국조오례의 46

군사부君師父 동체론同體論 305

'궁부일체' 213

권농정구농서윤음 298

권철신 244, 320

균부 241

균산 241

균세 216

균역 216

균전제 300

금난전권 281, 283

금양잡록 47

기묘명현 55, 194

기사환국 212

기자헌 77

기중기 318

기축옥사 83

기해예송 188

김굉필 53

김매순 322

김시습 175

김안국 57, 182

김영작 331

김우명 195

김육 194

김정희 322

김종서 30

김좌명 147

김집 195

ㄴ

남공철 325

남당 260

남연년 248

남화경주해 173

노비추쇄 136

녹로 318

농상집요 47

ㄷ

다산초당 320

대공수미법 132

대동법 134, 195, 240

대전통편 307

도봉서원 59

도체찰사부 201

도학정치 53

동국여지승람 46

동문선 46

동사강목 266

동원십서 248

동전 297

동전 통용책 137

동해송 186

두문동 26

두문동 72 27

둔전屯田 경영론 331

등준시 43

ㅁ

마니산성 154

마현 315

만언봉사 68

명사강목 248

목민서 268
목민심서 270, 323
묘사화 55
문묘 종사 57
민본사상 15

북학론 329
비우당 92

ㅂ

박규수 331
박명원 279
박세당 126, 222
박제가 288
박지원 325
반계수록 159, 161, 246, 250, 266
반구정 37
반송방 288
반숙가 238
발영시 43
백인걸 66
번계 326
법가 307
벽파 288, 325
병자호란 116, 158
보은산방 320
봉교엄변록 248
북당 260
북학 291

ㅅ

4군 6진 226
사도세자 258, 278
사림 51
사암 322
사의재 320
사종지설 188
산당 145, 195, 210
삼도대동법 133
삼두회 237
'삼복의 변' 211
삼사사의 249
삼전도비 116
생사당 113
서경덕 183
서명응 325
서상수 288
서원 148
서필원 135
서학 283
서형수 325
석정 65
선혜법 106, 133

성학집요 68

소학 54

손상익하 212

송시열 123, 147, 188, 197, 202, 247

수성윤음 261

수원부 302

신사임당 64

신작 322

신주도덕경 173

신해통공 281, 283

신후담 244, 267

실용지학 46

심곡서원 60

ㅇ

안남 94

안민 214

안민익국 146

안민익국론 147

안정복 244

양녕대군 29

양반전 293

양시양비론 70

양역 250

양화소록 48

여유당 319

연암협 288

연천 184

열하일기 287, 289

영우원 279

예송 223

오광운 167

오죽헌 64

완벽 97

왕도정치 54

요동정벌 21

우성전 302

유금 288

유득공 288

유숭조 53

유원총보 141

유재론 78

유형원 216, 250, 266

육경학 191

윤동규 244, 267

윤선도 189

윤지충과 권상연의 순교 사건 285

윤휴 188, 201, 224

율곡선생전서 247

응지농서 328

이가환 284, 316, 320

이달 74

이덕형 82

이방원 23

이벽 316

이병휴 267

이봉상 248

이사 186

이사제 187

이삼환 318

이서구 288

이성계 16

이숙번 40

이순신 104

이승훈 284, 316, 320

이원진 157

이유원 331

이이 247

이익 266, 316

이잠 235

이재 245, 247

이제신 176

2차 예송 207

이하진 234

이황 66

인목대비 77, 88

인조반정 131

임관정요 265, 268

임오화변 246

임원경제지 326, 328, 332

임진강 261

임진왜란 104

임해군 옥사 108

ㅈ

잠곡 130

잡역가 273

장빙역 274

전황 297

정몽주 17

정약용 244, 280, 284, 285

정약전 319

제1차 예송 186

제1차 왕자의 난 23

제2차 예송 198

조경 123

조선경국전 19

조식 183

조제보합 69, 112

족징 180

종저보 329

주교 317

주문모 318

준천 248, 259

중종반정 53

중흥장소 98

지봉유설 92

ㅊ

채진후 276
척주지 186
천문략 243
천의소감 248
천일록 303, 308
천주교 243, 268, 284, 316
천주실의 97, 284, 316
천학고 268
천학문답 268
첨성리 236
첩해신어 246
청백리 34
초계문신 317, 325
최경회 248
최진립 248
칠극 316
칠서지옥 76
침류대 92

ㅌ

탈주자학 173

ㅍ

파주 장단 325
패수 227
페모론 108
'표전문사건' 22
풍극관 94

ㅎ

하륜 40
하위지 248
하학지남 265
한당 143, 146, 195, 210
한전법 327
한중록 256
항통법 272
해동농서 327
해동명신록 141
해안경비체계 154
향사 149
향약 163
향약공동체 312
향약입조 187
향음주례 163
허목 200
허생전 293

허엽 74

허적 200

허전 244

현량과 54

혜경궁 253

호남대동법 135

호민론 78

호서대동법 134, 150

호서대동사목 137

호질 294

홍국영 278

홍길동전 77

홍석주 322

홍우정 210

화성 278

화영일록 329

환곡 311

환국 207

환국정치 200

황사영 백서 사건 320

황신 177

훈구 52

흠흠신서 323

경기그레이트북스 **06**

변화와 개혁을 이끈 경기 인물

초판 1쇄 발행 2018년 10월 20일

발 행 처 경기문화재단

　　　　　(16488 경기도 수원시 팔달구 인계로 178)

기　　획 경기문화재연구원 경기학연구센터

집　　필 이근호, 문광균, 한상우

편　　집 청명전산 (전화 031-298-7712)

인　　쇄 청명전산

ISBN　979-11-965096-2-0　04900

　　　　979-11-965096-7-5 (세트)